KB206517

THE GOSPEL ALWAYS FINDS A WAY

로마서를 새롭게 보는 눈

복음은 반드시 길을 찾는다

복음은 반드시 길을 찾는다

류호준 지음

하온

목차

복음 안에서 경험하는
하나님의 완벽한 샬롬

신앙은 하나님 사랑에서 출발하여 거기서 마칩니다. 성 아우구스티누스가 평생 가슴에 품고 살았던 신학·신앙 주제도 '하나님 사랑'amor dei이었습니다. 그리스도 안에 나타난 하나님의 사랑과 그분의 신실하심이 성경 전체의 가르침이라면, 로마서보다 그 사실을 더 명쾌하게 그려주는 성경은 찾기 어렵습니다. 사도 바울은 로마서를 통해 하늘과 땅을 잇는 광대한 복음을 우리에게 열어 보입니다.

복음을 더 깊이 알아가고자 하는 크리스천들을 위해 여기에 작은 상차림을 내놓습니다. 기꺼이 사도 바울이 소개한 복음 레스토랑의 주방 요리사가 되길 자처한 나는 바울 사도가 공급한 싱싱한 재료로 복음의 성찬을 맛깔스럽게 만들어보았습니다. 상차림을 하면서 유념했던 한 가지 목표가 있었습니다. 독자들이 복음에 담긴 놀라운 진실과 하나님의 구원 능력에 활짝 눈을 뜨게 되는 것이었습니다. 언제나, 어디에서나, 어떤 상황에서도 주님과 그분이 완성하신 복음의 품에 안겨 샬롬을 경험하길 바랐습니다.

목회자 바울이 한 번도 만난 적 없었던 로마의 작은 크리스천 공동체(유대인과 이방인이 함께 모여 있었습니다)에게 꼭 들려주려고 했던 이야기를, 그 안에 담긴 신학적 정수와 최근 들어 더욱 깊어지는 신학자들의 논의까지 알차게 담아내되, 넥타이 매고 긴장된 분위기가 아니라 캐주얼 입고 차 한 잔 마시면서 진정 어린 눈빛을 교환하며 나누고 싶었습니다.

본서는 31편의 글로 구성되어 있습니다. 본서를 효과적으로 유익하게 사용하는 길은, 첫째로, 맨 앞에 자리한 "로마서 새로 읽기" 세 편을 자세히 읽고, 여기서 말하는 로마서의 중심 주제들과 개요가 나머지 28편에 어떻게 드러나고 변주되는지를 살피는 것입니다. 둘째로, 개인적으로도 읽고 그룹별 모임에서도 한 편씩 읽고 토론하는 것입니다. 모든 글이 신앙생활에 적용해볼 만한 내용을 담고 있기에 주의 깊은 독자라면 토론과 묵상 주제들을 짚어낼 수 있을 것입니다. 말씀을 통해 나의 사고방식과 삶의 패턴을 만들어가는 경험을 해보기 위함이며, 그에 따른 영혼의 즐거움을 얻을 수 있기 때문입니다. 이것이 여러분을 위한 '영성 형성'spiritual formation의 독서이길 바랍니다.

출판을 맡아주신 하온 출판사 대표와 그의 동역자들에게 고마운 마음을 전합니다. 특별히 허름한 원고를 새롭게 탈바꿈하여 온전한 글로 만들어낸 마술사 같은 편집자에게 감사한 마음을 표합니다.

세월호의 아픔을 기억하는 4월 어느 날에

류호준

일러두기

1. 이 책에서 저자는 로마서 본문 및 신구약 성경 본문을 인용할 때 대부분 원문에서 직접 옮긴 사역(私譯)을 자유롭게 사용하고 있습니다. 본문의 사상을 자유롭게 물 흐르듯 읽어 내려가게 하기 위한 저자의 의도를 반영하여 대부분 그대로 두었습니다. 대한성서공회 개역개정 등 공인 본문이 필요한 경우는 개별적으로 확인하시기 바랍니다.

2. 성경 본문 장절 표시는 개역개정 및 한글로 출간된 성경 역본이 있으면 소괄호 ( )를, 저자가 직접 번역한 경우는 대괄호 [ ]를 사용하여 구분했습니다. 개역개정역 외에 사용한 성경 번역본은 별도로 표시했습니다.

로마서 새로 읽기 1
3차원 입체로
로마서를 보기 위한 준비

성경은 능히 너로 하여금 그리스도 예수 안에 있는 믿음으로 말미암
아 구원에 이르는 지혜가 있게 하느니라 모든 성경은 하나님의 감동
으로 된 것으로 교훈과 책망과 바르게 함과 의로 교육하기에 유익하
니 이는 하나님의 사람으로 온전하게 하며 모든 선한 일을 행할 능력
을 갖추게 하려 함이라(딤후 3:15-17).

바울이 보기에 성경은 비참한 인류에게 구원을 주시는 하나님
의 능력을 놀랍게 계시합니다. 모든 성경 연구의 최종 목적은 이 복
음을 드러내 선포하고 설교하기 위해서입니다.

첫째로, 소극적 차원에서 말하자면, 모든 설교는 윤리적이나 도
덕적이 되어선 안 됩니다. 강단은 우리에게 도덕적 개량과 윤리적
개선을 말하는 장소가 아닙니다. 우리에게 필요한 것은 고상한 인간
관계 계발, 상한 심령의 내적 치유, 건강과 번영의 복음, 긍정적 사
고방식의 충전과 같은 도덕적 강화가 아닙니다. 그것은 순수한 복음
이 아니라 다른 복음입니다. 우리에게는 오히려 장의사가 필요합니
다. 복음은 죽음과 삶에 관한 것이며, 십자가와 부활에 관련된 것이
기 때문입니다. 설교는 먼저, '죽는 일'에 관해 말하고 그 후에 죽음
에서 부활하는 일에 대해 말하는 것입니다. 그러므로 설교자는 청중

에게 구원과 구원자의 필요성을 절실하게 느끼게 하는 사람입니다.

둘째로, 적극적인 차원에서 말하자면, 모든 설교는 신학적이어야 합니다. 하지만 강단에서 차분하게 신학 교리를 강의하는 것을 떠올린다면, 이것은 큰 오해입니다. 이 말은 설교가 궁극적으로 '하나님에 관한 것'이어야 한다는 것입니다. 설교는 언제나 하나님과 그분 나라와 그분이 하신 일에 대해 선포하는 기회가 되어야 합니다. 설교가 신학적일 때 오히려 가장 강렬한 메시지가 됩니다.

본서에 실린 글들은 로마서를 통해 드러나는 복음을 선포하고 설교한 것들입니다. 주석이나 해설보다 설교를 통해 더 긴박하고 힘 있는 복음 선포가 가능합니다. 그러나 불행하게도 한국 교회에는 설교에 대한 기대감보다는 자괴감이나 냉소가 더 넘쳐납니다. 교인뿐만 아니라 설교자 스스로도 설교의 효능감을 확신하지 못하고 있습니다. 교인들은, 너무 흔해진 설교를 접하면서 지루함과 권태를 느끼고, 친숙함으로 가려진 무지함 때문에 신학적 설교를 거부합니다. 하지만 설교는, 가장 신학적일 때 가장 목회적인 법입니다.

설교자가 말하는 어조의 강약, 억양의 높낮이에 따라 메시지의 영감과 영향력이 결정되는 게 아닙니다. 개인의 신변 잡담이나 시사 논평, 감성적 터치가 주메뉴가 되어선 안 됩니다. 복음을 확신 있게 전파할수록 메시지는 강렬해집니다. 기독교는 처음부터 복음으로 시작했고 복음으로 고난을 견디어 왔으며 복음으로 위대한 귀결을 기다리고 있습니다. 그리고 복음의 심장부는 십자가입니다. 우리에게 구원을 주시는 하나님의 의가 십자가를 통해 나타났기 때문입니다. 십자가 없는 기독교를 상상할 수 있겠습니까?

저는 이 책에서 로마서에서 말하는 복음의 내용을 골고루 다루려고 노력했습니다. 그러나 평면적이 아니라 입체적으로 보여주려고 했습니다. 설교는 입체적이어야 한다는 말을 사진 찍는 일에 비유해볼까요? 초보는 증명사진을 찍듯 정면에서 찍습니다. 그러나 전문가는 인물과 대상을 다각도에서 찍으면서 평소 잡히지 않는 모습을 묘사하려고 무던히 애씁니다. 눈앞에 있는 산을 찍는다고 생각해보십시오. 전문가는 무뚝뚝하게 서 있는 그 산을 산마루에서 혹은 산 중턱 계곡에서 혹은 산언저리에서, 아니면 각기 다른 계절에 혹은 아침결의 볕에 혹은 한낮의 볕에 혹은 저녁결의 볕에, 때로는 역광으로, 그렇게 다양한 각도에서 찍어냅니다. 그것은 산이 '살아 숨쉬는' 모습을 생생히 담아내기 위해서입니다. 한 폭의 그림과 같은 그런 사진들은 마치 각기 다른 계절에 능선을 따라 산행하듯 웅장하고 기이하고 빼어나게 아름다운 여러 산세를 맛보게 합니다.

설교가 주석과 다른 것은 줌인zoom-in과 줌아웃zoom-out을 시의적절하게 한다는 것입니다. 설교는 본문에서 말하려는 바를 그저 평면적으로 길게 늘어놓듯 서술하지 않습니다. 대신에 본문 안에 있다고 생각하는 중요한 계곡이나 정상을 줌인하여 그려냅니다. 이렇게 해서 청중과 독자는 설교자가 보여주는 큰 그림을 보며 즐거워하고 그 세계 안으로 들어갑니다. 그렇게 복음의 세계, 하나님 나라 속으로 들어가도록 인도하는 사람이 설교자입니다. 설교자는 이런 의미에서 신학자여야 합니다.

이 책을 통해 저는, 문학성과 신학적인 관점을 유지하면서 로마서를 읽는 탁월한 안목 하나를 열어드릴 것입니다. 지면에 얌전히 누워 있던 본문이 입체적으로 살아 숨쉬며 3D로 잡히는 황홀함을 경험하게 되리라 확신합니다.

실패할 수 없는 하나님의 구출 시스템

깊도다 하나님의 지혜와 지식의 풍성함이여, 그의 판단은 헤아리지 못할 것이며 그의 길은 찾지 못할 것이로다 누가 주의 마음을 알았느냐 누가 그의 모사가 되었느냐 누가 주께 먼저 드려서 갚으심을 받겠느냐 이는 만물이 주에게서 나오고 주로 말미암고 주에게로 돌아감이라 그에게 영광이 세세에 있을지어다 아멘(롬 11:33-36).

로마서는 교리서도, 교의학 논문도 아닙니다. 로마서는 하나님의 신실하심이, 구원 경륜을 통해 어떻게 예수 그리스도 안에 나타나게 되었는지를 명쾌하게 진술하고 노래하는 설교 형태의 편지입니다.

로마서에는 히말라야산맥과 같은 수많은 고봉高峰이 가득합니다. 그러기에 등정하기가 여간 어렵지 않습니다. 또한, 계절마다 그 색상과 위용이 다르게 느껴지며, 보는 각도와 고도에 따라 그 맛과 웅대함, 멋과 장엄함, 빛과 현란함이 전혀 다르게 다가옵니다. 로마서는 신약성경 가운데 가장 많이 탐구되고 수많은 등정을 허락했지만, 아직도 어느 길이 정상에 이르는 정로正路인지 의견이 분분한 책이기도 합니다.

물론, 학자 대부분이 동의하는 몇 가지 분명한 역사적 사실은 있습니다. 로마서는 바울이 1세기 중반, 대략 57년경에 고린도 지역에서 로마에 있는 그리스도인들에게 보낸 편지입니다(롬 15:25-26; 고전 16:1-7 참고). 당시 바울의 계획은 예루살렘으로 갔다가 로마를 거쳐 최종적으로 스페인까지 가려고 했습니다. 여기까지는 모두가 동의합니다.

그러나 바울이 한 번도 만나본 일 없는 로마 교인들에게 무슨 이유로 장문의 편지를 쓰게 되었는지, 그리고 편지의 핵심 주제가 무엇인지에 대해서는 의견이 다양합니다. 무엇 때문에 이 편지를 쓰지 않으면 안 되었는지, 다시 말해 어떤 상황 때문에 바울이 로마서를 쓰게 되었는지는 두 가지 측면을 헤아려 볼 수 있습니다.

역사 논리로 다시 읽는 로마서

첫째, 로마서의 내적 증거를 통해 드러납니다. 편지 자체를 철저하게 읽고 조사해보면, 무슨 일로 바울이 이런 편지를 썼는지 어느 정도 알게 됩니다. 우선 로마서 전체를 개괄하면, 로마서의 흐름과 동선動線을 파악할 수 있습니다(로마서 새로 읽기 3 참고). 내 기준으로 볼 때 로마서의 고봉들 가운데 가장 중요하다고 생각되는 핵심은 '하나님의 의', '하나님의 신실하심', '하나님의 구원 경륜', '근본적인 변화' 같은 주제들입니다. 이는 로마서 전체를 통해 흐르는 주제 멜로디main melody입니다. 로마서 어느 부분이 연주되더라도 이 멜로디들이 귀에 들릴 것입니다.

둘째, 비록 제한적인 자료이지만 당시 로마의 사회적 배경을 살펴보면 알 수 있습니다.[1] 학자들의 연구에 따르면, 기원후 49년 로마의 황제 클라우디우스는 칙령을 내려 모든 유대인을 로마에서 추방했습니다. 이유는 "크레스투스의 선동으로 야기된 지속적인 소란" 때문이었습니다. 여기서 '크레스투스'Chrestus는 '그리스도'Christo를 가리킵니다. "크레스투스 선동"impulsore Chresto이란 예수의 정체성을 둘러싸고 로마의 유대 공동체 내부에서 벌어진, 보수 유대인들과 예수를 메시아로 선포했던 초기 크리스천 그룹 간의 갈등이었습니다. 갈등이 비화하여 사회적 물의를 일으키고 로마 평화를 위협한다고 생각되자, 클라우디우스 황제는 49년에 로마에서 유대인들을 대거 추방합니다.

그러나 더 큰 문제는 54년경에 일어났습니다. 54년에 클라우디우스가 죽고, 네로가 새로운 황제로 등극하면서 유대인 추방령을 취소합니다. 로마를 떠났던 유대인들이 다시 로마로 돌아오게 되었습니다. 유대인 크리스천이 자리를 비운 지난 5년간 로마 가정교회들은 대부분 이방인 크리스천을 중심으로 재편되었고, 보다 탈유대 성격의 공동체로 변모되었습니다.

하지만 유대인 크리스천이 로마로 귀환하자 갈등이 고조되기 시작한 것입니다. 표면적으로는 안식일과 할례법, 정결법 같은 율법 준수와 관련된 문제였지만, 실제로는 일종의 주도권 다툼이었습니다. 이런 상황에 있던 로마 교회를 향해 바울 사도는 '복음'을 설명함으로써, 신앙의 본질에서 하나라면 비본질적인 것에 관해서는 서로 관용하라고 촉구합니다.

그렇다면 무엇이 신앙의 본질입니까? 바로 하나님의 구원 경륜 가운데 하나님의 의가 그리스도를 통하여 나타났다는 것입니다. 바울은 이 사실에서 출발합니다. 그리스도를 통해 하나님의 의가 모든 사람에게 나타났고, 사람들은 그 하나님의 의를 믿음으로 받아들임으로써 의롭다 함을 받는다는 것입니다. 그리고 이러한 하나님의 칭의 선언에는 유대인이나 이방인이나 차별이 없다고 말함으로써, 그들이 예수 그리스도를 믿는 믿음 안에서 하나가 되어야 한다고 권면합니다. 달리 말해 그리스도 안에서의 하나 됨은 하나님의 의롭다 하심에서 시작한다는 것입니다. 즉, 이러한 복음의 핵심을 분명하게 알면, 유대인 크리스천과 이방인 크리스천이 모두 그리스도 안에서 하나라는 것입니다.

이런 의미에서 "로마서의 논리는 교리 논리보다는 역사 논리에 가깝다"라고 할 수 있습니다.[2] 즉, 하나님의 구원 경륜 안에서 유대인의 위치가 무엇이었고 앞으로 어떻게 전개될 것인가, 그리고 이방인 역시 하나님의 구원 역사 안에서 어떻게 자리매김해야 하는지에 관한 광대한 진술을 담고 있는 책이 로마서라는 것입니다. 바울의 로마서는 누가복음 15장에 나오는 "한 아버지와 두 아들"(일명 "기다리는 아버지 비유")에 관한 이야기를 구원사적 논리로 써 내려간 장문의 편지라고 할 수 있습니다. 큰아들 유대인과 작은아들 이방인에 관한 이야기이기 때문입니다(9-11장이 특별히 더 그러합니다).

살펴본바, 바울이 한 번도 가보지 않은 로마의 가정교회들을 향해 편지를 보내게 된 중요한 이유는 단순히 이신칭의 교리를 가르치기 위해서가 아니라는 점이 분명해졌습니다. 물론 로마서는 믿음으로 "의롭다! 옳다!" 함을 받는다는 이신칭의以信稱義 교리를 말씀합니다. 또한, 로마서의 칭의 교리는 16세기 종교개혁운동을 점화하는 도화선 역할을 했습니다.

그러나 로마서를 쓰게 된 동기가 '단지' 이신칭의 교리를 가르치기 위해서라고 말하는 것은 적절한 판단이 아닙니다. 앞에서도 언급했듯, 로마서의 핵심 내용은 그리스도를 통해 하나님의 의로우심(신실하심)이 차별 없이 모든 사람에게 나타났다는 것입니다. 그리고 그 하나님의 의(신실하심)를 믿음으로 받아들이는 사람은 누구든지 상관없이─그가 유대인이든, 헬라인(이방인)이든─ 모두 "의롭다! 옳다!" 함을 받다는 것입니다.

이것이 복음입니다. 이와 같은 복음을 올바로 받아들이면 유대인 크리스천과 이방인 크리스천은 하나 될 수 있습니다. 당시 로마의 유대인 크리스천 그룹과 이방인 크리스천 그룹이 갈라져 다투고 있던 상황을 염두에 둔다면 로마서의 집필 동기가 좀 더 분명하게 드러납니다. 한 아버지의 두 아들이 서로 받아들일 때 비로소 아버지 집에 평화가 있게 됩니다. 이미 그들을 위해 찢긴 그리스도의 몸이 다시 찢겨야 하겠느냐는 외침입니다. 오직 "그리스도를 통한 하나님의 의(신실하심)가 나타나심"에 대한 올바른 이해, 즉 복음에 대한 올바른 인식이 있을 때만 진정으로 하나 됨이 실행 가능하다는 것입니다.

이제 로마서 전체에 흐르고 있는 중심 가르침들을 요약적으로 살펴보겠습니다.[3]

칭의를 넘어서는 하나님의 의/정의 개념

예수가 그리스도(메시아)로 이 세상에 오셨고 그리하여 하나님의 구원 역사 안에는 새로운 시대가 동트게 되었습니다. 하나님의 의가 예수 그리스도 안에 드러났다고 할 때는 이것을 의미합니다.

그렇다면 '하나님의 의'는 무엇입니까? 신약 헬라어 '디카이오쉬네'는 종종 '의', '의로움'으로 번역되지만, 더 정확하게는 '정의'로 번역되는 구약 히브리어 '쩨다카'와 상응하는 단어입니다. 따라서 '정의'로 번역하는 것이 더 좋습니다.

구원 역사에서 하나님의 정의가 예수 그리스도 안에 나타났다는 것입니다. 이것이 로마서의 핵심 주제입니다. 하나님의 정의가 어떻게 사람에게 전가되는지는 이차적 주제입니다. 이 점을 분명히 해야 합니다. 그렇지 않으면 정의 전가(칭의)로만 로마서를 읽으려하는 좁은 시야를 면치 못합니다.

하나님의 정의는 하나님이 모든 것을 올바르게 하신다는 뜻입니다. 어디에서? 하나님이 창조하신 세상, 하지만 일그러지고 왜곡된 세상, 죄로 오염된 세상, 그 안에 나뉘고 깨진 인간 세상을 예수 그리스도를 통해 올바로 잡으신다는 말입니다. 이것이 하나님의 의/정의의 실현입니다. 로마서는 이처럼 구약의 이스라엘에 약속하신 하나님의 정의와 공평이 그리스도를 통해 신약의 언약 백성 모임인 교회 공동체에 실현되는 대서사를 보여줍니다.

일반적으로 관찰해보면, '의', '정의', '공의', '의로우심', '의롭다 하심' 등과 같은 용어들이 무질서하게 때론 교차적으로 사용됩니다. 각각의 용어가 서로 다른 사람에게 서로 다른 의미로 다가옵니다. 때론 '의/정의'라는 단어가 법적 용어 같기도 하고, 때론 도덕적 덕목을 가리키는 것 같기도 합니다.

내가 다녔던 고등학교의 교훈은 "의義에 죽고 의義에 살자!"였습니다. 학교 설립자는 기독교인이 아니었지만, 그는 '의'를 아주 좋은 덕목으로 생각했던 것 같습니다. 그에게 '의'는 나라에 대한 충성을 의미했습니다. 일제 강점기를 지냈던 사람으로서 학교를 세웠기 때문이었습니다. 그가 말하는 의란 '의로운 기상'을 의미했습니다. 의리 있고 씩씩하고 기개 넘치고 정의롭고 불의를 싫어하고 대의를 위해서라면 목숨도 불사하는, 그런 청년들을 만들고 싶었던 것입니다. '하나님의 의'가 그런 것일까요? 더 생각해볼 문제입니다. 그런 도덕적인 기상이나 기개가 아니라면 무엇일까요?

그렇다면 '의'는 법적인 용어인가요? 일차적으로 그렇습니다. 정의와 공의라는 용어는 일차적으로 재판 현장에서 사용됩니다. 분명히 법적 개념입니다. 예를 들어, 아무런 잘못이 없는 사람이 억울한 일을 당했다고 합시다. 오랜 법률 공방 끝에 재판장은 그에게 잘못이 없다고 선언했습니다. 정의가 시행된 것입니다. 그에게 "당신은 잘못이 없어!"라고 말합니다. 그와 다툰 자에게는 "당신은 틀렸어!"라고 말합니다. 두 당사자 모두에게 "옳음이 입증"된 것입니다.

이러한 정의는 재판에서만 필요한 게 아닙니다. 나라를 다스리는 왕은 자기 백성을 정의로 다스려야 합니다. 나라의 안녕과 평화와 질서를 해치는 모든 것을 바로잡아야 합니다. 모든 것이 제자리에 있도록 해야 합니다. 굽은 것은 곧게 피고, 일그러진 것 역시 똑바로 해야 합니다. 이것이 정의로우신 하나님이 자기 백성을 위해 행하시는 일입니다. 그분은 이스라엘에 약속(언약)하신 대로 자신의 정의로움을 실현하시려고 온갖 노력을 다하셨습니다. 하지만 이스라엘은 언약을 파기하고 자기의 길로 갔습니다. 파멸의 구덩이로 기어들어 간 것입니다. 바벨론 유수가 그래서 일어났습니다.

그러나 자기 백성과 맺은 언약에 신실하신 하나님은 끝내 그들을 구출하셨습니다. 달리 말해 이스라엘이 구출된 것은 자기 언약에 대한 하나님의 신실하심 덕분이었습니다. 이러한 하나님의 신실함은 어떤 도전에도 불구하고 견고했습니다. 그 절정이 예수 그리스도의 십자가입니다. 이게 하나님의 언약적 신실하심이 정의의 형태로, 예수 그리스도의 십자가 사건으로 나타난 것입니다. 로마서가 말하는 핵심 메시지는 이것입니다.

하나님의 정의가 우리에게는 어떻게 전가될까요? 이것은 앞서 말했듯이 이차적 주제입니다. 앞선 재판 예화에서 "잘못이 없다! 잘못이 있다!"라는 재판장의 선언을 떠올려 보십시오. 우리가 잘못이 없다(의롭다)는 선언을 받은 것이 정말 잘못이 없어서일까요? 아닙니다. 예화에서 그렇게 선언받은 사람은 잘못이 없었지만, 우리는 죄가 있습니다. 분명 죄가 있는데도 없다고 해준 것을 "의롭다" 칭함을 받은 것이라고 생각한다면, 우리는 하나님을 잘못 생각하는 것입니다. 하나님의 심판이 사실에 근거하지 않는 것이 되기 때문입니다.

그러나 성경은 우리가 의롭게 된 것은 예수 그리스도가 대신 값을 내주신[대속, 代贖] 죽음 덕분이라고 누누이 말합니다. 이것이 전통적인 입장입니다. 하나님의 옳으심(의/정의)이 우리에게 '옮겨졌다'는 것입니다. 아담의 죄가 우리에게 옮겨졌듯 그리스도의 의가 우리에게 전가되었다는 것입니다. 물론 '어떻게'라는 질문이 뒤따릅니다만, 여기서는 잠시 접어두기로 하겠습니다. 중요한 사실은 하나님의 의에는 법적 측면이 있다는 사실입니다. 법적으로 우리와 하나님의 관계가 회복되었다고 선언된 것입니다.

이제 '의'의 세 번째 의미를 살펴보기로 합시다. 로마서에서 말하는 '의', 혹은 '의롭다 하다'는 용어는 근본적으로 '관계', 혹은 '관계의 회복'을 가리키는 말입니다.[4] 이것이 본래 구약 성경에서 사용하는 '의'의 개념입니다. 사도 바울이 '의'(디가이오쉬네)라고 했을 때, 그는 구약 성경에서 사용하는 '의'(쩨다카)의 개념을 염두에 두고 있었다고 말씀드렸습니다. 본래 '의/정의'는 하나님께 속한 성품입니다. 그분만이 올바르고 정의로우시며 모든 것의 기준입니다.

그가 만드신 세상은 원래 정의로웠습니다. 달리 말해 피조물 사이의 관계가 바르고 깨끗했습니다. 모든 피조물은 자기 자리에 제대로 있었습니다. 다른 자리를 넘보지도 않았고 침범하지도 않았습니다. 이처럼 '의/정의'는 창조 질서를 가리킬 때 적용되는 단어이기도 합니다. 상대방과의 관계가 올바른 상태, 즉 정상적인 관계에 있을 때를 가리킵니다. 특별히 사람 사이의 관계에 이 용어(의/정의)를 적용한다면, 구약의 '의/정의'는 언제나 둘 사이의 언약 관계를 전제로 합니다. 예를 들어 남편과 아내 사이의 언약 관계가 정상적일 때, 의로운 관계, 올바른 관계, 곧은 관계, 좋은 관계에 있다고 말합니다.

여기서 '언약 관계'라 함은 언약이 깨어진 후 다시 회복된 관계까지를 포함합니다. 이에 대한 좋은 예가, 며느리 다말과 시아버지 유다 사이에 있었던 사건입니다(창 38장). 시아버지 유다를 통해 임신한 며느리 다말은 자기 행동이 옳았음을 시아버지에게 말하려 하지만, 유다는 자기가 길거리 창녀와 정을 통한 사실이 드러날 것이 두려워 입을 다뭅니다. 마침내 다말이 한 행동이 공동체 언약에 따른 합법적인 것이었음을 알게 되자, 그는 사람들에게 이렇게 말합니다. "그녀는 나보다 옳다"(창 38:26). 여기서 '옳다'로 번역된 히브리어는 '짜드카'(צדקה)인데 '의롭다', '옳음'이라는 뜻입니다. "너는 정당하게 행동한 여자야!" "네 행동은 옳아!"라고 말한 것입니다.

복음은 반드시 길을 찾는다

이처럼 구약에서 '의/정의' 혹은 '의롭다'라는 용어는 언약 배경 아래 이해해야 확실합니다. 달리 말해, 언약 관계를 유지하고 있을 때 '의롭다/정의롭다/옳다'라고 하고, '의롭지 못하다, 정의롭지 못하다, 옳지 못하다'라는 것은 언약을 깨는 행동을 했다는 뜻입니다. 그러므로 '의/정의'는 올바른 관계를 말하고, '의롭게 하다, 올바르게 잡다'는 말은 원래 관계로 회복시킨다는 뜻입니다. 그래서 구약 성경에서 이 용어를 하나님께 적용할 때 '의/정의'는 '구원'과 동의어로 사용됩니다. 즉, '하나님의 의'가 나타났다는 것은 '하나님의 구원'이 임박했다는 뜻입니다(가령, 사 45:21; 46:13; 51:5,8; 61:10).

그러므로 '하나님의 의'는, 하나님이 인간을 포함하는 모든 피조물과 맺은 관계에서 이해해야 하는 용어입니다. 이 관계가 인간의 반역과 죄로 말미암아 깨어졌는데, 하나님께서 그 깨어진 관계를 회복하시려고 다시 주도권을 쥐고 사람에게 다가오셨다는 것입니다. 언약에 신실하신 하나님께서 예수 그리스도를 통해 우리에게 오신 것입니다. 하나님과 우리 사이에 놓였던 다리가 파괴되자 복구 작업에 들어가신 것입니다.

모든 재료와 공정과 노력은 다 하나님 몫입니다. 하나님과 사람 사이에, 깨어지고 주저앉은 사이를 가로질러 놓인 다리가 예수 그리스도입니다. 이것이 하나님의 의/정의가 예수 그리스도 안에서 우리에게 나타났다는 뜻입니다. 즉, "너희 죄인들아, 너희는 죽지 않게 되었다. 너희는 고립에서 벗어났어. 너희는 심판에서 벗어났어. 이제 너희는 걱정하지 않아도 돼. 괜찮아! 괜찮아!"라고 말씀하시는 것입니다. 이것이 예수 그리스도를 통해 하나님의 의/정의가 나타난 것입니다. 악트마이어가 명료하게 표현하듯, "복음의 기쁜 소식은 바로 하나님이 그 관계를 계속 유지하기로 하신 결정을 그리스도가 대표하고 있다는 것이고, 인간이 다시 그 관계로 들어가는 것은 하나님이 그 언약을 유지했기 때문이지 우리에게 자격이 있어서 그렇게 된 것은 아니라는 것입니다."[5]

달리 말해 '하나님의 의/정의'는 심판과 구원의 양면으로 나타나지만, 예수 그리스도에게는 심판으로, 우리에게는 구원으로 나타난 것입니다. "모든 사람이 죄를 지었고 따라서 하나님의 영광에 이르지 못하였지만", 또한 "죄의 삯은 죽음이지만", "그리스도 예수 안에 있는 자들에게는 이제 정죄함이 없게 된 것입니다"[롬 3:23; 6:23; 8:1 참고]. "하나님의 선물은 영원한 생명이며 믿는 모든 자에게 주어지는 선물입니다." 이 선물은 "먼저는 유대인들에게, 그 후에는 이방인들에게" 주어지는 선물입니다[1:16; 3:22; 6:23].

언약 주체가 되시는 하나님께서 사람들에게 일방적으로 주신 것이 '의/정의'입니다. 그리스도 안에 나타난 하나님의 '의/정의'입니다. 이 '의/정의'를 통해 하나님은 우리를 "의롭다. 이젠 괜찮아!"라고 하신 것입니다. 그러므로 하나님이 우리를 "옳다! 의롭다!"라고 하셨다면 누가 감히 우리를 "의롭지 않다, 틀렸어, 옳지 않아"라고 정죄定罪할 수 있단 말입니까?(롬 8:1)

로마서를 견고히 받치는 아치, 하나님의 성실

이런 구원이 예수 그리스도를 믿는 모든 자에게 선물로 주어진 것은 하나님의 긍휼과 자비, 그분의 한량없는 은혜와 신실하심 덕분입니다. 구원의 근거는 하나님의 신실하심에 있습니다. 구약시대에 하나님은 자기의 언약 백성 이스라엘에 신실하셨습니다. 그들의 지칠 줄 모르는 불순종과 반역과 배반에도, 하나님은 그들을 버리지 않으시고 끝까지 사랑하셨습니다. 그리고 그들과 맺은 언약에 대해, 하나님은 그 후에도 계속 신실하셨습니다. 구약 이스라엘 백성의 후손인 1세기 당시 유대인들은 예수 그리스도를 통해 이루고자 하시는 하나님의 구원 계획에 저항하고 반발했고 지금도 그러하지만, 하나님은 그들에게 신실하셨고 끝까지 그러실 것입니다.

바울은 하나님의 구원 경륜을 전개하는 가운데 그 안에서 유대인과 이방인의 구원에 대해 논하면서도 중심 주제에서 떠나지 않았습니다. 즉, '하나님의 신실하심'이 그렇게 한다는 것 말입니다. 하나님의 신실하심은 거대한 아치arch처럼 인류 역사의 시작에서부터 마지막까지 걸쳐 있습니다. 구약에서 이스라엘에 보이셨던 하나님의 신실하심이 신약에 들어와서도 똑같이 모든 사람(유대인과 이방인 모두)에게 나타나셨습니다. 여기서 '신실하심'은 자기 언약에 신실하시다는 뜻입니다. 이는 하나님의 성품을 축약한 단어입니다.

출애굽기에 기록된 황금송아지 사건을 기억하실 것입니다. 출애굽 후 한 번은 하나님께서 모세를 시내산 정상으로 부르셨습니다. 그러나 모세의 귀환이 늦어지자, 산 아래서는 이스라엘 백성이 아론을 중심으로 황금송아지 상을 만들어 자기를 인도하는 신이라고 했습니다. 하산 길에 이 광경을 목격한 모세는 들고 있던 두 돌판을 그들 가운데로 던져 분노를 드러냈습니다. 그 후 하나님은 다시 모세를 부르십니다. 두 돌판을 깎아 시내산 위로 올라오라는 명이었습니다. 그 시내산 정상에, 하나님께서 강림하셨습니다. 그리고 큰소리로 이렇게 외치십니다. "여호와라 여호와라 자비롭고 은혜롭고 노하기를 더디 하고 인자와 진실이 많은 하나님이라"(출 34:6). 하나님께서 친히 자신의 성품을 명시하는 순간이었습니다.

하나님의 자기 계시에 따르면, 하나님의 속성(성품) 안에 있는 단어 두 쌍이 돋보입니다. '자비·은혜'(히, '레헴'과 '헨'), '인자·진실'(히, '헤세드'와 '에메트')입니다. 이 용어에 대한 해설이 약간 필요해 보입니다. '자비'로 번역된 히브리어 '레헴'은 원래 애간장이 타는 듯한 사랑을 가리킵니다. '단장斷腸의 슬픔'을 말할 때 사용되는 단어가 히브리어 '레헴'입니다. 일반적으로 '긍휼'로 번역됩니다. '인자'仁慈로 번역된 히브리어 '헤세드'는, '변함없는 신실한 사랑'(NIV는 보통 unfailing love, steadfast love로, 한글 성경은 '인애', '사랑', '자비' 등으로 다양하게 번역)을 뜻합니다. 한번 맺은 약속은 끝까지 지키겠다는 헌신을 가리킵니다. 히브리어 '에메트'는 일반적으로 '진리'truth로 다소 아쉽게 번역되는데, 여기서는 '진실'truthfulness 혹은 '참됨'으로 옳게 번역되었습니다.[6]

위에서 언급한 두 쌍의 단어군('긍휼·은혜', '인자·진실')은 구약에서 하나님께서 자기 백성 이스라엘과 맺은 두 종류의 언약 전승을 반영합니다. 하나는 '약속적 언약'이고, 다른 하나는 '의무적 언약'입니다. 전자는 하나님의 일방적인 사랑과 자비, 긍휼과 은혜로 맺은 언약으로, 노아 언약, 아브라함 언약, 다윗 언약이 이런 부류에 속합니다. 한편 후자는 언약 당사자에게 일정한 의무를 짊어지우는 언약으로 모세 언약(시내산 언약)이 여기에 속합니다. 신의와 충성과 신실로 하나님 은혜에 응답한다는 의미에서 '의무적'입니다.

일반적으로 '약속적 언약'을 담고 있는 용어가 '은혜'(히, '헨')와

복음은 반드시 길을 찾는다

'긍휼'(히, '레헴')입니다. 이 언약적 전승은 하나님께서 전적으로 부담하는 언약입니다. 은혜와 긍휼은 상대방의 도덕적 위치나 질에 상관없이 일방적으로 쏟아붓는 자비로운 행위들이기 때문입니다. 반면에 '의무적 언약'의 경우, 이스라엘 백성은 하나님의 언약 당사자로서 '진실'(히, '에메트')과 '성실'(히, '헤세드')로 하나님 은혜와 긍휼에 반응하라는 요구를 받습니다. 물론, 진실과 성실은 하나님의 언약적 속성이기도 합니다. 여기서 강조하는 바는 하나님께서 은혜와 긍휼로 이스라엘에 구원을 베푸셨다면, 이스라엘은 반드시 진실과 성실로 언약을 지켜야 하며 이것이 하나님 은혜와 긍휼에 대한 올바른 반응이라는 것입니다. 이 두 가지 언약 전승의 공통점은 모두 하나님의 '신실하심'에 근거한다는 데 있습니다.

믿는 모든 자(유대인과 이방인 모두)에게 하나님께서 영원한 생명을 선물로 주실 것입니다. 하나님은 자신의 언약에 신실하기 때문입니다. 또한, 하나님은 아무도 차별하지 않는 분이십니다(롬 2:11). 큰아들과 작은아들은 모두 한 아버지의 자녀입니다. 어느 자식도 배 아파 낳지 않은 자식이 없기 때문입니다. 이런 말씀은 큰 위로가 되면서 동시에 커다란 도전이 됩니다. 이 말씀들은 하나님 사랑은 너무도 큰 사랑이어서 "우리가 아직 죄인들이었고… 아직 하나님의 원수들이어서"[롬 5:8, 10] 도무지 자신을 스스로 구원할 수 없었을 그때, 하나님께서 우리를 구원하시기 위해 오셨다는 사실을 상기하게 합니다. 거기 더해, 이 말씀은 하나님의 구원이 그저 우리만을 위한 것이 아니라 유대인을 포함하여 모든 민족과 나라와 백성을 위한 것이라는 점을 깨닫게 합니다.

전가된 의로움으로 시작된 본질적인 변화들

하나님의 구원은 우리와 하나님 사이에 근본적인 변화를 가져올 뿐 아니라 우리와 다른 사람들, 즉 다른 백성과 민족과의 관계에도 커다란 변화를 가져옵니다. 하나님의 구원이 우리에게 왔을 때 제일 먼저 개인의 인생관과 세계관이 바뀝니다. 세상이 보여주는 가치관에 이제부터는 적극적으로 '아니오!'라고 말할 용기가 생깁니다. 이 세상 패턴에 따라 살던 습관이 하나님의 법, 성령의 법을 즐거워하는 습관으로 변합니다. 그뿐 아니라 개인 변화를 넘어 세상을 변혁시키는 창조적 에이전트가 됩니다(12:2). 달리 말해, 우리가 하나님에게서 받은 정의로움, 예수 그리스도로부터 우리에게 이전된 정의로움, 전문 용어로 말하자면 '전가轉嫁된 정의로움'은 엄청난 사회적 함의를 지니게 됩니다.

앞에서 말한 바대로, 하나님의 정의가 그리스도를 통해 우리에게 나타났다는 것이 곧 하나님과 우리 관계가 회복되었음을 뜻하기 때문에, 이 회복은 다른 모든 관계에서도 시작되었음을 알려줍니다. 하나님과 좋은 관계를 회복하면 자연히 하나님의 집에 샬롬(평강, 안전, 평화, 화평, 행복)이 옵니다. 함께 살아가는 다른 형제자매들과의 소원했던 관계도 새로워집니다. 즉, 종교, 민족, 인종, 종족, 성별 등의 장벽을 깨어 부수게 된다는 말입니다. 하나님의 신실하심에 따라, 하나님은 아무런 차별 없이 예수 그리스도를 믿는 모든 자에게 구원을 베푸셨기 때문에, 그런 구원을 받은 우리 역시 다른 모든 사람을 그렇게 차별 없이 대해야 한다는 것입니다. 이것이 구원의 사회성입니다.

한 걸음 더 나아가 하나님의 집 안팎의 모든 것도 새롭게 되었습니다. 회복을 선물로 주신 하나님의 구원이 온 세계에 영향력을 미치고 있습니다. 피조물들도 하나님의 온전한 구원, 즉 샬롬의 세계가 도래하기를 간절히 열망하면서, 썩어짐의 노예 노릇에서 해방되기를 학수고대합니다(롬 8:21-22). '이미' 하나님의 구원 서곡이 울려퍼졌으나 '아직' 그 피날레가 도래한 것은 아니기 때문입니다. 우리는 피조물들과 함께 '이미'와 '아직' 사이에 있습니다. 뒤를 돌아 겟세마네의 갈보리를 '기억'하면서 동시에 앞으로 올 시온산의 영광을 '기대'하고 사는 사람들입니다. 현시대를 사는 그리스도 교회의 정체성은 바로 기억 공동체와 기대 공동체입니다.

하나님의 구원 계획의 큰 틀을 들여다본 사람들

그렇다면 바울은 왜 1세기의 로마 크리스천에게 이런 장문의 편지를 쓰게 되었는지 어느 정도 윤곽이 나옵니다. 바울은 그들에게 '하나님의 구원 경륜', 즉 하나님의 구원 계획의 큰 틀을 보여주려 한 것입니다. 특별히 그들은 유대인과 이방인 사이의 관계에 대해 가르침이 필요했습니다. 로마에 있던 이방인 크리스천이 유대인 크리스천을 배척하고 있었기 때문이었습니다. 당시 그곳에 있었던 유대인 크리스천은 유대인 전통의 식생활과 거룩한 절기들에 관한 율법을 준수해야만 한다는 심한 압박감을 느꼈습니다(롬 14:1-6). 그런 유대인 크리스천에 대해 이방인 크리스천은 좋지 못한 감정을 가졌으며 심지어 그들을 무시하고 배척하기까지 했습니다. 이런 상황에서 바울은 구원에 대한 올바른 이해와 하나님께서 구원에 대해 어떤 목적을 가지고 계시는지 그들 모두에게 가르쳐야 할 절박한 필요가 있었습니다.

사실 하나님의 구원에 대해 올바로 이해하면, 우리 자신, 유대인, 다른 인종과 민족, 온 세계에 대해 그리고 인류 역사의 목적과 종말에 대해 분명한 입장을 갖게 됩니다. 그뿐 아니라 이 세상에서 어떻게 살아가야 할지, 어떻게 하나님을 예배해야 할지에 대해 자연스럽게 삶의 방식을 정립하고 그것이 제자도로 이어져 나타나는 것을 경험합니다. 하나님의 위대한 일들에 대한 올바른 지식을 갖게 되면 우리는 하나님을 찬양하고 그분에게 영광을 돌릴 것이고, 이 땅에 사는 동안, 즉 '이미'와 '아직' 사이에 있는 동안 하나님 자녀처럼 사는 제자도의 길을 걸을 것입니다. 이미 지금 여기에 와 있는 새 시대의 전령이신 성령에 이끌려 살아가게 됩니다. 우리 삶이 예전 같을 수는 없습니다!

로마서 새로 읽기 3
성령 안에서 사는 하나님의 새 백성

로마서 전체를 서술하자면 다음과 같습니다. 바울은 아담의 후손인 모든 인류가 죄의 세력 아래 살고 있다고 말합니다. 유대인과 이방인 모두가 하나님 앞에서 죄인이라는 것입니다. 하나님을 인식할 수 있는 마음과 생각이 그들 안에 심겼지만, 그것을 일부러 억누르고 하나님 대신에 썩어질 피조물을 섬기고 사는 어둠의 자식들이 되었다는 것입니다. 사람이 "전적으로 부패했다"라는 말의 본뜻입니다.

모든 사람은 구원이 절실하게 필요한 존재입니다. 그 필요성에 있어서는 유대인과 이방인이 아무런 차이가 없습니다. 다행스럽게도 하나님은 스스로 구원할 능력이 전혀 없는 인간을 위해 그리스도를 통해 구원의 길을 보이셨습니다. 그러나 하나님께서 준비하신 구원의 길은 오직 믿음으로만 받아들일 수 있습니다. 율법을 받은 유대인이나 율법이 없었던 이방인이나 구원받는 일에는 다르지 않습니다. 사람은 하나님께서 자신의 신실하심으로 보이신, 구원의 줄을 감사함으로 잡으면 됩니다. 이런 의미에서 믿음은 율법의 요구와 정면으로 대치됩니다. 율법이 먼저가 아니라, 하나님 은혜가 먼저라는 말입니다.

이 진리를 잘 보여주는 예가 아브라함입니다. 유대인의 조상 아브라함은 할례받기 전에 하나님께서 먼저 그에게 은혜의 약속을 주셨습니다. 믿기 어려운 은혜의 약속을 그가 믿음으로 받아들이자 하나님은 그것을 "맞아! 옳다! 의롭다!"라고 여기셨습니다(4장). 우리 말로 "그렇다고 쳐주었다!"라는 것입니다. 아브라함은 유대인이기 전에 이방인이었습니다. 그러므로 하나님은 이방인과 유대인을 차별하지 않고 모두 자기 자녀로 부르십니다. 그들이 오직 하나님의 신실하심을 믿으면 됩니다. 하나님 자녀가 되었다는 것은 죄의 폭정에서, 율법의 억눌림에서 해방되었음을 의미합니다. 이것을 가능하게 한 사건이 예수 그리스도의 죽음과 부활이며, 그리스도인은 세례를 통해 예수 그리스도의 죽음과 부활에 참여하는 것입니다. 물론 이 일을 가능하게 하시는 분이 성령이십니다. 새로운 삶은 성령의 능력으로 사는 삶입니다.

그런데 여기서 실제적인 문제가 드러납니다. 왜 유대인은 그리스도를 통해 나타난 하나님의 복음을 믿지 않는가 하는 문제입니다. 그들은 영원히 버림받은 종족인가? 하나님은 그들을 버리셨는가? 대답은 '아니요!'입니다. 그들도 하나님의 구원 경륜 속에 있습니다. 마치 누가복음에 기록된 탕자 비유에 등장하는 큰아들처럼 유대인이 지금은 아버지 집 바깥에 있지만, 하나님 아버지는 그 아들도 작은아들처럼 집으로 돌아오기를 바라십니다. 온 가족이 화목하게 살 때 진정 샬롬이 이루어지는 것 아니겠습니까? 하나님께서 이스라엘을 잠시 버려두신 것은 그들이 이방인의 귀가歸家를 보고 마음에 샘이 나서 그들도 집으로 돌아오도록 하기 위함입니다. 궁극적 목적은 비유 속 큰아들과 작은아들이 손에 손을 잡고 아버지 집으로 돌아오는 것처럼 유대인과 이방인 가운데 남은 자들이('온 이스라엘', 11:26) 그렇게 하나님 아버지께로 돌아오도록 하기 위함입니다. 그러니 하나님께서 얼마나 속이 타도록 인내하고 기다리시겠습니까?

이러한 하나님의 신실하심과 자비하심을 기억한다면, 우리는 실제 삶에서 새로워진 사람답게 살아야 합니다. 교회에서도, 세상에서도 그렇게 살아야 합니다. 그리스도인 삶의 특징은 사랑이어야 합니다. 연약한 사람과 강한 사람이 서로 받아주는 교회와 사회야말로 옛적 예언자들이 꿈꾸던 세상 아니겠습니까? 복음 안으로 들어온 로마의 연약한 가정교회들은 서로서로 받아들여야 합니다. 이방인 크리스천은 자신의 기득권을 고집하지 말고, 유대인 크리스천은 자신의 종족적 우월감을 내려놓고 서로 용납하고 포용해야 합니다. 이것이 성령 안에서 사는 삶입니다. 세상 사람들은 이것을 보면서, 그들이 한 하나님 아버지의 집에 사는 형제자매들인 것을 알게 됩니다. 그리고 하나님 아버지께 영광을 돌리게 됩니다.

다음은 로마서에 대한 간략한 개요입니다.[7]

1:1-7 인사 말씀

사도 바울이 쓴 편지들 가운데 로마서의 인사 말씀이 가장 깁니다. 바울은 이 인사 안에서 이미 복음에 초점을 맞추고 있으며(2-4), 이방인들에 대해서도 언급합니다(5-7). 바울이 언급하는 복음은 하나님의 복음으로, 하나님께서 오래전 구약 성경 전체를 통해 약속하신 좋은 소식입니다. 예수 그리스도에 관한 소식이 곧 복음입니다. 따라서 로마서 전체는 하나님께서 자기 약속이 구약부터 예수에 이르기까지 어떻게 전개되고 절정에 이르게 되었는지를 서술하는 서사입니다.

1:8-15 감사와 기도와 바람

다른 편지에서도 발견되는 전형적 감사와 기도가 나옵니다. 이에 덧붙여 바울은 로마에 가고 싶은 열망을 이야기체로 써 내려갑니다. 로마에 가고 싶다는 이야기는 15장 24절에서 계속됩니다. 로마에 가고 싶은 바울의 마음은, 다른 이방인들 가운데서처럼 로마의 그리스도인과 함께 로마에 있는 사람들에게 복음을 전하고 싶다는 강력한 의지의 표현입니다. 그가 염두에 둔 로마 사람들은 거기에 거주하는 유대인뿐 아니라 비유대인을 포함합니다.

1:16-17 복음의 핵심

이 구절은 로마서의 주제 선언문과 같습니다. 복음은 하나님의 아들 예수 그리스도에 관한 것이며, 유대인과 이방인 모두에게 구원을 주시는 하나님의 능력입니다. 복음은 하나님의 정의가 드러난 것이며 예수 그리스도를 믿는 모든 자에게 주어지는 하나님의 선물입니다. 차별 없이 주어지는 하나님 은혜입니다. 복음에는 하나님의 정의가 드러났다고 말하면서, "믿음으로 믿음에 이르게 한다"라고 합니다. 초기의 연약한 믿음에서 온전한 믿음, 처음부터 끝까지 믿음입니다. 하나님의 신실하심에서 시작하여 인간의 신실하심까지 오는 믿음입니다.

1:18-5:11 죄, 율법, 그리스도, 신앙

바울은 먼저 인간이 처한 상황이 얼마나 비참하고 끔찍한지를 이방인들의 죄로부터 시작합니다. 모든 인류가 하나님 대신에 피조물을 섬기는 우상숭배에 빠졌고, 온갖 종류의 불의와 증오와 적대

감으로 가득 차 있습니다(1:18-32). 그렇다고 해서 율법 있는 유대인이 율법 없던 이방인보다 나은 것은 아닙니다. 유대인은 자신이 가진 율법으로 다른 사람을 판단하기 때문입니다(2:1-11). 한 걸음 더 나아가 바울은 율법 없는 이방인 중에도 율법의 요구 사항을 잘 지키는 사람들이 있는데(2:12-16), 이 사실은 유대인이라고 해서 이방인보다 더 우월하거나 괜찮은 존재가 아니라는 것을 보여줍니다. 어떤 유대인은 율법을 가졌다고 자랑하면서도 그 율법을 어기기 때문입니다(2:17-27). 이방인이든지 유대인이든지 모두 성령으로 마음에 할례를 받아야 합니다(2:28-29).

바울은 유대인의 죄악과 완악함을 배경 삼아 하나님의 신실하심을 잠시 살펴봅니다(3:1-8). 그리고 그는 매우 침울한 소식으로 결론 짓습니다. 유대인이나 이방인 모두 죄인이며, 따라서 그들은 모두 절대적으로 도움이 필요한 처지입니다. 율법은 절대 이런 도움을 주지 못합니다(3:9-20).

그렇다면 이런 불행한 소식에 대한 처방은 없을까? 하나님께서 좋은 소식을 들려주십니다. 예수 그리스도의 죽음을 통해, 하나님의 정의가 율법과는 상관없이 유대인과 이방인에게 주어졌습니다. 모든 사람이 아니라 예수 그리스도의 대속代贖 죽음을 오직 믿음으로 받아들이는 사람들에게만 그렇습니다. 율법으로가 아니라 오직 믿음으로만 입니다(3:21-26). 여기서 바울은 세 가지 질문을 제기하고 그에 대한 대답을 제공합니다. 첫째, 자랑하거나 뽐내서는 안 된다. 둘째, 구원은 믿음의 법에 따라 결정되며 모세의 법에 따르지 않는다. 셋째, 신실한 믿음만이 유일한 대답이다. 유대인과 이방인 모두에게 공통으로 요구되는 것은 바로 하나님의 신실하심입니다. 그리고 하나님의 신실하심에 대한 인간의 믿음이 따라야 합니다. 우리가 말하는 믿음은 하나님의 신실하심에 대한 우리의 반응입니다.

이런 논지를 설득력 있게 전개하기 위해 바울은 아브라함을 예로 듭니다(4:1-25). 아브라함이 하나님을 믿었고, 하나님은 이것을 "옳다! 의롭다!"라고 여겼습니다. 그런데 이런 일이 일어났을 때는 아브라함이 할례를 받기 전, 즉 이방인으로 있을 때였습니다. 이렇게 해서 아브라함은 유대인과 이방인 모두의 조상이 된 것입니다 (23-25).

복음에 대해, 바울은 신앙 고백적인 환희의 노래로 반응합니다. 우리가 예수 그리스도 안에 나타난 하나님의 사랑을 경험했다면, 소망 가운데 기뻐하고 환난과 고난 가운데서도 평화를 누리자고 독자들에게 힘차게 권면합니다(5:1-11).

5:12-8:39 죄, 그리스도, 율법, 성령

앞 단락처럼, 이 단락도 인간 죄악의 보편성을 보여줍니다. 이 사실을 논증하기 위해 바울은 아담에게까지 올라갑니다. 아담을 지목한 것은 또 다른 아담, 마지막 아담이신 예수 그리스도를 드러내기 위함입니다. 한 사람 아담으로 인해 모든 사람이 죽음에 이르게 된 것처럼, 한 사람 예수로 인해 생명이 인류에게 들어오게 되었다는 것입니다(5:12-21).

바울은 다시 죄 문제를 끄집어냅니다. 이번에는 그리스도의 죽음 및 부활과 연관 지어 죄에 대해 말합니다. 여기서 그리스도의 죽음과 부활을 잘 드러내는 세 가지 유추가 등장합니다.

첫째는 세례입니다(6:1-14). 그리스도의 죽음과 부활을 재현하는 예식이 세례이기 때문입니다. 둘째는 노예 생활과 자유인입니다 (6:15-23). 노예 생활은 죽음의 생활이고, 자유인은 그리스도의 부활 생명을 누리고 사는 삶을 의미합니다. 셋째는 사별과 재혼입니다 (7:1-3). 남편과 함께 사는 동안에는 남편에게 속했지만, 남편이 죽으면 여자는 자유인이 되듯, 사람이 율법에 매여 살 때는 죽은 자였지만 율법의 정죄에서 벗어나면 부활한 삶과 같다는 것입니다. 이 말을 마친 후에, 바울은 죄성罪性, sinful nature으로 가득한 옛것('육신'으로 표현됨)에 대해서는 죽고, 새 생명 안에서 살아야 한다고 권면합니다. 새로움이란 그리스도와 성령에 이끌려 사는 삶을 가리킵니다 (7:4-6).

지금까지 바울은 혹독하게 율법을 다루었지만 잠시 율법의 긍정적인 면도 말합니다. 율법이 비록 우리 죄를 지적하고 폭로하여 우리를 죽음에 처하게 하는 악역을 담당하기는 했지만(7:7-25), 그래도 율법은 하나님이 주신 것임을 상기시킵니다. 율법에는 성령이 없으므로, 바울은 무기력하게 그냥 서서, 율법이 흔들어 일으키는 죄("또 다른 법")가 자기를 잡아 죽이는 것을 보고만 있었다는 것입니다 (14-24).

이런 율법에 대한 하나님의 응답은(8:1-30) 제3의 율법, 곧 성령입니다. 성령은 우리 안에서 율법을 성취하는 분이시고(4), 우리의 죄성에 대항하여 싸우는 분이십니다(5-13). 성령은 우리의 현재를 인도하시며(14-17), 우리 미래를 보장하는 분이십니다(18-25). 우리가 고난 중에 기도할 때 오셔서 우리를 도우시며(26-27), 우리가 그리스도를 닮아 가도록 하십니다(28-30).

바울은 뿌리 깊은 확신으로 외칩니다(8:31-39). 하나님은 더는 우리를 대항하는 분이 아니시라 우리를 위해 계시는 분입니다. 그리스도를 통해 나타난 하나님 사랑에서 우리를 끊을 어떤 세력도 없다는 확신입니다. 우리는 모든 환경에서 넉넉히 이기는 정복자입니다. 그러므로 신자들은 율법의 길로 갈 필요가 없습니다.

9:1-11:36 하나님의 신실하심과 유대인의 신실하지 못함

바울은 유대인과 이방인을 한 백성으로 묶으시는 일에서 보여주신 하나님의 신실하심을 이야기했고, 다른 한편으로는 그리스도 안에 나타난 복음에 반응하지 않았던 유대인 대다수가 하나님의 언약적 신실함covenantal faithfulness에 대해 신실하지 않게 반응하는 모습도 이야기했습니다. 그리고 그는 이 둘 사이에 긴장이 있음을 말합니다. 하나님의 신실하심과 유대인의 신실치 못함 사이의 긴장 관계입니다. 먼저 바울은 그리스도를 거절하고 배척했던 이스라엘 백성에 대해 심히 안타깝게 생각하며 탄식합니다(9:1-5). 그리고 3장 3절에서 언급했던 하나님의 신실하심을 다시 거론합니다(9:6-29). 유대인이 거절한다고는 하지만 이스라엘을 향한 하나님의 약속은 결코 수포로 돌아가지 않습니다. 유대인 가운데 남은 자들이 있을 것이고, 이방인에게는 하나님의 자비와 긍휼함이 주어져 그들 중에도 하나님 백성이 있게 된다는 것입니다. 이것은 유대인과 이방인이 합하여 새로운 하나님 백성이 된다는 것입니다.

바울은 계속해서 하나님의 신실하심을 말하면서도, 지금 하나님께서 이방인을 구원 방주 안으로 들어오게 하시고 이스라엘의 상당수를 방주 밖에 있도록 두신 일에 대한 책임이 이스라엘에게 있다는 것을 말합니다(9:30-10:21).

이어지는 단락(11:1-32)에서, 바울은 하나님께서 정말로 이스라엘을 모두 버리셨는가 하는 어려운 문제를 짚어봅니다. 겉으로 보는 것과는 달리, 하나님은 자기의 옛 백성을 버리지 않으셨습니다. 그들이 넘어졌을지라도 완전히 쓰러진 것은 아닙니다. 바로 이 시점에 바울은 '남은 자'에 대해 말합니다. 하나님의 '남은 백성' 안에는 유대인과 이방인이 다 포함됩니다. 두 그룹은 서로 다른 방식으로 구원의 방주 안으로 들어올 수 있도록 서로 돕고 있습니다.

12:1-15:13 새로운 백성으로 성령 안에서 사는 삶

앞선 단락에서는 우리가 하나님의 신실하심과 자비를 경험했다면, 하나님을 참되게 섬겨야 할 것 아니냐고 바울은 묻습니다. 성령에 의해 새로워진 마음으로 생각하면 하나님을 기쁘시게 하는 것이 무엇인지를 알게 됩니다(12:1-2). 특별히 12장 3-8절에서 바울은 실제적인 권면을 하는데 이는 모두 신학적 근거가 있는 권면들입니다.

유대인과 이방인은 한 몸을 이룬 교회이므로 신자들은 서로에 대해 크리스천답게 대해야 하고(9-21), 이 세상에서도 시민으로서 마땅히 책임을 다하며 살아가며(13:1-7) 성령 안에서 사는 삶이 무엇인지를 보여주어야 합니다. 이런 과정에서 사랑은 모든 것을 하나로 묶는 핀과 같습니다(8-10). 사랑은 율법을 완성하는 것이고 모든 신앙생활을 가능하게 하기 때문입니다.

바울은 이방인 신자들에게, 율법이 완성됐다는 의미가 정결하고 의로운 삶을 그만하라는 뜻이 아님을 지적한 후(13:11-14), 음식 규정과 절기 규정을 지키는 일에 관한 유대인과 이방인 사이의 실제적 이슈들을 언급하면서(14:1-15:13) 서로 받아들이라고 권합니다

(14:1; 15:1, 7). 여기서 바울은 놀라운 논리와 설득을 펼치면서 신학적으로는 이방인을 두둔하지만(14:17-18), 실제적으로는 유대인 편(19-21)이 되는 모습이 눈에 띕니다.

로마서 전체를 통해 바울이 전개했던 논지 전체는 15장 5-8절에서 "서로 받아들여야 한다"라고 권하면서 절정에 이르며, 하나님의 이야기 속에 이방인도 포함됨을 보여주는 일련의 구약 본문을 언급합니다(9-12). 그리고 기도로 권면의 말씀을 마칩니다. 로마서 1장 16절에서 시작한 전체 논증과, 설교와 설득과 권면을 15장 13절에서 기도로 마칩니다.

15:14-33 바울, 이방 선교, 로마

15장 5-13절에서 남겨둔 이야기를 다시 집어 들면서, 바울은 복음을 이방인에게 전해야 하는 자신의 사도직을 다시 천명합니다(14-22). 더 나아가 자신에게는 예루살렘을 거쳐 로마에 갈 계획이 있음을 알립니다(23-33).

16:1-27 편지를 마치면서

편지의 종결 부분은 편지를 가지고 갈 사람인 여성도 뵈뵈를 추천한다는 말로 시작합니다(16:1-2). 그다음으로 로마에 있는 여러 친구에게 문안 인사를 하고(3-16), 마지막 권면과(17-20) 마지막 인사(21-24) 그리고 송영(25-27)으로 대미를 장식합니다. 매우 인상적인 것은 편지의 맨 끝에 가서 바울은 예언자들의 글을 통해 하나님의 비밀이 밝히 공개된 사실과 "이방인이 믿고 순종하게 되었다"라는 사실을 다시 강조한다는 점입니다(참조. 1:2-7).

종합

로마서는 하나님 이야기를 신학적으로 표현한 편지글입니다. 하나님은 모든 사람을 사랑하시되 유대인과 이방인을 같이 사랑하시며, 이 사랑은 그리스도의 죽음과 부활을 통해 나타났습니다. 그리고 성령을 우리에게 선물로 주심으로 일상생활에서 모든 것이 합력하여 선을 이루도록 하십니다.

천 배나 더한 기쁨을 발견하다

로마서 1:1-7

당신이 찾는 그 교회가 없는 이유

교회에 관한 한 마음을 정하지 못하고 떠도는 영혼이 많습니다. 쉼 없는 불안한 영혼들입니다.

지역 교회를 몇 번 옮겼느냐고 질문하는 것만은 아닙니다. 한 교회에 다니면서도, 그 영혼이 진정한 쉼을 얻지 못하고 이리저리 방황하는 것을 포함합니다. 사실 쉼 없는 영혼은 어느 교회를 가더라도 만족을 얻지 못합니다. 그들은 마음속으로 이상적인 교회를 갈구합니다. 그런데 세상에 그런 이상적인 교회가 있을까요? 어떤 교회가 이상적 교회입니까? 추측하건대, 사랑이란 접착제로 서로 끈끈하게 붙어 있는 교회, 남의 짐을 대신 들어주는 사람이 많은 교회, 그리스도 안에서 생기 넘치는 사람들로 영적 생동감을 느낄 수 있는 교회, 성령 충만한 사람들이 리더로 섬기는 교회, 선교적 마음을 가진 사람들로 언제나 생명이 꽃피는 교회, 희생적으로 헌금하는 사람들이 있는 교회, 겸손하고 친절하고 배려심이 넘치는 교회라면 그렇게 부를 수 있겠지요?

많은 사람이 이런 교회를 찾습니다. 하지만 조금이라도 이상에서 엇나간다면 금방 다른 교회를 찾아갑니다. 그곳에서 찾지 못하면 또 다른 교회로 옮깁니다. 마치 그리스 신화에 나오는 탄탈로스의 목마름처럼 말입니다. 물론 아무 생각 없이 덮어놓고 오래된 습관처럼 교회에 나오는 분이 더 많지만 말입니다.

어떤 마을에 한 중년 남자 집사가 있었습니다. 그분은 교회에 대해 늘 불만이 많았습니다. 그의 눈에는 교회에서 하는 일이 다 못마땅하게 보였습니다. 이웃 교회에 대해서도 이 말 저 말을 서슴없이 늘어놓았습니다. 이 교회는 말씀만 강조해서 틀렸고, 저 교회는 성령만 강조해서 틀렸다는 식이었습니다.

보다 못한 목사가 생각 끝에 그 집사를 불렀습니다. 그분을 반색하며 맞이한 목사는 좋은 소식이 있다고 전했습니다. "제가 집사님을 위해 이상적인 교회를 두루 찾았는데, 드디어 한 곳을 발견했습니다. 그곳에 가시면 이상적으로 신앙생활을 할 수 있습니다." 반가운 마음에 집사는 물었습니다. "아니, 그렇게 좋은 교회가 있었으면 진작 알려주셨어야지요. 대체 그 교회는 어디 있습니까?" 목사가 대답했습니다. "제가 살펴보니, 저도 가고 싶을 만큼 좋은 교회가 분명하더군요. 교인들도 친절하고 겸손합니다. 말씀도 좋습니다. 집사님이 꿈꾸고 그리던 이상적인 교회입니다. 그런데 한 가지 문제가 있습니다." "아니, 그게 뭡니까?" "집사님이 거기 가는 순간, 그 교회는 더 이상 이전의 이상적인 교회가 아니라는 것입니다!"

그렇습니다. 지상 교회의 현주소는 에덴동산이 아니라 제임스 딘으로 표상되는 반항의 도시인 '에덴의 동쪽'입니다.

이상적 교회 = 허깨비 교회

이상적인 교회를 찾는 것은 마치 이상적인 아내를 찾는 일과 비슷합니다. 어떤 아내가 이상적입니까? 여러분이 알고 있는 여러 여성이 지닌 최상의 장점들을 모두 더한 사람이 있다면 이상적이겠지요? 쉽게 말해 완벽한 맵시, 탁월한 음식 솜씨, 다정다감한 마음씨, 큰 부와 재력, 아픈 데 하나 없는 건강한 몸을 갖고 있다면, 이것이 꿈에 그리는 아내상일 것입니다.

조건이 너무 세속적이라 좀 그렇다면 이런 건 어떻습니까? 신선한 커피 향내를 맡으면서 모차르트의 음악으로 하루를 시작하고, 매일 정갈하고 건강한 요리로 여유 있게 식사하면서, 헤르만 헤세의 시를 읊조리고, 석양에 낙조를 감상하다가 오솔길을 산책하고, 자태가 왕비처럼 우아한 아내와 잠자리에 든다면…. 하지만 꿈을 깨십시오. 그런 아내가 과연 어디 있단 말입니까? 소설로나 그려낼 수 있는 불가능한 요정 이야기일 뿐입니다.

이상적 교회를 찾는 것도 다를 게 없습니다. 어디서 그와 같은 완벽하고 완전한 교회를 찾을 수 있겠습니까?

이런 일이 최근 현상만은 아닙니다. 인류 역사에서 언제나 그랬습니다. 최소한 중세기 이상으로까지 거슬러 올라갑니다. 중세기 신학자들은 이런 생각을 합니다. 먼저 교회를 '보이는 교회'와 '보이지 않는 교회', 이렇게 둘로 구분합니다. 보이는 교회는 전문 용어로

'가시적可視的 교회'visible church라고 하는데, 우리 눈으로 볼 수 있는 교회입니다. 건물이 있고, 재정을 운용하며, 많은 문제가 일어나는 피와 살을 지닌 사람들로 이루어진 교회입니다. 지체들이 모두 불완전할 뿐 아니라 인생과 마음이 깨어진 사람들로 구성된 교회입니다.

이와 대조적으로 보이지 않는 교회invisible church가 있습니다. 이 교회는 하나님이 의도하신 '모델 교회'입니다. 이상적인 교회입니다. 진짜 교회입니다. 참된 교회입니다. 여러분이 손가락으로 가리키면서, "보이는 교회의 지체들 가운데 보이지 않는 교회의 지체가 두루 흩어져 있습니다. 그런데 아무도 그들이 누군지 모릅니다. 오직 하나님만이 아십니다"라고 할 때의 교회입니다.

그러나 16세기의 종교개혁자들은 이런 구분을 좋아하지 않았습니다. 즉, 교회를 '가시적 교회'와 '비가시적 교회'로 구분하는 방식을 좋아하지 않았다는 것입니다. 그 보이지 않는 교회에 대해 아무도 어떻게 할 수 없기 때문입니다. 예를 들어, 제가 다음 주일을 성찬 주일로 지키겠다고 선언했다고 합시다. 그리고 주님의 만찬에 '보이지 않는 교회'에 속한 모든 교인을 다 초청했습니다. 그렇다면 얼마나 많은 교인이 성찬식에 참석할 수 있을까요? 아무도 모릅니다. 누가 그 교회에 속해 있는지 아무도 모르기 때문입니다.

이처럼 '보이지 않은 교회'라는 개념에는 큰 문제점이 있습니다. 특정한 사람들을 상대할 수 없다는 것입니다. 그저 추상적인 개념일 뿐입니다. 비가시적 교회 지체들과는 성찬을 함께할 수 없습니다. 그들과 함께 찬송을 부를 수도 없습니다. 그들이 누구인지도 모르는 상태이니 아무것도 함께할 수 없습니다.

가시성이야말로 교회의 핵심

이런 이유로, 존 칼빈은 항상 교회의 '가시성'을 강조했습니다. 그에 따르면 가시성이야말로 교회의 핵심입니다.[8] 진짜 교회, 실제적 교회는 항상 가시적 크리스천 공동체입니다. 가시적 교회 가운데 두루 흩어져 있는 비가시적·이상적 크리스천이 모인 그룹이 아닙니다. 가시적인 크리스천 공동체 이상의 무엇일 수는 있지만, 가시적 공동체가 아닌 다른 무엇은 아닙니다.

여러분은 교회를 생각하면, 무엇이 떠오르십니까? 하나님이 계획하고 의도하신 완벽한 교회, 이상적 교회가 떠오릅니까? 아니면 현 상태의 교회가 떠오릅니까? 분명 후자일 것입니다.

그렇습니다. 우리가 아는 유일한 교회는 지체들이 실제 말씀의 식탁 주위에 둘러앉아 실제로 빵을 먹고 포도주를 마시는 교회입니다. 살아 있는 사람들로 구성된 이러한 현실 교회, 실제적 교회가 하나님 은혜와 평강을 받는 대상입니다. 뒤집어 말하자면, 하나님 은혜와 평강을 받는 대상은 생각이나 마음속에나 존재하는 이상적인 교회가 아니라 여러분과 저처럼 살아 호흡하는 사람들이 모인 교회, 즉 현실 교회입니다.

로마서 1장 7절에서 바울은 이것을 말합니다. "로마에서[로마에 있는,] 하나님의 사랑하심을 받고 성도聖徒, saints로 부르심을 받은 모든 자에게 하나님 우리 아버지와 주 예수 그리스도로부터 은혜와 평강이 있기를 원하노라." 달리 말해, 특정 지역에 있는 교회에 소속된, 하나님의 사랑하심을 받은 모든 자에게 은혜가 있기를 기원한다고 말합니다.

이런 가시적인 교회는 불완전한 교회임에도 불구하고 하나님께 부르심을 받아 사랑받는 교회이므로 더욱더 하나님 은혜와 평강이 필요하지 않을까요! 이런 이유로, 사도 바울은 구체적인 지역 교회(로마)를 향해 은혜와 평강을 기원합니다.

지게꾼 하나님, 명품 장인 하나님

은혜는 복음의 핵심이며 전부입니다. 은혜는 탕자 아들을 얼싸안으시는 아버지입니다. 은혜는 다메섹으로 가는 바울에게 나타나 그를 치시지 않고 오히려 그에게 사명을 주시며 계약sign을 하신 그리스도이십니다.

은혜가 무엇입니까? 하나님께서 우리가 아직 죄인이었을 때, 그리스도께서 우리를 위해 죽으심으로 우리를 위한 자기 사랑을 보이신 것입니다. 우리가 하나님의 원수였을 때, 그의 아들이 죽으심으로 하나님과 화해하게 된 것입니다. 우리가 길을 잃고 산중에서 헤맬 때, 선한 목자께서 찾아와 우리를 어깨에 둘러메고 양 우리로 돌아오게 하신 것입니다. 우리가 하나님을 알기 전에, 하나님이 먼저 "너는 내 것이라"라고 권리 주장하신 것입니다. 자비에 풍성하신 하나님께서 큰 사랑으로 우리를 사랑하시고, 심지어 우리가 범죄로 인해 죽었을 때, 우리를 그리스도와 함께 다시 살리신 것입니다.

은혜가 무엇입니까? 우리가 아무리 사랑받지 못할 처지와 형편에 있더라도, 하나님은 우리를 사랑하신다는 것입니다. 하나님은 사랑에 눈이 먼 분입니다. 하나님께서 우리 슬픔을 짊어지고, 우리의 비통함을 대신 지신다는 것입니다. 바로 '지게꾼 하나님'입니다. 깨어지고 산산조각 난 우리 삶을 자신의 손으로 친히 주워 담아 기적적으로 새롭게 만들어가시는 것입니다. 인생을 명품으로 만드시는 장인匠人, Master 하나님입니다. 이 모든 것이 은혜입니다.

은혜는 약처럼 우리 속에 스며들어 온몸에 퍼져가는 그리스도의 희생이며 그리스도의 부활 생명입니다. 은혜는 복음의 핵심이며 복음의 전부입니다.

바울은 로마에 있는 하나님의 사랑하심을 받은 모든 자에게 이 은혜와 평강이 있기를 기원했습니다. 마찬가지로 지역 교회에 있는 하나님의 사랑하심을 받은 모든 분에게 은혜가 있기를 기원합니다! 평강이 있기를 기원합니다! 샬롬이 있기를 기원합니다!

샬롬을 선물받은 우리

평강 혹은 평화로 번역되는 히브리어 '샬롬'은 화해和解를 뜻합니다. 온전함을 의미합니다. 복지well-being를 의미합니다. 잘 있음, 가득함, 넉넉함, 풍성함 등을 뜻합니다.

구약의 예언자들은 바로 샬롬의 세계를 꿈꾸었습니다. 그것은 어떤 세상입니까? 무엇을 꿈꾸는 세상입니까? 그것은 미래에 전개될 시나리오가 아니라 지금 이 세상에 대한 대안으로 꿈꾸었던 세계였습니다. 물고 뜯고 하는 자들이 서로 화목하고 화해하는 그런 세상에 대한 비전입니다. 늑대와 양이 함께 살고 표범과 어린아이가 함께 노는 그런 세상에 대한 꿈입니다(사 11:6-8). 사람들이 칼을 쳐서 보습을 만들고 창을 쳐서 낫을 만드는 그런 세상에 대한 꿈입니다. 이 나라와 저 나라가 다시는 칼을 들고 서로 치지 아니하며 다시는 전쟁을 연습하지 않는 그런 세상에 대한 꿈입니다(사 2:4). 파종하는 자가 곡식 추수하는 자의 뒤를 이으며 포도를 밟는 자가 씨 뿌리는 자의 뒤를 이으며 산들은 단 포도주를 흘리며 작은 산들은 녹아내리는 그런 세상에 대한 꿈입니다(암 9:13).

부활하신 그리스도는 첫 번째 부활절 주일 저녁에 제자들에게 나타나 이렇게 말씀하셨습니다. "너희에게 평강이 있을지어다! 너희에게 샬롬이 있을지어다!" 위대한 예언자처럼 그리스도는 새로운 이스라엘인 교회에 샬롬의 세상을 선물하신 것입니다.

바울도 그렇게 인사했습니다. 로마서 1장 7절에서, 바울은 로마에 있는 교회의 교인들에게 똑같은 말로 인사합니다. "여러분에게 평강(샬롬)이 있기를 바랍니다!"

은혜grace와 평강peace. 이 두 단어는 지상 교회에 주신 하나님의 위대한 선물입니다. 교회는 하나님께서 자신의 은혜와 평강을 베푸시는 공동체입니다. 하나님 은혜와 평강으로 우리가 서서히 예수님처럼 닮아 가도록 변화되는 일이 일어나는 공동체입니다. 한 영광에서 한 등급 높아진 다른 영광으로 업그레이드되는 공동체입니다.

천 배나 더한 기쁨을 발견한 사람들

우리가 이런 사실을 알게 되었다면, 즉 교회에 주신 하나님의 선물이 은혜와 평강인 것을 알았으면, 우리는 이제 교회가 선포하는 놀라운 선언, 즉 "교회 바깥에는 구원이 없다!"라는 선언의 참된 뜻을 말할 수 있습니다.

기원후 3세기 교회 교부教父 가운데 키프리아누스Thascius Caecilius Cyprianus, 200?-259가 있습니다. 그는 라틴어로 이렇게 말했습니다.

"엑스트라 에클레시암 눌라 살루스"EXTRA ECCLESIAM NULLA SALUS (cextra: 바깥; ecclesiam: 교회; nulla: 없다; salus: 구원). "교회 바깥에는 구원이 없다!" 바로 이 강력한 말씀을 한 장본인입니다. 키프리아누스는, 하나님을 여러분의 아버지로 삼고 싶다면, 교회를 어머니로 삼아야 한다고 했습니다.[9] 이 세상으로부터 구원받기를 원한다면, 먼저 구원 방주, 즉 교회 안으로 들어와야 한다고 했습니다.

이런 선언은 네덜란드 신앙고백서Belgic Confession에도 나옵니다. 제28항에 보면 다음과 같은 고백이 나옵니다.

> 이 거룩한 모임과 회중은 구원받은 자들의 모임이며, 이것을 떠나서는 구원이 없으며, 아무도 이것으로부터 물러서서 스스로 만족해서는 안 됩니다. 우리는 이 사실을 믿습니다.

교회를 떠나서는 구원이 없습니다! 교회 바깥에는 구원이 없습니다! 이 말이 우리 귀에는 매우 강하고 심하게 들립니다. 좀 지나친 말처럼 귀에 거슬릴지도 모릅니다. 기원후 3세기에 그리스도인이 "교회 바깥에는 구원이 없다"라고 주장할 때 그것은 상아탑에서 발견한 교리가 아니었습니다. 그들은 그들이 개인적으로 경험한 사실을 그렇게 표현한 것이었습니다. 무슨 말입니까? 잔인하고 불경건한 환경에서 살아야 했던 사람들이 교회 안에서 비로소 '은혜'와 '평강'을 찾게 되었다는 것입니다. 교회 안에서 진정한 구원을 발견했다는 것입니다. 이 말은 신학자들의 교리敎理, dogma로 시작된 것이 아니라 억눌린 우리를 해방하는 경험에서 우러나온 것임을 기억해야 합니다.

3세기의 주교 키프리아누스는 한 친구에게 다음과 같은 글을 썼습니다.

도나투스, 포도나무 그늘 밑에 있는 이 깨끗하고 아름다운 정원에서 바라보는 세상은 생기로 가득한 세상이라네. 그러나 내가 크고 높은 산에 올라 눈앞에 펼쳐진 넓은 땅을 본다고 해보세. 아마 자네도 내가 무엇을 보는지 잘 알걸세. 대로에는 산적들이, 바다에는 해적들이 널려 있고, 원형경기장에서는 광기 어린 소리를 지르는 관람객들을 만족시키기 위해 검투사들이 서로 죽이고 있지 않은가? 그리고 모든 지붕 아래는 비참함과 이기주의가 가득하지 않은가? 정말 형편없는 세상이지. 몹시 나쁜 세상이야. 도나투스, 믿기 어려울 정도로 악하고 몹쓸 세상이야.

그러나 그 가운데서 나는 조용하고 거룩한 사람들을 찾았다네. 그들은 이 죄 많은 세상에 있는 그 어떤 쾌락보다도 천 배나 더한 기쁨을 발견한 사람들이야. 그들은 무시되고 박해받지만 그런 것은 별로 상관하지도 않아. 그들은 이 세상을 극복하고 이겼다네.

도나투스, 이 사람들이 누군 줄 아는가? 그리스도인이라는 사람들이야. 나도 그들 중 하나라네.

은혜와 평강이 주어진 자리

"교회 바깥에는 구원이 없습니다!" 이 말을 로마서 1장 7절의 빛 아래서 읽어보십시오.

로마에 있는, 하나님의 사랑하심을 받고 성도로 부르심을 받은 모든 자에게 하나님 우리 아버지와 주 예수 그리스도로부터 은혜와 평강이 있기를 원하노라.

하나님 은혜와 평강이 로마에 있는 교회에 주어집니다. 모든 이방인 가운데서 부르심을 받은 자들에게 주어집니다. 그리스도에게 속하도록 부르심을 받은 자들에게 주어집니다. 교회 바깥에는 구원이 없습니다. 하나님 은혜와 평강이 없는데 어찌 하나님의 구원이 있을 수 있겠습니까? 이 말씀은, 하나님 은혜와 평강은 하나님께서 이 세상에서 불러내신 사람들의 공동체를 떠나서는 달리 이해될 수 없다는 사실을 확증합니다.

크리스천의 삶, 제자도discipleship는 혼자 걸어가기에는 너무도 힘들고 거친 길입니다. 그런데 그 길을 혼자 가려는 사람들은 보통 이렇게들 말합니다. "예수? 좋아요! 교회? 아니요!" "예수님은 좋은데, 교회는 필요 없어요!"

그러나 크리스천의 삶은 '공동체 안에서' 살아내는 삶입니다. 그리스도께서 죽으신 것은 바로 이 공동체를 위해서입니다. 바울은 에베소에 있는 크리스천에게 이렇게 썼습니다.

"그리스도는 교회의 머리입니다. 그리스도는 교회의 구원자입니다. 그리스도는 교회를 사랑하시어, 교회를 위해 자기를 버리셨습니다. 자기를 버리신 것은 교회를 거룩하게 하시고 자기 앞에 영광스러운 교회로 세우시어 티나 주름 잡힌 것이나 이런 것이 없이 거룩하고 흠이 없게 하려 하심입니다"[엡 5:23-27 참고].

가시적 교회 안에 하나님 사랑을 받고 거룩한 사람들聖徒이라 불리는 여러분 모두에게, 하나님 우리 아버지와 주 예수 그리스도로부터 '은혜'와 '평강'이 있기를 기원합니다.

로마서의 주제 선율

로마서 1:8-17

로마서 전체를 관통하는 주제 선율

오르간 음악 가운데, 제가 좋아하는 작품이 하나 있습니다. 요한 세바스찬 바흐1685-1750의 "파사칼리아와 푸가 C 단조"Passacaglia and Fugue in C Minor입니다.[10] 이 작품은 중심 주제 멜로디, 일명 '주제 선율'旋律, major theme로 시작합니다. 다소 단순하지만, 매우 강력하고 장엄한 멜로디입니다.

그렇게 작품의 문을 여는 주제 선율이 끝나면 그 주제 선율을 바탕으로 다양한 변주들變奏, variations이 이어집니다. 일명 저음에 줄곧 반복되는 변주의 주제라 할 수 있습니다.

파사칼리아Passacaglia가 시작하면서 처음에는 작품의 주제 선율이 두드러집니다. 그러나 다양한 변주가 전개되면서부터 음악은 점점 복잡해지고, 청중은 주제 선율을 인식하기가 어려워집니다. 한참

듣다 보면, "도대체 어떻게 흘러가는 거지?"라는 의구심마저 듭니다. 거친 음색과 율동들이 나오고 모든 것이 혼돈 속에 빠진 것같이 들립니다. 음악 자체를 하나로 묶는 끈도 없고, 음악은 방향을 잃어버린 듯합니다.

그러나 주의 깊게 자세히 듣는다면, 표면적인 혼돈 속에서도 주제 선율을 들을 수 있습니다. 또한, 그 주제 선율이 결국 음악 전체를 묶고 있다는 것이 들립니다. 작품 안에서 종종 사라지긴 하지만 그런데도 작품 전체를 관통하는 일정한 주제 선율이 있습니다. 물론 피상적으로 들으면 온통 다양한 소주제가 서로 연결점 없이 거칠게 펼쳐지는 것같이 들립니다. 그러나 운행을 끝나가는 어느 지점에서 주제 선율이 다시금 떠오르면서 작품 전체를 관통합니다.

우리의 삶도 바흐의 "파사칼리아와 푸가 C 단조"와 같습니다. 본문을 통해 사도 바울의 삶에도 어떤 주제 선율main theme이 흐르고 있음을 확인할 수 있습니다. 그의 삶을 관통하는 '주된 선율'이 있기 때문입니다. "나는 복음을 부끄러워하지 않습니다. 이 복음은 믿는 모든 자에게 구원을 주시는 하나님의 능력이기 때문입니다"[롬 1:16].

로마서에서, 바울은 수많은 소주제를 소개합니다. 말하자면, 우리는 다양한 멜로디를 접합니다. 이런 소주제, 저런 소주제가 우후죽순처럼 등장합니다. 그러나 이런저런 작은 소주제는 모두 강력한 한 가지 주제, 즉 "복음은 모든 믿는 자에게 구원을 주시는 하나님의 능력이다"라는 대주제와 상호작용합니다. 바울의 삶을 관통하는 이 중심 주제와 주제 선율은 로마에 있는 그리스도인에게 보낸 편지를 관통하는 대주제이기도 합니다.

부활도 십자가에서 흘러나온다

그렇다면 도대체 '복음'이 무엇입니까? 정확히 무엇을 복음이라고 합니까? 고린도전서 2장 2절에서, 바울은 복음을 이렇게 정의합니다. "내가 너희 중에서 예수 그리스도와 그가 십자가에 못 박히신 것 외에는 아무것도 알지 아니하기로 작정하였음이라." 이것이 바울이 내린 복음에 대한 정의입니다. "예수 그리스도와 그가 십자가에 못 박히신 사실." 십자가에 달리신 예수 그리스도! 십자가!

다소 놀랄 만한 정의입니다. 우리는 궁금합니다. 왜 바울은 이렇게 말하지 않았을까요? "나는 너희 가운데서 예수 그리스도와 그가 죽은 자 가운데서 부활하셨다는 것 외에는 아무것도 알지 아니하기로 작정했다." 그리스도의 십자가는 그리스도의 빈 무덤에 압도되지 않았던가요? 그리스도의 죽음은 그리스도의 부활에 삼켜지지 않았던가요? 성금요일은 부활 주일에 삼켜지지 않았던가요? 복음을 "예수 그리스도와 그가 십자가에 못 박히신 것"이라고 정의하면서도, 왜 바울은 그리스도의 부활에 관해서는 침묵했을까요?

부활에 관해 말하더라도, 바울이 가르치는 핵심은 십자가이기 때문입니다. 부활로부터 십자가가 흘러나오는 것이 아니라 십자가로부터 부활이 흘러나오기 때문입니다. 하나님께서 죽은 자 가운데서 살리신 그리스도는 십자가에 못 박힌 그리스도이시며 지금도 못 박힌 그리스도로 남아 계시기 때문입니다. 부활하신 그리스도는 지금도 십자가에 달리신 그리스도의 못 박힌 흔적을 지니고 있기 때문입니다.

그렇습니다. 십자가는 복음의 중심 주제입니다. 주제 선율입니다. 교회의 주 메시지입니다. 교회의 유일한 메시지입니다. 교회는 도덕적 교훈을 설교하는 곳이 아닙니다. 특정한 정치적 이념을 설파하는 곳도 아닙니다. 사회와 경제 상태에 관한 판단을 내리는 곳도 아닙니다. 개인의 심리 치유를 설교하는 곳도 아닙니다. 예수 그리스도와 그가 십자가에 못 박힌 사실을 설교하는 곳입니다.

가장 큰 걸림돌: 십자가

그러나 유대인과 그리스인은 이 복음을 부끄러워했습니다. 그들은 자존심 때문에 이 복음을 받아들일 수 없었습니다. 마치 오늘날 대부분 사람이 그런 이유로 이 복음을 부끄러워하듯 말입니다.

그들이 십자가를 거절하고 배척한 이유는, 십자가가 하나님 앞에서 자신이 파산한 상태임을 보여주기 때문입니다. 우리 자존감, 인간의 자기 충족은 자연스럽게 십자가를 대항하기 때문입니다.

십자가 메시지, 즉 예수께서 우리를 위해 죽으셔야만 했다는 메시지는 아직도 교회가 직면하는 가장 큰 걸림돌(스캔들)입니다.[11] 사람들은 도덕적으로 영적으로 파산했다는 소리를 듣고 싶어 하지 않기 때문입니다. 우리에게 십자가가 필요하다는 소리를 듣기 싫기 때문입니다. 그리스도께서 우리를 위해 죽어야만 했다는 소리가 듣기 거북하기 때문입니다. 사실 예수께서 죽을 필요가 없었다는 소리를 믿고 싶어 하기 때문입니다. 예수가 십자가형을 피할 수도 있었다는 말을 믿고 싶어 하기 때문입니다. 우리가 모두 '그렇게 나쁘지는 않은' 사람, 즉 "괜찮은 죄인"이란 소리를 듣고 싶기 때문입니다. 사람은 본래 고귀한 존재라는 소리를 듣고 싶기 때문입니다. 우리의 타고난 존엄성을 잘 닦아 광을 내어 하나님 보시기에 괜찮다는 소리를 들을 것을 기대하기 때문입니다.

그러나 예수님은 자기 십자가에 대해 말씀하실 때마다 반드시 십자가를 짊어져야 한다고 강조하셨습니다. 그분은, 인자가 많은 고난을 받은 후에 배척받아 죽임당할 것을 강조하셨습니다. 당신께서 지시는 십자가는 하나님께서 부과하신 필수 코스라고 하셨습니다.

대부분 사람은 그리스도께서 십자가에 달리셨다는 복음을 부끄러워하지만, 바울은 그렇지 않다고 합니다. 그리스도께서 십자가에 달리심은 하나님이 그리스도께 부과하신 필연적 사건이었기 때문입니다. 그리스도께서 십자가에 달리신 일은 하나님께서 우리를 구원하시는 방식이었기 때문입니다.

삼키기에 너무 큰 알약

그러면 무엇에서 구원한다는 말입니까? 하나님의 임박한 심판에서 우리를 구원한다는 것입니다. 최후 심판 때에 있게 될 하나님의 진노에서 우리를 구원한다는 것입니다.

그러나 많은 사람은 이 사실을 받아들이지 못합니다. 삼키기에 너무도 큰 알약처럼 생각합니다. "하나님은 사랑이시지 분노가 아니시지 않습니까?", "성경도 '하나님은 사랑이시다'라고 하지 않습니까?"

그렇지만 성경은 여전히 하나님의 분노를 말합니다. 그리고 그럴 때마다 언제나 하나님의 사랑과 연결해 말합니다. 하나님의 사랑을 떠나서 하나님의 분노를 말하지 않습니다. 하나님의 사랑을 거절하거나 저버리면, 여러분은 그분의 분노를 보게 됩니다. 하나님의 사랑을 배척한다면, 그분의 분노를 촉발합니다. 십자가에 달리신 그리스도 안에 나타난 하나님의 사랑을 경멸한다면 하나님의 분노라는 화약고에 불을 지르는 셈입니다.

루터는 말하기를, 하나님의 진노는 하나님의 본성에 맞지 않는다고 했습니다. 하나님의 본성은 사랑이지 분노가 아니기 때문입니다. 하나님의 분노는 그분의 본성에 역행합니다. 이런 이유로 분노는 결코 하나님의 최후 말씀도, 최종적 행동도 아닙니다.

하나님은 우리가 죽기를 바라시는 것이 아니라 회개하기를 바라십니다. 하나님은 우리가 그리스도를 믿고 의지하길 바라십니다. 그리스도를 믿는 신앙이 있는 곳에 하나님의 분노는 수그러들기 때문입니다.

첫 번째 변주: 인생에서 비빌 언덕이 사라졌을 때

"나는 복음을 부끄러워하지 않습니다. 복음은 믿는 모든 자에게 구원을 주시는 하나님의 능력이기 때문입니다." 이것이 크리스천 삶의 주제 선율이요 중심 테마입니다.

이 주제는 심오하므로 다양한 방식으로 진술해보겠습니다. 예를 들어, 하이델베르크 신앙교육서가 진술하는 방식이 있습니다. 신앙교육서의 첫 번째 질문과 그에 대한 대답을 들어보십시오.

질문: 삶과 죽음 가운데서 당신의 유일한 위로가 있다면 무엇입니까?

대답: 나는 내 것이 아닙니다. 나의 몸과 영혼은 살아 있을 때든지 죽
게 되었을 때든지 나의 신실한 구원자 예수 그리스도의 것입니
다. 그분은 나의 모든 죄를 그분의 귀중한 피로 온전하게 갚아
주셨으며, 또한 악마의 압제에서 나를 해방해주셨습니다.

모든 사람이 실망하게 할 때, 모든 버팀목이 내 위로 무너져 내
릴 때, 모든 후원자가 하나둘 돌아설 때, 기꺼이 목숨을 바쳐 살아야
할 이유가 더는 남지 않게 되었을 때, 모든 소주제의 선율이 그 아름
다움과 매력을 상실하게 되었을 때, 소소하고 작은 멜로디들이 그
신선함과 소박함을 잃어버리게 되었을 때, 어떤 힘이 우리를 지탱시
켜 끝까지 가게 할까요?

주제 선율의 힘, 주제 멜로디의 힘이 그렇게 합니다. "우리는 그
리스도에게 속해 있다"라는 확신! "우리는 그리스도의 것"이라는 확
신! "그리스도께서 자기의 귀중한 피로 우리를 샀다"라는 확신입니
다. 이 확신이 주제 선율의 힘이며 능력입니다. 이 힘과 능력이 모진
환경과 처지에서도 우리에게 견딜 힘을 줍니다. 우리를 업고 끝까지
가게 합니다.

두 번째 변주: 삶이 낯설어 무의미하게 여겨질 때

영국 웨일스 출신
목회자이자 '최상의 형이상학적 시인'the Supreme Metaphysical poet으로
추앙받는 조지 헐버트George Herbert, 1593-1633는 삶의 주제 선율을 다

른 방식으로 멋지게 말합니다.[12]

그는 한때 펼쳐진 공책의 한쪽 페이지를 넘어 반대편 페이지까지 수평적으로 시를 써 내려갔습니다. 그런데 각 시행 안의 한 단어는 다음 시행에서 다른 한 단어와 대각선으로 연결되게 했습니다. 대각선으로 연결된 이 단어들을 합쳐 읽어 보면, "나의 삶은 그분 안에 숨겨져 있습니다. 그분은 나의 보화입니다"라고 읽힙니다.

우리 일상의 삶, 매일매일도 사실 수평적으로 흘러가는 조지 헐버트의 시행과 같습니다. 우리 삶은 모두 이야기입니다. 실패와 성공 이야기, 울음과 웃음 이야기, 애곡과 춤 이야기, 미움과 사랑 이야기, 부숨과 세움의 이야기입니다.

그러나 수평적으로 펼쳐지는 이 시행들 안 여기저기에 한 개의 외로운 단어가 들어 있습니다. 그리고 서로 대각선으로 연결된 이 외로운 단어들은 우리 삶의 주제 문구를 써 내려가고 있습니다. 이 문구를 분명하게 드러내 보이는 것입니다. "나의 삶은 그분 안에 숨겨져 있습니다. 그분은 나의 보화입니다."

세 번째 변주: 삶의 절박함이 나를 압도해 올 때

크리스천 삶의 주제를 또 다른 방식으로 진술할 수 있습니다. 빌립보서 1장 21절에서, 바울은 이렇게 표현합니다. "이는 내게 사는 것이 그리스도니 죽는 것도 유익함이라." 이 말씀은 우리에게 너무나 익숙한 나머지, 그것이 내포하는 급진적 성격, 파격적이고 충격적인 성격이 더는 느껴지지 않는 듯합니다.

그렇다면 한번 자신에게 물어보십시오. 우리 중 얼마나 많은 분이 죽음을 유익gain으로 생각합니까? 우리 중 얼마나 많은 분이 계속해서 사는 것보다는 죽는 것을 택할 수 있을까요? 사실 저도 이 구절을 읽으며 심각한 딜레마에 빠진 적이 있습니다. "나 역시 삶의 무게를 다해 정말로 이렇게 고백할 수 있는가?"

이 고백과 함께 떠오르는 이야기가 있습니다. 조셉 시틀러Joseph Sittler 목사님에 관한 이야기입니다. 그분도 어느 날 이 딜레마에 직면합니다. 그는 당시 빌립보서를 처음부터 차근차근 설교하고 있었습니다. 그리 큰 문제 없이 잘 나가던 중 이 구절에 도착하게 됩니다. "이는 내게 사는 것이 그리스도니 죽는 것도 유익함이라." 이 말씀에서 그만 멈추어 섭니다. 이 말씀 앞에서 그는 식은땀이 흘렀습니다. 더는 앞으로 나갈 수 없었습니다. 죽고 싶지 않았습니다. 살고 싶었습니다. 살든지 죽든지 상관하지 않는다고 자신 있게 말할 수 없었습니다.

그는 그다음 주일에 이렇게 설교를 시작했습니다. "제가 잘 알지 못하는 그 무엇을 이제 선언하겠습니다." 그는 정직하게 말했습니다. "바울이 말하는 것은 분명 사실이고, 저는 그것이 사실임을 개인적으로 담대하게 증언할 수 있습니다."

그가 그렇게 말한 것은, 순례의 여정에서 바울처럼 "오늘 내가 죽는다고 하더라도 괜찮습니다. 죽는 것이 유익이기 때문입니다"라고 말할 수 있는 단계에 아직 이르지 못해서만은 아니었습니다. 시틀러는, 우리 삶 가운데서 일하시는 하나님 은혜가 이러한 장엄한 고백을 가능하게 한다는 것을 강조하고 싶었습니다. 하나님 은혜 덕분에 바울이 이런 삶을 살 수 있었고, 우리도 이런 고백을 할 수 있다는 것입니다.

우리 중 많은 사람이 시틀러 목사와 같이 느낍니다. 바울은 그 말을 건성으로 했을 것이라고 의심하지는 않지만, 우리는 아직 그렇게 말할 수 있는 단계가 아니라는 부분입니다.

그러나 바울 자신도 항상 그렇게 말할 수 있었던 것은 아니었습니다. 이때 그는 인생에서 가장 절박한 상황에 있었습니다. 옥에 갇혀 죽음을 목전에 두고 있었을 때였습니다. 친구들이 그를 저버렸을 때였습니다. 건강이 극도로 악화했을 때였습니다. 그가 삶의 '중심 주제'main melody에 오롯이 귀를 기울이게 되었을 때는 바로 이러한 환경과 상황 아래였습니다. 즉, 바울의 생애에서 온갖 종류의 소주제 멜로디들이 점점 희미해졌을 때였습니다.

중심 주제에 다시 예민해지기 시작하다

종종 우리 귀는 '주제 선율'main theme을 잘 듣지 못합니다. 우리는 삶의 부차적 선율minor melodies, 단조 선율, 어두운 가락, 슬픈 음조에 압도되거나 그것에 큰 관심을 둡니다. 그러다 보니 우리는 주제 선율을 놓치거나 듣지 못합니다. 여기저기서 단조 멜로디, 어두운 음조들이 흘러나오기 시작합니다. 수많은 변주곡이 우리를 혼란스럽게 합니다.

가령 우리가 무척 사랑하던 사람이 죽었습니다. 결혼생활이 벼랑 끝에 서 있습니다. 자녀 중 하나가 탕자가 되었습니다. 화려한 경력이 거덜 나게 되었습니다. 건강이 급격하게 악화하기 시작합니다. 바로 그럴 때, 우리의 귀는 삶의 '중심 선율'에, '중심 테마'에 갑작스레 예민해지기 시작합니다.

그리고 다시금 확신 있게 다음과 같이 말할 수 있게 됩니다. "내 삶은 보화이신 그리스도 안에 숨겨져 있습니다! 내게 사는 것은 그리스도이며 비록 죽는다고 해도 이익입니다! 삶과 죽음에 있어 나의 유일한 위로와 힘은 신실하신 구세주 예수 그리스도께 속했기 때문입니다!"

그렇습니다. 나는 복음을 부끄러워하지 않습니다. 복음은 나의 구원을 위한 하나님의 능력이기 때문입니다.

복음, 하나님의 능력

로마서 1:8-17

설교에 관한 한 바울이나 루터나 별 차이가 없습니다. 바울은 로마서 1장 9절에서 "나는 하나님 아들의 복음을 설교하는 일에 있어 하나님을 전심으로 섬긴다"라고 씁니다. 평생 4,000번의 설교를 했던 루터 역시 바울과 같은 말을 하고 있습니다.

복음 설교에서 나타나는 그리스도의 능력

설교하는 일에서 루터는 자기가 바울과 동등하다고 주장합니다. 바울의 설교 수준과 자신의 설교 수준이 같다고 생각했다는 말입니다. 루터는 종종 말하기를 바울이 그의 당대에 했던 것을 자기는 지금 여기서 하는 것이라고 했습니다. 무슨 뜻입니까? 루터가 바울이 했던 식으로 설교했다는 것입니다. 루터는 매번의 설교를 마치 전쟁터인 것처럼 설교했다는 것입니다. 매번의 설교가 영혼을 구출해내기 위한 전투라고 생각하며 설교했다는 것입니다.

루터에게 설교는 우주적 사건이었습니다. 하나님과 사탄 사이의 우주적 전쟁터가 설교라는 장에서 벌어진다고 생각한 것입니다. 달리 말해 우주적 사건인 하나님과 사탄 사이의 지속적인 갈등 중 하나가 설교라고 생각했습니다.

루터는 복음 설교 안에서 그리스도의 능력이 사탄을 대항하여 강력한 펀치를 날린다고 믿었습니다. 복음 설교 안에서 하나님은 원수들을 무력화시키고 속박당한 사람들을 해방한다고 믿었습니다.

복음 설교는 만남의 장소입니다. 복음을 설교하면 하나님은 우리를 만나러 오십니다. 마치 탕자를 만나러 나오시는 아버지처럼 하나님은 복음 설교를 통해 우리를 만나십니다. 바울이 15-16절에서 "그러므로 나는 할 수 있는 대로 로마에 있는 너희에게도 복음 전하기를 원하노라 내가 복음을 부끄러워하지 아니하노니…"라고 말한 것처럼 루터도 이런 이유로 항상 복음 전파하기를 열망했습니다.

복음을 부끄러워하지 않는 이유

바울이 복음을 부끄러워하지 않는 이유는 분명했습니다. 복음은 선언하기를, "우리가 아직 죄인들이었을 때 그리스도께서 우리를 위해 죽으셨습니다", "우리가 아직 원수였을 때 하나님은 그의 아들의 죽으심을 통해 우리를 자기와 화목하게 하셨습니다"라고 말하기 때문입니다.

복음은 반드시 길을 찾는다

달리 말해 우리는 자신을 구원할 수 없습니다. 우리는 자기 자신을 하나님께서 받으실 만한 존재로 만들 수 없습니다. 우리는 하나님 앞에서 그럴듯한 냄새를 피울 수 없는 존재입니다.

오직 그리스도의 죽음만이 그런 일을 할 수 있습니다. 오직 그리스도의 죽음만이 새로운 미래를 향한 문을 열 수 있습니다. 오직 그리스도의 죽음만이 새로운 인류(인종, 인성)로 들어가는 문을 열 수 있습니다.

"나는 복음을 부끄러워하지 않습니다. 복음은 구원을 주시는 하나님의 능력이기 때문입니다." 이 얼마나 당당한 선언입니까. 구원을 주는 하나님의 능력이라고? 그렇다면 이런 질문이 가능합니다. "무엇으로부터 구원인가요?" 대답은 명확합니다. "하나님의 심판, 하나님의 진노로부터 구원입니다!"

바울은 로마서 1장 18절에서 하나님 진노에 관해 말합니다. 들어보십시오. "하나님의 진노가 하늘에서부터 모든 불경건한 자들과 불의한 자들에게 나타난다!" "하나님의 진노가 불의로 진리를 막는 사람들의 모든 경건하지 않음과 불의에 대항하여 하늘로부터 나타난다!"

대부분은 이 말씀을 삼키지 못합니다. 그들은 하나님이 분노하실 수 있다는 사실을 믿지 않습니다. 그들은 하나님의 진노와 심판에 대해 듣기를 몹시 싫어합니다. 그들은 오직 하나님의 사랑만을 믿습니다. 그분은 위험 가운데 있을 때 마지막 피난처가 되신다고 생각합니다. 그러나 바울은, 그곳이야말로 진짜 위험이 도사리는 곳이라고 말합니다. 진노하시는 하나님이 계시는 방이기 때문입니다.

구원은 하나님의 진노에서 건짐받는 것입니다. 어떤 진노입니까? 모든 불경건함과 사악함에 대항하여 하늘로부터 나타날 하나님의 진노입니다. 구원이란 이러한 진노에서 건짐받는 것을 말합니다. 하나님의 진노에서 탈출하는 것입니다!

그런데 이 하나님의 진노에 대해 오해할 만한 소지가 많습니다. 하나님의 진노에 대해 잘못 생각할 수 있다는 말은, 그분의 진노를 오히려 하나님 은혜라고 잘못 생각하기 쉽다는 것입니다.

우리는 하나님의 진노를 오해하고 있다

하나님의 진노인데도 하나님의 은혜라고 생각할 수 있습니다. 하나님께서 자기 분노를 드러내실 때, 우리는 천둥 번개와 무서운 불꽃 같은 것을 보지 못하기 때문입니다. 하나님의 진노는 그런 식으로 작동하지 않습니다. 하나님의 진노는 사람들을 그냥 내버려두는 방식으로 작동합니다! 그냥 방치하거나 버려두는 것입니다. 이게 하나님의 진노가 작동하는 방식입니다.

바울은 로마서 1장 나머지에서, 하나님의 진노는 우리를 자신의 욕망과 욕정들에 버려두어, 우리가 하고 싶은 일을 마음대로 하도록 자유롭게 한다고 강조합니다. 하나님께서 "너 하고 싶은 대로 다 해봐! 네 마음대로 해봐!"라고 말씀하시는 것이 하나님의 진노입니다. 하나님께서 우리에게 화를 내신다는 뜻이 아닙니다. 하나님께서 우리에게 "네 마음대로 식단을 짜라. 네 마음대로 넣고 싶은 재료를 넣으라"라고 하시는 것이 그분의 진노입니다.

하나님의 진노는 마치 예수님의 비유에 등장하는 아버지처럼 일합니다. 아버지는 아들이 청하는 재산 분배 요구를 들어주셨습니다. 물론 여러 번 말리긴 하셨습니다. 그러나 계속해서 재산 분배를 고집하자 아버지는 그의 뜻을 허락하셨습니다. 집을 나가겠다고 하자 막아서지도 않으셨습니다. 그에게 잔소리하지 않으셨습니다. 세워놓고 긴 설교도 하지 않으셨습니다.

젊은 아들은 이 사실을 믿을 수 없었습니다. 스스로 이렇게 생각했을 겁니다. '아하, 이거 괜찮은데? 늙은 아버지가 이렇게 쿨하실 줄은 몰랐는데! 내가 원하는 대로 다 허락하신단 말이야!' 그렇습니다. 하나님의 진노는 이런 식으로 작동합니다. 하나님의 진노는 여러분 마음대로 하도록 내버려두는 것입니다.

그러나 이것을 하나님 은혜라고 생각하지는 마십시오. 하나님이 여러분에게 무엇을 허락하셨다고 해서 하나님께서 여러분에게 은혜를 베푸신다는 것은 아닙니다.

우리가 어떤 일을 할 때 하나님 방식 말고 우리 방식대로 해버릴 때, 드라마틱한 사건으로 하나님의 진노가 나타나지 않습니다. 하나님의 진노는 도덕적 해이와 부패 과정을 통해 나타납니다. 우리가 하나님 방식이 아닌 우리 방식으로 일하면 도덕적 기준이 사라지고 사회는 시체처럼 부패하기 시작합니다. 바울은 자기 시대에서 이것이 실제로 일어나는 것을 목격했습니다. 우리 역시 이 시대에 이런 일이 일어나는 것을 목격합니다. 그것은 은혜가 아닙니다. 하나님의 진노입니다. 하나님의 진노가 찾아오고 있다는 뜻입니다.

하나님의 진노는 스스로에게 임한 자해적·자학적 형벌입니다. 그러나 이것으로 끝이 아닙니다. 그 이상의 것이 우리를 기다리고 있습니다.

구원을 위한 진노

궁극적으로 하나님의 진노는 우리를 구원하려고 애씁니다. 우리를 다시 하나님께로 몰아가려고 합니다. 달리 말해 하나님의 진노는 하나님 사랑의 또 다른 면입니다. 하나님의 진노를 뒤집어 보면 하나님 사랑이 보입니다. 하나님의 진노는 우리를 놀라게 하는 형태로 우리에게 오는 하나님의 사랑입니다.

하나님은 자기 사랑이 우리에게 반드시 닿게 하십니다. 비록 그가 만든 채널을 통하지 않더라도 그렇습니다. 때론 우리가 만들어놓은 채널을 통해, 즉 도덕적 허용이라는 채널을 통해서라도 우리에게 다가오시겠다고 굳게 마음먹고 계십니다.

하나님의 장대한 목적은 형벌을 내려 멸망시키는 것이 아니라 자비와 긍휼을 베푸시는 데 있습니다. 우리가 그 자비와 긍휼을 거절하고 박차는 길을 선택한다면, 그때 하나님은 우리를 포기하시지 않고 우리를 부도덕과 더러운 열정과 타락한 마음에 던지십니다. 그렇게 하시는 이유는 하나님께서 우리를 향한 진노를 쏟아붓기 위함이 아니라 궁극적으로 자비와 긍휼을 보여주기 위해서입니다.

이것이 기독교 복음의 핵심이며 심장입니다. 즉, 하나님은 상황이 어떻든, 무슨 일이 있어도 우리에게 자비를 보여주시려는 강한 의지를 발휘하십니다. "복음은 믿음을 가진 각 사람 모두에게 구원을 주시는 하나님의 능력이기 때문입니다."

하나님의 능력으로 드러난 복음: 성경 사례들

복음이 하나님의 능력

이라는 사실이 확실한 증거로 나타난 것이 사도행전입니다. 오순절 날이었습니다. 베드로는 그리스도를 설교하고 있었습니다. 그가 이렇게 말합니다. "내가 말해야 하는 것을 들어보시오. 여러분은 나사렛 예수를 십자가에 못 박았습니다. 그러나 하나님은 그를 죽은 자들 가운데서 일으켜 높이셨습니다. 그는 하나님께서 철저하게 확증하고 보증한 사람이었습니다." 사람들이 이 말을 듣자 가슴을 치며 "그러면 우리가 무엇을 해야 합니까?"라고 말했습니다. 그러자 베드로가 말합니다. "회개하시오. 여러분 각자 세례를 받으시오. 그러면 여러분의 죄들이 용서받을 것이오."

그러기 위해, 즉 하나님께서 우리의 죄들을 용서하시려면, 즉 우리의 과거 속으로 들어가 우리가 어지럽히고 저질러 놓은 난장판을 정리하시고 가지런히 만들려면 무엇보다 "힘과 능력"이 필요합니다. 아무도 어지럽혀진 과거를 정리하거나 새롭게 할 수 없습니다. 오직 하나님에게만 그런 힘이 있습니다. 복음은 하나님의 능력입니다. 구원을 위한 하나님의 능력입니다.

예수께서 중풍 병자에게 "아들아, 너의 죄들이 용서함을 받았다"라고 하실 수 있는 것이 곧 복음의 능력입니다. 죄를 용서하시는 예수님의 능력에 대해 사람들이 의문을 품자 그분이 물었습니다. "내가 이 사람에게 일어나 걸으라 하는 것, 그리고 이 사람의 죄를 용서하는 것, 이 둘 중에 더 큰 능력이 필요한 것은 무엇인가? 그러나 내가 이렇게 하는 것은 죄를 용서하는 능력이 나에게 있는 줄 너희로 알게 하려 함이니라. 내가 말하노니 일어나라!" 그러자 중풍 병자가 벌떡 일어났습니다. 그렇습니다. 복음은 구원에 이르게 하는 하나님의 능력입니다.

또 다른 예를 들어보겠습니다. 사도행전에서 주님의 천사는 빌립에게, 예루살렘에서 가사로 내려가는 길을 만나면 따라가보라고 합니다. 빌립은 에티오피아 내시의 병거兵車를 광야에서 만나게 됩니다. 빌립은 그가 큰 소리로 이사야 53장을 읽는 것을 듣습니다. "당신은 지금 읽는 것을 이해하십니까?" "아니요, 내게 오셔서 가르쳐 주십시오"라고 그가 말합니다. 그러자 빌립은 이사야 53장에서 시작하여 복음을 설교했습니다. 예수 그리스도와 그가 십자가에 달리신 것을 전했습니다. 그렇게 그리스도를 설교하자 구원의 능력이 나타나기 시작했습니다.

내시가 묻습니다. "제가 세례를 받지 못할 이유가 있습니까? 세례를 받고 싶습니다." 즉시 그곳 광야 한복판에서 세례를 받으면서 그는 그리스도와 함께 죽고 그리스도와 함께 일어났습니다. "내가 복음을 부끄러워하지 아니하노니 복음은 믿음을 지닌 모든 각 사람에게 구원을 주시는 하나님의 능력입니다. 하나님의 능력 안에 하나님의 의로우심이 드러났습니다!"

의로움: 약속에 대한 신실한 태도

하나님의 의로우심! 마르틴 루터는 이 표현으로 심한 두통을 앓았습니다. 하나님의 의로우심이 무엇인가 하는 문제로 깊이 고민했습니다. 하나님의 의로우심은 하나님이 자기 약속에 대해 신실하신 것을 의미함을 알기까지 그에게는 안식이 없었습니다. 그렇습니다. 하나님의 의로우심은 자기 약속에 대한 하나님의 무한한 신실하심을 말합니다.

여러분은 창세기 38장 유다와 다말 이야기를 기억하시지요? 다말은 유다의 아들 엘의 아내였습니다. 즉, 다말은 유다의 며느리였습니다. 엘이 죽자 유다가 다말에게 말합니다. "네 죽은 남편 엘의 막내 동생, 즉 내 어린 아들 셀라가 장성하기까지 너는 과부로 기다려라. 셀라가 결혼할 나이가 되면 너와 결혼시켜 네 남편 엘을 위하여 자녀들을 낳으라." 그러자 다말이 그러겠노라고 말했습니다. 그녀는 셀라가 결혼할 나이가 될 때까지 기다렸습니다.

하지만 셀라가 성년이 되었지만, 유다는 그를 다말에게 주지 않았습니다. 이에 다말은 화가 났습니다. 그녀는 시부인 유다가 이 문제를 해결하도록 일을 꾸밉니다.

어느 날 다말은 창녀처럼 옷을 입고 시아버지를 유혹해 임신합니다. 석 달쯤 후에 어떤 사람이 유다에게 일러 말하되 "당신 며느리 다말이 창녀처럼 위장하여 행음했고 그 행음으로 임신하게 되었소!"라는 것이었습니다. 유다는 폭발했습니다. "아니, 그런 년이 있어? 그녀를 당장 잡아다가 불에 태워라!"

다말이 화형대에 끌려 나왔습니다. 그녀는 끌려 나갈 때 사람을 보내 시아버지에게 말했습니다. "이 물건 임자로 말미암아 임신하였나이다. 보소서, 이 도장과 그 끈과 지팡이가 누구 것입니까?" 그것은 유다가 화대花代로 낼 돈이 없자 나중에 갚겠다는 증거로 남긴 담보물이었던 것입니다.

유다는 그것을 알아보고 자기가 다말 아이의 아버지라는 사실을 고백합니다. 창피했지만 그는 이렇게 말합니다. "다말은 나보다 더 의롭다!" 유다가 왜 그녀를 의롭다고 했을까요? 다말은 유다의 가족에게 변함없이 충성과 신실함을 보여왔기 때문입니다. 다말은 셀라가 성인이 되어 자기와 결혼해 유다의 가문이 대를 이어가도록 과부로 남아 있었기 때문이었습니다.

이처럼 성경에서 의로움이란 '약속에 대한 신실한 태도'를 의미합니다. 복음에 드러난 하나님의 의로우심은, 당신 자녀들에 대한 하나님의 신실하심을 뜻합니다. 반복되는 실수와 형편없는 자녀들을 향한 하나님의 신실하심입니다.

예수님의 비유에 사용된 언어로 말하자면, 하나님의 의로우심은 낭비벽 많고 개망나니 같은 아들을 향한 아버지의 신실하심입니다. 그 아들이 마침내 집에 돌아올 때 달려나가 그를 포옹하고 맞아들인 아버지입니다.

먼 나라의 더러움과 냄새가 아직도 그의 옷 속에 깊이 배어 있었지만, 아버지는 단번에 그를 의롭다(괜찮아!)고 선언하십니다. 그의 죄가 용서받았다고 선언하십니다. 한 번도 집을 떠난 일이 없었던 것처럼 그를 대우하십니다. 아버지는 그에게 이렇게 말합니다. "너는 지금 내 아들처럼 보이지는 않지만, 너는 지금 아들 같은 냄새가 나지는 않지만, 그래도 너는 내 아들이야!"

하나님의 의로우심은 우리에게 이렇게 말씀하십니다. "너는 내 자녀다! 너는 내 자녀처럼 행동하지는 않았지! 내 자녀답게 일하거나 사업하지도 않았지! 그렇지만 너는 아직도 아니 영원히 내 자녀다! 이제 내가 원하는 것은 네가 집에 온전히 돌아오는 것, 그것뿐이다. 내가 너를 영접했다는 사실을 네가 받아들이는 것이 전부란다."

변명의 여지가 없습니다

로마서 2:1-16

이제는 잊힌 주제

여유가 있다면 유럽에 여행을 가보십시오. 무작정 가는 것보다는 어떤 목적을 가지고 가보십시오. 여행하다 보면 가는 곳마다 미술관이 얼마나 많은지 놀랄 것입니다. 이곳저곳을 다녀 보면 지금 이 주제와 관련 있는 작품이 얼마나 많은지, 또한 수세기에 걸쳐 유럽인들이 '최후의 심판'이란 주제로 얼마나 많은 영향과 영감을 받았는지를 알게 됩니다. 그들이 얼마나 '최후의 심판'에 집착하고 몰두했는지를 느끼게 됩니다.

유럽의 미술관들에는 그리스도를 심판자로 묘사하는 그림이 수천 개 있습니다. 이른바 '백보좌白寶座 심판대' 그림들 안에는 일관된 내용이 들어 있습니다. 재판장이신 그분의 오른편에는 축복받은 군중이 있고, 왼편에는 저주받은 불쌍한 영혼들이 있습니다. 축복받은 사람들은 서로 얼싸안고 즐거워하는 표정들이고, 저주받은 사람들은 일그러진 얼굴로 고통받고 있습니다. 어떤 그림에는 저주받은 사람들이 서로 뜯어 먹는 장면이 있는데, 어떤 사람들은 심지어 자신의 살을 뜯어 먹고 있습니다.

상당히 최근에 이르기까지 '최후의 심판'은 서구 예술가들에게 심오한 영감을 불러일으키는 주제 중 하나였습니다. 최후의 심판은 중세기 문학에 매우 사실적으로 묘사된 주제이기도 했습니다. 예를 들어 단테의 《신곡》神曲, Divine Comedy에 나오는 〈지옥 편〉 중 최후의 심판 장면을 연상하면 됩니다.

유럽의 몇몇 대성당 입구 위에는 '최후의 심판' 장면을 돌로 깎아 만들어 장식해놓았습니다. 최후의 심판은 수많은 설교에서도 반복적으로 다루어졌습니다. 북미 대륙에서 최후의 심판을 주제로 한, 걸작 설교 중 하나는 미국 대각성운동에서 주도적 역할을 한 조나단 에드워즈의 "진노하시는 하나님의 손에 있는 죄인들"이라는 제목의 설교일 것입니다. 이는 논란의 여지 없이 미국 종교 역사에서 가장 유명한 설교입니다.[13]

예일대학교 총장을 지낸 조나단 에드워즈1703-1758 목사는 실제적으로는 아주 조용하고 유순했으며, 설교할 때는 머리를 숙여 원고를 보며 했다고 합니다. 그러나 이 설교에서, 그는 지옥에서 고통받는 광경을 너무도 생생하게 묘사한 나머지 설교를 듣던 청중은 소리를 지르며 신음했고 심지어 마룻바닥에 쓰러지며 나동그라지기까지 했습니다.

그러나 그 후 세상은 많이 바뀌었습니다. 오늘날 주류 교단이나 교회에서 '최후의 심판'이란 주제에 설교 전체를 할애하는 목사는

복음은 반드시 길을 찾는다

찾기가 매우 드뭅니다. 많은 사람은 이런 주제를, 신화시대에나 어울리는 주제로 여깁니다. 즉, 중세에나 통하는 전설이며 현대인에게는 전혀 어울리지 않는 원시적인 상상 정도로 생각하는 게 현실입니다. 더욱이 자기감정을 매우 중요시하는 현대인에게 최후의 심판에 대해 이야기하거나 설교한다는 것을 매우 어색하고 꺼림칙하게 여깁니다. 더더욱 처음 교회에 나오는 사람들이나 혹은 현대의 세련된 구도자求道者에게는 무척 불친절하고 역겨운 주제가 틀림없습니다.

너무나 당연한 하나님 은혜?

우리가 흔히 듣는 메시지는 이런 것입니다. "하나님은 심판하지 않으십니다. 하나님은 용서하는 분이십니다. 하나님은 마음이 넓고 자비로우신 분이십니다!" 그렇습니다. 우리 문화는 하나님을 주로 용서하는 분으로 생각합니다. 하나님은 우리가 무슨 짓을 하든, 우리가 무엇을 믿든 상관없이 우리를 축복하시는 분이라고 생각합니다. 마음씨 좋고 관대하고 관용적인 하나님이지 속 좁고 신경질적인 분이 아니라는 확신이 강합니다.

그래서 그런지 하나님 은혜는 이제는 마치 인간이 마땅히 누릴 권리라도 된 것 같습니다. 하나님 은혜는 인간이 누리는 '당연한' 권한이 되었다고 할 만한 수준입니다. 달리 말해, 아무것도 요구하지 않는 마음씨 좋고 친절하신 하나님, 모든 것을 주시는 하나님, 무차별적으로 모든 사람에게 은혜와 복을 주시는 분이라고 생각한다는 것입니다. 이런 문화와 사고방식 안에 '최후의 심판'이 있을 자리는 없습니다.

하나님의 심판 기준

그러나 복음서를 주의 깊게 읽어본 사람이라면 이런 생각이 성경의 가르침과는 전혀 어울리지 않는다는 사실을 인정합니다. 예수님은 복음서에서 심판에 대해 누누이 말씀하시기 때문입니다. 예수님의 입에서는 심판이란 말이 사라지질 않습니다. 가시는 곳마다, 그는 늘 심판에 관해 말씀하십니다.

한 번은 예수께서 도시 전체를 정죄하시고 저주를 퍼부으신 일이 있었습니다. 즉, 예수님께서 권능을 가장 많이 행하신 고을들이 회개하지 아니하고 그분의 설교를 거절하자 다음과 같이 책망하셨습니다.

화 있을진저 고라신아 화 있을진저 벳새다야 너희에게 행한 모든 권능을 두로와 시돈에서 행하였더라면 그들이 벌써 베옷을 입고 재에 앉아 회개하였으리라 내가 너희에게 이르노니 심판 날에 두로와 시돈이 너희보다 견디기 쉬우리라(마 11:21-22).

예수님은 종종 바리새인들을 향해서도 독설을 내뱉었습니다.

뱀들아 독사의 새끼들아 너희가 어떻게 지옥의 판결을 피하겠느냐(마 23:33).

그뿐 아니라 예수님은 하나님의 통치에 복종하지 않아 저주를 받게 될 사람들에 대한 무서운 심판 이야기들을 수없이 들려주셨습니다. 이런 이야기 가운데 하나가 있지요. 대연회를 베풀던 어떤 왕이 있었습니다. 그런데 연회에 참석한 사람 가운데 예복을 입지 않은 손님들이 있는 것을 보자, 그는 하인들에게 명을 내려 그들의 수족을 결박하여 바깥 어두움에 던져버려 그곳에서 울며 이를 갈게 하라고 했습니다(마 22:11-13).

예수님의 가르침을 거부하고 회개하기를 거절한 사람들은 마침내 바깥 어두움에 던져질 것입니다. 하나님은 빛이시기 때문이며, 끝에 가서 하나님은 모든 것에서 모든 것이 되시기 때문입니다.

인간이 아무리 자기 권리를 내세운다고 해도, 심판에서 면제되는 일은 일어나지 않습니다. 바울은 로마서 2장에서 이 사실을 힘주어 말합니다. 조만간 하나님의 심판이 모든 사람에게 닥칩니다.

그래도 꽤 괜찮은 죄인

그런데 어떤 사람들은 자신이 그런 심판에서 제외되었다고 생각합니다. 이방인을 우습게 여기는 유대인이 그랬습니다. 그들은 높은 도덕적 기준을 갖고 살아갑니다. 이방인 사회의 도덕적 저하와 부패를 안타까워하는 사람들입니다. 그들은 바울이 로마서 1장에서 지적하는 죄들이 자신에게는 적용되지 않는다고 믿습니다.

그들은 이런 식으로 말합니다. "우리는 도덕적으로, 성적으로 문란한 사람들이 아니다. 우리는 저속한 정욕과 욕망에 끌려다니는 사람들이 아니다. 우리는 게이나 레즈비언들처럼 성적으로 문란한 자들이 아니다. 우리는 질투와 시기와 살인과 분쟁과 속임으로 가득한 자들이 아니다. 우리는 하나님을 미워하는 자들도 아니다. 우리는 자만하거나 뽐내는 사람들도 아니다. 우리는 악을 만들어내는 사람도 아니다. 우리는 사회의 도덕성을 지켜내는 수호자들이다."

그러나 바울은 강한 어조로 말합니다. "잘 들어보시오. 당신은 한참 잘못 생각하고 있습니다. 여러분이 도덕적으로 한 치 아래로 내리깔고 보는 사람들보다 당신이 나은 줄 아십니까? 천만의 말씀입니다. 실제로 당신은 그들보다 더 좋지 못합니다. 게이나 레즈비언, 도덕적으로 불량한 사람들보다 당신이 더 악하고 나쁩니다. 당신은 교만하기 때문입니다. 당신은 '자기-의로움'self-righteousness이 강한 사람들이기 때문입니다. 자기를 의롭다고 하는 사람들입니다." 그들은 자기를 '괜찮은 죄인'이라고 여깁니다. 이것이 '자기-의로움'이라는 것입니다.

바울은 그들이 가진 '자기 의'를 드러내기 위해, 즉 그들의 도덕적 교만이 얼마나 잘못된 허상인지를 폭로하기 위해 두 가지 질문을 던집니다.

가장 끔찍한 죄?

바울이 던진 첫 번째 질문은 이렇습니다.

당신이 깔보는 이방인만, 비도덕적인 이방인만 하나님의 심판을 받을 줄로 안다면 크게 오해하는 것이오. 잘난 당신, 스스로 괜찮다고 생각하는 당신도 반드시 최후 심판대 앞에 서게 될 것이오.

바울은 고린도교회에 보낸 한 편지에서 "우리가 다 반드시 그리스도의 심판대 앞에 나타나게 되어 각각 선악 간에 그 몸으로 행한 것을 따라 받[을 것]"이라고 했습니다(고후 5:10). 바울은 여기서 그들의 도덕적 우월성, 그들의 도덕적 교만을 공격합니다.

많은 크리스천은 성도덕을 기독교 도덕성의 중심부에 놓습니다. 도덕성을 말할 때마다 '성적으로, 얼마나 정결하게 살고 있는가?'를 기준으로 삼습니다. 그들은 성적인 죄가 가장 큰 죄악이라고 생각합니다. 즉, 바울이 로마서 1장에서 말하는 그런 죄라고 생각합니다. 자연스러운 성적 관계를 부자연스러운 성적 관계로 바꾸는 것, 서로 간에 불타오르는 성적 욕망, 남자가 남자를 향하여 자행하는 수치스러운 행위, 여자가 여자를 향해 행하는 부끄러운 짓, 음행과 간음 말입니다.

물론 이러한 성적性的 죄들은 말할 것도 없이 나쁜 죄입니다. 그러나 곰곰이 생각해보면 모든 죄 가운데 덜 나쁜 죄이기도 합니다. 이런 말을 하면 놀라시는 분도 있는데 사실이 그러합니다. 모든 죄 가운데 가장 끔찍하고 나쁜 죄가 있다면 '영적인 죄들'입니다. 그리고 영적 죄들 가운데 죄질이 가장 나쁘고 무거운 죄가 '교만'hubris입니다.

교만은 모든 죄의 어미입니다. 모든 죄를 부화하여 새끼를 치는 둥지입니다. 왕초 죄입니다. 비참의 주된 근원입니다. 하나님을 반대하는 마음 상태입니다. 완전히 '안티-하나님'anti-God하는 마음입니다. 적 그리스도의 상태입니다. C. S. 루이스도 교만이 "가장 큰 죄악"이라고 말한 적이 있습니다. 가장 큰 죄악은 성적 문란이 아니라 교만이란 말입니다.

교만, 하나님이 가까이 올 수 없는 상태

왜 그렇습니까? 본질적으로, 교만은 경쟁적이기 때문입니다. 즉, 교만은 자신이 그저 똑똑하기 때문에 즐거워하지는 않습니다. 자기가 '누군가보다 더' 똑똑하다고 느끼기 때문에 쾌락을 경험합니다. 교만은 자신이 단순히 예쁘고 잘난 것 자체로 즐거워하는 것이 아닙니다. 오히려 '다른 사람보다 더' 예쁘거나 잘났기 때문에 즐거움을 느낍니다. 교만은 단순히 성공했기 때문에 즐거워하지 않습니다. '다른 사람보다 더' 성공했다고 느끼기 때문에 즐거워합니다.

이처럼 다른 사람과 비교할 때 비로소 교만합니다. 다른 사람보다 도덕적으로 우월하다고 생각할 때 느끼는 쾌감, 다른 사람보다 더 예쁘고 똑똑하고 잘산다고 생각할 때 느끼는 즐거움 등 이런 것이 교만입니다. 교만은 본질상 경쟁적이기 때문에 항상 사람들을 떼어놓거나 나눕니다. 항상 파당과 분파를 만들어냅니다. 적대감을 조성합니다. 지옥을 만듭니다. 그의 마음은 지옥 상태에서 항상 타오릅니다. 그의 마음은 항상 차디찹니다.

교만할 때 여러분은 누군가를 내리깔고 봅니다. 마치 낙타의 내리깐 눈꺼풀처럼 말입니다. 여러분이 그렇게 하는 동안, 누군가를 향하여 눈을 내리며 보는 동안 여러분은 결코 위를 쳐다볼 수 없습니다. 여러분은 위에 계신 하나님을 올려다볼 수 없습니다.

어거스틴은 그의 저서 《고백록》에서 이렇게 말합니다.

교만한 자는 하나님을 발견할 수 없습니다. 그들이 지닌 지식이 아무리 깊고 심오하더라도, 심지어 하늘의 별들과 바다의 모래알을 셀 수 있더라도, 천체의 은하계와 행성과 항성과 유성의 길을 측량할 수 있더라도 그렇습니다. 교만한 자는 결코 하나님을 발견할 수 없습니다.

자, 다시금 로마서 2장 1절을 읽어보겠습니다.

그러므로 사람이 다른 사람을 판단할 때, 그가 누구이든 상관없이 그 사람은 변명할 여지가 없습니다. 다른 사람을 판단함으로써 자기 자신을 정죄하는 것이기 때문입니다. 자신도 똑같은 행동을 하고 있으므로, 자기 자신을 판단하는 셈입니다.

도덕성이 구원의 조건은 아니다

여기서 잠시 생각을 돌려 자신을 아브라함이나 바로 왕 같은 사람으로 생각해보십시오(창 12:11-20). 아브라함과 바로 이야기를 기억하실 것입니다. 한번은 아브라함이 자기의 아내 사라를 누이라고 속였습니다. 그렇게 하지 않으면 바로 왕이 자기를 죽일 수도 있다고 두려워했기 때문입니다. "여보, 누가 묻거든 당신은 내 누이라고 말하시오. 당신 덕분에 내가 무사하게 될 것이오."

아브라함이 저지른 거짓 때문에 바로 왕은 사라를 왕궁의 규방 閨房, harem으로 불러들입니다. 그러나 그는 즉시 사라가 아브라함의 아내인 것을 알게 됩니다. 바로 왕이 아브라함에게 묻습니다. "어떻게 나에게 이런 일을 할 수 있는가? 왜 사라가 당신의 아내라고 말하지 않았는가? 내가 왕후王后로 삼을 뻔하지 않았는가. 자, 여기 당신

아내가 있으니 데리고 어서 가시오!"

창피하고 당황스럽지 않겠습니까? 여러분이 아브라함의 처지였더라면 얼마나 부끄럽고 창피했겠습니까? 지금 무슨 일이 벌어지고 있습니까? 이교도인 바로 왕이 하나님의 택함을 받은 아브라함을 꾸짖고 있습니다! 도덕적인 바로가 비도덕적인 아브라함을 책망하고 있습니다!

하지만 기억하십시오. 우리가 도덕적으로 우월해서, 하나님의 백성이 된 것은 아닙니다. 우리가 하나님의 백성이 된 것은 주님의 용서하시는 은혜 때문입니다.

시편의 한 성도는 이 사실을 다음과 같이 노래하고 있습니다.

> 여호와여 당신께서 사람의 죄를 살피신다면,
>> 주여, 감당할 자 누구이리까?
> 그러나 용서하심이 당신께 있사오니,
>> 이에 당신을 경외하리이다(시 130:3-4).[14]

그렇습니다. 우리가 세상을 향해 증언할 것은 "우리가 얼마나 도덕적인지 보시오!"가 아닙니다. 세상을 향한 우리의 증거는 "하나님의 용서하심이 얼마나 크고 위대한지 보시오!"가 되어야 합니다.

제값을 내지 않은 은혜

바울이 로마서 2장에서 말하는 대상은 도덕적으로 교만한 자들입니다. 자신을 '그래도 괜찮은 사람'이라고 자부하던 사람들이었습니다. 그들은 자신을 도덕적으로 그리 나쁘지 않은 사람, 올바른 삶을 살려고 무던히 애쓴 사람이라고 자부했습니다. 그들의 도덕적 자부심과 자만심의 허구를 드러내기 위해 바울은 두 번째로 질문합니다.

> 당신은 하나님께서 친절하시고 마음씨 좋으신 분이시기 때문에, 그분의 낚싯바늘에서 벗어날 줄 아십니까? 차라리 처음부터 "하나님은 친절하고 좋은 분이시다. 그러나 나긋나긋한 분은 아니시다"라고 생각했더라면 더 좋았을 것이오. 기억하십시오. 진정한 친절혜세드이 무엇인 줄 아십니까? 그분은 친절하시므로 우리를 그분 손으로 꽉 잡고 계시며, 친절하시므로 상상을 초월하는 새로운 삶 속으로 우리를 인도하신다는 것입니다[2:3-4].

바울은 무엇을 말합니까? 종종 우리는 하나님을 자기 식대로 생각합니다. 하나님의 친절하심과 오래 참으심을 우리 마음대로 해석합니다. 하나님이 친절하고 오래 참고 용서하시는 분이므로 우리의 죄 전부는 아니더라도 어느 정도는 눈감아주신다고 생각합니다.

매번 이렇게 생각하거나 그에 따라 행동한다면, 달리 말해 하나님 은혜를 우리 마음대로 갖고 논다면, 우리는 하나님 은혜를 싸구려로 만드는 것입니다. 값비싼 은혜를 값싼 은혜로 환원하고 축소하는 셈입니다. 이것이 나치 정권 아래 순교했던 독일의 신학자 본회퍼가 말하는 '값싼 은혜', '싸구려 은혜', '짝퉁 은혜'입니다.[15]

그의 말을 그대로 인용하자면,

값싼 은혜는 회개를 요구하지 않으면서 용서를 선포하고, 교회의 권징 없이 세례를 베풀며, 죄 고백 없이 성찬에 임하고, 개인 고백 없이 죄 용서를 선포합니다. 값싼 은혜는 제자도 없는 은혜, 십자가가 없는 은혜이며, 살아 계시고 성육신하신 예수 그리스도 없는 은혜입니다.

값싼 은혜란 '제값을 내지 않은 은혜'입니다. 제자도가 따르지 않는 은혜입니다. 십자가를 지지 않는 은혜입니다. 싸구려 은혜는 말하기를, "용서는 값싸게 얻을 수 있다. 용서는 쉽게 주어진다"라고 합니다. 짝퉁 은혜는 하나님의 친절하심을 남용하고 가볍게 여기며 가지고 놉니다. "하나님은 마음씨 좋으신 분"이라는 사실을 자기 입맛에 맞게 우려먹습니다. 하나님의 오래 참으심을 자기 취향에 맞춥니다.

이러한 값싼 은혜, 싸구려 은혜에 반(反)하여, 복음은 값비싼 은혜를 말합니다. 복음이 전하는 값비싼 은혜란 무엇입니까?

값비싼 은혜

값비싼 은혜란 하나님께서 자기 아들의 생명을 내주어야 했던 은혜입니다. 하나님께서 엄청난 값을 치러야 했다면, 우리에게도 결코 싸구려는 아닐 것입니다. 값비싼 은혜란 들판의 땅속에 숨겨진 보물입니다. 그 보물을 얻기 위해 사람들은 가서 자신이 가진 모든 재산을 기꺼이 다 팔 것입니다. 값비싼 은혜란 그런 것입니다. 엄청나게 비싼 진주와 같습니다. 그 진주의 가치를 아는 보석상은 자신의 전 재산을 팔아 그 진주를 삽니다. 값비싼 은혜란 그리스도가 왕으로 다스리시는 것입니다. 그분을 위해 사람들은 죄짓게 하는 눈을 기꺼이 뽑아낼 것입니다. 값비싼 은혜란 예수 그리스도의 부르심입니다. 그 부르심의 엄청난 가치 때문에 제자들은 자신의 그물과 배를 뒤로하고 그분을 따랐습니다. 값비싼 은혜란 그런 것입니다. 값비싼 은혜란 다시금 찾고 또 찾아야 할 복음입니다. 값비싼 은혜란 "제발 저에게 주십시오!"라고 구걸하고 또 구걸해야 할 선물입니다. 값비싼 은혜란 두드리고 또 두드려야 할 문입니다.

그러한 은혜는 언제나 비쌉니다. 우리 생명을 내야 하기 때문입니다. 그리고 그것이 은혜인 것은 우리에게 단 하나뿐인 참된 생명을 주기 때문입니다.

그러한 은혜는 언제나 비쌉니다. 하나님께서 우리 생명을 위해 자기 아들의 생명을 대신 죽음에 내주셨기 때문입니다. 하나님께서 엄청난 값을 내셨는데, 어찌 그것이 우리에게 싸구려일 수 있겠습니까? 그분은 마지막 순간에 입술을 꽉 깨무셨습니다. 차마 아들의 죽음을 볼 수 없었습니다. 그렇게 아들의 생명을 바쳐가며 우리를 사랑하셨습니다. 하나님은 여러분을 정말로 사랑하십니다. 하나님은 겸손한 자에게 은혜를 베푸십니다. 이것이 은혜의 복음입니다. 값비싼 은혜를 헛되이 받지 마십시오(고후 6:1).

반쪽짜리 믿음에서 온전한 믿음으로

로마서 3:21-26

신학자로서 저는 전문 서적을 읽을 때가 많이 있습니다. 저자의 논조를 따라 책을 읽기는 하지만 본문 아랫단도 힐끔 쳐다보곤 합니다. 페이지 아랫단에는 각주脚註, footnote라는 것이 붙어 있기 때문입니다. 저자가 미주尾註, endnote를 사용했다면, 독자는 본문과 책 뒤쪽을 번갈아 가며 읽습니다. 각주에 관심을 두는 이유는 단순하고 분명합니다. 저자가 인용하는 출처가 무엇인지, 저자와 다른 의견에는 무엇이 있으며 그들이 누구인지 궁금해서입니다.

같은 문구, 여러 해석

성경도 마찬가지입니다. 신약은 헬라어에서 우리말로 번역했기 때문에 번역자로서 특정 헬라어 문구가 한글로 어떻게 번역되었을까 궁금합니다. 그래서 종종 헬라어 본문과 한글 번역을 번갈아들며 대조하기도 합니다.

　우리말로 번역하기가 까다로운 헬라어 문법이 소유격입니다. 예를 들어 '하나님 사랑'이란 문구가 있습니다. 두 단어가 가지런히 연결된 상태입니다. 히브리어 문법 용어로는 연계형construct form이라 합니다. 어쨌든 '하나님 사랑'이란 문구는 문법적으로 여러 해석이 가능합니다. 하나는 앞 단어를 뒤 단어의 주어로 이해하는 해석입니다. 즉, "하나님은 [우리를] 사랑하신다"라고 풀이할 수 있습니다. 두 번째 해석은 앞 단어를 목적격으로 이해합니다. 즉, "[우리가] 하나님을 사랑한다"라고 이해합니다. 다른 하나는 두 단어를 동격으로 이해합니다. 이런 경우 "하나님은 사랑이시다"라는 뜻이 됩니다. 이처럼 똑같은 문구가 여러 가지로 해석될 수 있어서 단순히 문법적인 차원에서만 살필 것이 아니라 글의 문맥에서 이해해야 하는 경우가 많이 있습니다.

누가 누구를 사랑하나?

　　　　　더 쉬운 예가 있습니다. 우리가 별로 깊이 생각하지 않고 사용하는 기도문 첫마디이기도 합니다. 기도할 때 우리는 종종 하나님을 "사랑하는 하나님 아버지"라고 부릅니다. 곰곰이 생각해보면, 이 호칭은 헷갈리는 의미를 내포합니다. 즉, 여러 의미로 해석할 수 있습니다. '우리가 사랑하는 하나님'도 되지만, '우리를 사랑하시는 하나님'도 됩니다. 여러분은 어떤 의미로 알고 기도했는지요? 여기서도 주격 해석('우리가 사랑하는 하나님')과 목적격 해석('우리를 사랑하시는 하나님')이 가능합니다. 둘 다 성경적 기초가 있지만, 어느 것이 먼저입니까? 지금 대면한 본문 말씀 역시 이것과 관련 있는 내용입니다.

그냥 지나칠 수 없는 각주

오늘 읽은 본문 안에도 자그마한 각주 하나가 들어 있습니다. 사실 생각해보면 각주가 아니라 본문 안으로 들어와야 마땅한 중요한 각주입니다. 아주 짤막하지만, 신학적으로 매우 중요한 각주이기 때문입니다. 다른 유사 구절을 가리키는 지시어나, 좀 더 읽어야 할 책들을 소개하는 안내표도 아닙니다. 아니면 참고할 만한 고대 문헌들을 알려주는 표기도 아닙니다. 그런데도 로마서 3장에 붙어 있는 이 각주는 결코 지나치거나 무시해서는 안 되는 아주 중요한 내용입니다. 그런데도 본문 아랫단에 붙어 있어 쉽게 지나치는 각주입니다. 그리고 불행하게도 한글 번역에는 전혀 반영되어 있지 않습니다.

성경을 읽는 독자 대부분은 각주에 별로 신경 쓰지 않습니다. 그저 잘 알려진 본문 구절이나 암송할 만한 유명한 문구만이 먼저는 눈에 들어올 것입니다. 로마서 3장도 별반 다르지 않습니다. "모든 사람이 죄를 범하였으매 하나님의 영광에 이르지 못하더니"(3:23). 매우 유명한 구절이지요? 여러분이 익숙히 알고 암송도 하는 구절, 여름 성경학교나 수련회에서 암송해야만 하는 구절이기도 합니다. 이 구절은 유대인과 헬라인 모두에게 해당하는 '사람됨의 조건'을 명쾌하게 요약한 말씀입니다.

그러나 이 구절에 이르렀다면, 여러분은 이미 중요한 각주 하나를 놓친 상태입니다. 정말 그렇습니다. 가장 중요한 각주 말입니다.

하나님의 의로우심이 나타나는 통로

본문은 이렇게 시작합니다. "율법을 떠나서, 율법 외에, 율법과는 별도로, 하나님의 의로우심이 나타났으니, 이것은 율법과 선지자들에게 증거를 받은 것이라. 곧 이 하나님의 의義는 예수 그리스도를 믿음으로 말미암아 모든 믿는 자에게 미치는 하나님의 의니, 차별이 없느니라"[3:21-22]. 즉, 요약하자면 "하나님의 의로우심은 예수 그리스도를 믿는 믿음을 통해 나타났습니다." 하나님께서 내리시는 판단과 심판은 언제나 옳다는 사실은 예수 그리스도를 믿는 신앙을 통해 드러난다는 것입니다. 예수 그리스도를 믿는 신앙이 있어야 하나님께서는 우리를 향해 "너는 옳다, 너는 의롭다, 너는 이제 괜찮다, 너는 구원받았다"라고 선언하신다는 것입니다.

여기서 중요한 문구는 "그리스도를 믿는 믿음"입니다. 그런데 바로 이 순간 각주가 등장합니다. 즉, "그리스도를 믿는 믿음" 대신 달리 번역할 수 있다는 것입니다. 영어 성경 각주가 지적하듯, 문제의 헬라어 문구는 "예수 그리스도의 신실하심(믿음)을 통하여"라고도 번역될 수 있습니다. 따라서 핵심 문제는 "예수 그리스도를 믿음"인가 아니면 "예수 그리스도의 믿음"인가 하는 문제입니다. 헬라어 문구는 두 가지 모두 가능합니다. "…를"in이거나 "…의"of입니다.

이와 비슷한 경우가 갈라디아서에도 나오는데, 헬라어 문구 번역의 모호함을 잘 보여줍니다. 갈라디아 2장 16절에서 바울은 이렇게 말합니다. "우리는 사람이 율법의 행위들로 의롭다고 함을 받지 않는다는 것을 안다." 여기서 바울이 강조하는 것은 "율법의 행위들이 아니라 예수 그리스도를 믿는 믿음으로"라는 사실입니다. 그런데 여기서도 다시금 각주가 등장합니다. "예수 그리스도의 믿음(신앙)"이란 문구입니다. 즉, "사람이 의롭다고 함을 받는 것은 율법의 행위들이 아니라 예수 그리스도의 신실하심 때문이다"라고 읽을 수 있다는 것입니다.

이 역시 '…를'in인가 '…의'of인가 하는 문제입니다. 주격인가 목적격인가 하는 문제입니다. '예수 그리스도의 믿음'인가(주격) 아니면 '예수 그리스도를 믿는 믿음'인가(목적격)하는 문제입니다. "예수 그리스도를 믿어 의롭다고 함을 받는 것인가? 아니면 예수 그리스도의 신실하심(믿음) 때문에 우리가 의롭다 함을 받는 것인가?" 하는 물음입니다. 좀 더 말하자면, 하나님의 의로우심은 우리가 예수 그리스도를 믿는 믿음을 통해 나타나셨다고 해야 하는가? 아니면 예수 그리스도의 신실하심 때문에 나타나셨다고 해야 하는가? 다시금 '…의'of인가, '…을'in인가입니다.

'예수 그리스도를 믿는 믿음'이란 문구는 성경에 흔하지 않습니다. 이 문구는 신약 성경에서 몇몇 곳에 나옵니다. 두 사례는 이미 위에서 말했습니다(롬 3:22; 갈 2:16). 세 번째는 갈라디아서 3장에 나옵니다(22). 여기서도 바울은 율법과 하나님의 의와 믿음으로 의롭다고 함을 받는 문제를 다루고 있습니다. 바울은 '예수 그리스도를 믿는 믿음'이란 구절을 사용하고 있는데, 여기서도 다시금 똑같은 각주가 붙어 있습니다. "'를'in인가, '의'of인가?" 하는 문제입니다.

바울이 하나님의 의로우심과 하나님께서 믿음으로 의롭다고 하시는 자들에 관해 쓸 때마다, 어떻게 사람이 율법의 행위들이 아니라 믿음으로 의롭다 함을 받는지를 쓸 때마다, '예수 그리스도를 믿는 믿음'에 대해 쓸 때마다, 이 각주가 있습니다. 즉, "예수 그리스도를 믿는 믿음인가? 아니면 예수 그리스도의 믿음(신실하심)인가?"

이 문제에 관한 학자들의 논의와 토론은 방대하고 끝이 없습니다. '…을'을 주장하는 학자들과 '…의'를 주장하는 학자들은 쉽게 찾아낼 수 있습니다. 흠정역King James Version은 위에서 언급한 세 곳 모두 '예수 그리스도의 믿음'faith of Jesus으로 번역합니다. 한편 현대 번역이나 학자들의 주장은 양쪽으로 갈립니다. 한글 번역을 비롯하여 대부분의 현대 외국어 번역은 '예수 그리스도를 믿는 믿음'faith in Jesus Christ으로 번역합니다.

어떤 사람들에게 이 문제는 그저 헬라어 문법 연구지만, 어떤 경우에는 개별적으로 깊이 파고 들어가는 문제이기도 합니다. 이 단어를 어떻게 번역할 것인가 하는 문제는 어떤 학자들에게는 사도 바울의 '칭의稱義 신학'theology of justification, 즉 사람이 하나님 앞에서 어떻게 의롭다고 함을 받는가에 관한 바울의 '칭의 신학'의 틀 안에서 결정되어야 하는 문제입니다.[16]

대부분 학자는 말하기를 헬라어 본문에서는 이 두 가지가 다 가능하다고 합니다. 물론 그렇긴 합니다만 제가 볼 때는 각주가 지지하는 방향에 좀 더 우선권이 있습니다. 즉, 예수 그리스도를 믿는 믿음을 통해 하나님의 의로우심이 나타난다는 말과 예수 그리스도의 믿음을 통해 하나님의 의로우심이 나타난다는 말 중에, 나는 후자가 전방에 서야 한다고 생각합니다.[17]

예수 그리스도의 믿음(신실하심) 덕분에

이렇게 주장하는 데는 이유가 있습니다. 즉, '예수 그리스도를'이라고 말하기 전에, '예수 그리스도의'라고 말해야 하기 때문입니다. '예수 그리스도를 믿는 믿음' 이전에, '예수 그리스도의 믿음'이 있기 때문입니다. 하나님의 의로우심이 예수 그리스도를 믿는 믿음을 통해 나타나기 전에, 예수 그리스도의 믿음을 통해 먼저 나타났기 때문입니다. 다시 말해 예수 그리스도의 삶과 죽음과 부활을 통해 나타난 그분의 신실하심으로 말미암아, 하나님의 의로우심이 드러났기 때문입니다.

여러분과 제가 예수 그리스도를 믿는 믿음으로 의롭다 함을 받기 전에, 우리는 십자가에서 자신을 희생하고 자발적으로 고난을 겪고 자신을 비우는 사랑을 베푸신 예수 그리스도의 그러한 신실하심으로 의롭다 함을 받았기 때문입니다. 여러분과 제가 예수 그리스도를 믿는 믿음으로 구원을 받기 전, 우리는 십자가 위에서 양팔을 활짝 펴시고 인류의 죄성罪性을 얼싸안으시며 자신을 온전하게 내주어 세상을 향한 하나님의 사랑을 보여주셨던 예수 그리스도의 그러한 신실하심으로 구원받았기 때문입니다. 그러므로 예수 그리스도를 믿는다고 말하기 전에, 우리는 오직 예수 그리스도의 신실하심을 가리키고 바라보아야 합니다. 무엇인가 우리와 관계하기 전, 먼저 그분과 관계되어 있기 때문입니다.

바울이 에베소서에서 우리에게 상기시켜 주듯, "여러분은 믿음을 통해 은혜로 구원받았으니, 이것은 여러분이 해서 그렇게 된 것이 아니요, 전적으로 하나님의 선물입니다"[2:8]. 여기서 무엇이 선물이란 말입니까? 구원자 그리스도가 아니고 무엇이겠습니까!

복음을 전적으로 받아들이기 힘든 이유

'…를'in인가, '…의'of인가?

성경 본문을 연구할 때, 성경을 해석할 때, 특정 본문의 의미를 찾고 있을 때, 이런 작업은 언제나 상황적이며 문맥적으로 살펴야 합니다. 물론 문법이나 다른 관련 본문을 연구하고, 바울 신학 전체에 관한 연구도 필요할 것입니다. 이 모든 것이 독자에게 영향을 미치고 작용합니다. 본문 해석에는 역사, 전통, 언어, 문헌 등 모든 것이 필요합니다. 물론 성령을 잊어서는 안 되겠지요! 그러나 항상 독자의 상황, 해석자의 상황, 설교자의 상황이 있습니다. '우리'라는 정체성, 우리가 있는 장소와 처지, 우리가 사는 곳도 본문을 읽을 때 작용합니다.

좀 더 쉽게 설명하자면, 어느 정도 살 만하고, 조그마한 성공도 하고, 교육도 제대로 받고, 먹고살 만하고, 사회적 명예도 어느 정도 있고, 안정된 삶을 누리고, 하는 일과 일하는 곳, 자녀들이 다니는 학교, 누리고 사는 여러 편리한 것, 이런 것으로 우리가 누구인지 알려진다면, 즉 어느 정도 압박을 받으면 좀 더 나은 삶을 살고 좀 더 많은 것을 벌 수 있는 그런 '괜찮은 삶'을 살고 있다면, 여러분은 잠시 멈추어 서서 각주를 읽는 편이 좋습니다. 즉, '예수 그리스도의'라는 각주 말입니다. 여러분은 해야 할 것이 아무것도 없습니다. 그저 겸손한 마음으로 압도될 뿐입니다.

어떤 사랑입니까? 벌 수 없는 사랑입니다. 애쓰고 노력해서 얻어지는 사랑이 아닙니다. 그 사랑을 얻기 위해 노력해도 소용없는 사랑입니다. 사랑을 발전시킨다고 더 좋은 것을 얻는 그런 종류의 사랑도 아닙니다. 그 사랑을 받기 위해 준비할 수도 없는 그런 사랑입니다. 공부해서 얻어지는 사랑도 아닙니다. 여러분이 할 수 있는 것이라곤 눈꼽만 한 것도 없습니다. 이런 의미에서 이 사랑은 어떤 사람들에게는 참 이해하고 받아들이기 힘든 것입니다. 어느 정도 신사적으로 신앙생활을 잘하려고 노력하고 애써온 분들일수록 받아들이기 힘든 것입니다. 누군가에게 전적으로 사랑을 받는 처지라고 생각되면 도덕적인 열등감을 느낄 수 있기 때문입니다.

그러나 기억하십시오. 복음의 핵심이 여기 있습니다. 예수 그리스도를 믿는 여러분의 신앙이 있기 전에, 먼저 예수 그리스도의 신실하심과 우리를 위해 쏟아부으신 그분의 사랑이 있습니다. 여러분이 아버지의 신실하심을 붙잡기 전에, 이미 여러분을 붙잡고 "아들아, 괜찮아! 괜찮아!" 하시면서 얼싸안으시는, 고통 하시는 아버지가 있습니다. 여러분이 아버지의 신실하심에 달라붙기 전에, 여러분을 향해 "딸아, 나는 아직도 너를 사랑하고 있어!"라고 말씀하시는 '기다리시는 아버지'가 있습니다.

보비 슐러 이야기

미국 프린스턴 신학교가 있는 지역의 데이비드 데이비스David A. Davis 목사가 들려주는 개인 간증입니다.

보비 슐러Bobby Shuler는 제가 전에 섬겼던 교회의 교인이었습니다. 그녀는 매 주일 교회에 출석했습니다. 항상 교회당 왼쪽 맨 뒷자리 구석에 앉았습니다. 그 앞뒤 주위에는 항상 교회의 여성도 몇몇이 같이 앉았습니다. 보비는 60대 즈음이었고 몇 가지 장애가 있었는데 특히

인지능력이 뒤떨어진 분이었습니다. 부모는 이미 세상을 떠났고, 그녀는 가사 돌보미의 도움을 받으며 홀로 집에서 살고 있었습니다. 교회에서는 몇몇 여성도들이 그를 돌봤습니다. 어떤 날에는 안절부절못하는 듯했지만 다른 날에는 그런대로 괜찮아서 여 집사들 중 아무에게라도 무언가 속삭이듯 말하려고 애쓰곤 했습니다. 그러나 실제로는 속삭일 수 없었습니다.

어느 날 아침이었습니다. 교회에서는 성찬식을 거행하고 있었습니다. 성찬을 나누어 줄 장로들이 많지 않았기 때문에 목사인 저도 성찬 떡과 잔을 가지고 회중석으로 갔습니다. 교회당 맨 왼쪽 뒷자리 창가 쪽에는 항상 그랬던 것처럼 보비와 여 성도들이 앉아 있었습니다. 성찬을 돌리고 있을 때 교회 안에는 적당한 침묵이 흐르고 있었습니다. 매우 장로교회답다고 할 수 있겠지요. 왼쪽 맨 뒤쪽 의자로 가면서, 저는 성찬의 빵을 나누고 있었습니다. 아무 말 한마디 없이 조용하게 그렇게 하고 있었습니다. 보비가 앉은 긴 의자에 가까이 왔을 때, 보비는 의자의 맨 끝 쪽에 앉아 있었습니다. 먼저 중앙 통로 쪽에 가까이 앉아 있던 레아와 그녀의 동생 라헬에게 팔을 펴 빵을 건넸습니다. 이번에는 허리를 굽혀 보비에게 닿으려 했지만 약간 짧았습니다. 그러자 보비가 일어나더니 내게로 향해 허리를 굽혀 빵을 받는 것이었습니다. 그리고 하나님도 듣고 주위 모든 사람도 들을 정도의 낭랑한 목소리로 "고맙습니다. 정말로 고맙습니다!"라고 말하는 것이었습니다.

"…."

아무도 말하지 않았습니다. 깊은 침묵만 흐르고 있었습니다. 그러나 우리의 엄숙한 경건함에 파문이 흘렀을 때 누구도 자기 심장이 뛰는 소리를 놓치지 않았습니다.

보비는 옳았습니다. 생명의 빵에 그가 보인 반응과 응답. 그리스도의 몸에 그가 드린 응답. 하나님의 의로우심에 그가 드린 응답. 예수 그리스도의 신실하심에 그가 드린 응답…. 보비가 보인 반응과 응답은 너무도 옳고 정확했습니다. 종교성에서 온전히 벗어난 자유로움으로 그는 "고맙습니다. 정말로 고맙습니다!"라고 말한 것이었습니다.

자, 우리는 지금 여기 주님께서 베푸신 식탁에 둘러서 있습니다. 성찬 테이블에 오셔서 하나님께서 주신 약속을 맛보고 즐기십시오. 얼마나 예수 그리스도께서 신실하신지를 마음껏 누리시기를 바랍니다. 그리고 "고맙습니다!"라고 말해보십시오.

완전한 복음 vs. 에누리된 복음

로마서 5:1-11

5장은 이렇게 시작합니다. "그러므로 우리가 믿음으로 의롭다 하심을 받았으니 우리 주 예수 그리스도로 말미암아 하나님과 화평을 누리자 또한 그로 말미암아 우리가 믿음으로 서 있는 이 은혜에 들어감을 얻었으며…"(1-2). 그리고 계속해서 아홉 절이 더 이어집니다. 일주일간 이 구절을 연구하고 묵상하다가 이런 생각이 들었습니다. 바울이 결혼을 했는데, 부인에게 이렇게 말했다고 가정해보자는 것입니다. "여보, 내가 조금 전 로마에 있는 크리스천에게 편지 한 통을 좀 길게 썼는데, 당신이 좀 읽어보고 당신 생각을 말해주소."

며칠이 지났습니다. 아내가 편지를 돌려주면서 말합니다. "여보, 이 편지를 보내서는 안 될 것 같아요. 제발 보내지 않았으면 좋겠어요." 바울이 대답합니다. "뭐라고요? 무슨 뜻이오?" 그러자 아내가 말합니다. "당신이 전하려는 내용을 사람들이 이해하지 못할 것 같아요. 특별히 십 대 아이들이 그래요. 로마의 크리스천은 단순하고 소박한 사람들이라서 당신처럼 신학자로 훈련받지 않았잖아요. 당신 편지를 읽으면 골치 아프다고 할 거예요. 예를 들어, '의롭다 함을 받는다', '의롭다고 하다'라는 용어가 자주 나오는데, 그 사람들은 그런 말을 다 이해하지 못할 거 같은데요. 당신과 평생을 같이 산 저도 잘 모르는데, 그들이 알겠어요?"

아내가 말을 이어 갑니다. "내가 당신이라면 편지를 좀 더 쉽게 쓰겠어요. 전문 신학 용어들은 다 빼버리고, 할아버지 할머니, 아저씨 아줌마, 십 대 청소년도 알아듣게 말이에요. 그러면 좋으련만⋯. 그렇게 하지 않으면 후대 사람들도 끙끙거리면서 씨름할 것이에요. 투덜대면서 말이지요." 마치 아내가 목사인 제게 하는 말 같습니다. 어쨌든 바울은 아내 말을 잘 들은 것 같지는 않습니다(!). 우리도 이 말씀을 읽으면서 끙끙대며 이해하려고 애쓰고 있으니까요.

정상에 오르지 않았더라면 결코 볼 수 없던 것들

로마서를 읽는다는 것은 결코 쉬운 일이 아닙니다. 침대에 누워 소설이나 수필을 읽는 것과는 전혀 다른 차원입니다. 로마서는 고봉高峰으로 가득한 히말라야산맥 같습니다. 그렇다고 아예 오르지도 못할 산은 아닙니다.

십여 년 만에 여러 신학생과 함께 속세를 떠난다는 뜻을 지닌 속리산俗離山을 등산하던 때의 이야기입니다. 산을 오르기 시작하여 얼마간은 서로 도란도란 즐거이 이야기꽃을 피우며 갔습니다. 또한, 그날이 마침 6.25 기념일인지라 가곡 '비목'碑木을 곁들여 부르기도

하며 등산로를 따라 올랐습니다. 그러다가 시간이 제법 흐르니, 생기발랄하던 처음 모습은 찾아볼 수 없고, 숨은 차오르고 목은 턱턱 막혀오며 신발조차 천근만근 무겁게 느껴졌습니다. 그즈음 어느 시점부터는 한둘씩 등산 대열에서 뒤처지기도 했습니다.

기를 쓰고 산등성이를 따라 오르는 사람들 얼굴은 급기야 심하게 일그러졌습니다. 아무 대화도 없고 누군가가 건드리면 돌아오는 대답은 짜증뿐일 것 같은 상황이었습니다. 새 신랑, 새 신부 같던 우리의 풋풋함은 어느덧 사라지고, 노역의 땀으로 뒤범벅된 고단한 모습뿐이었습니다. 그래도 기어코 정상을 정복하리라는 일념으로 젖 먹은 힘까지 짜내 등을 타기를 몇 시간…. 마침내 정상에 이르렀습니다. 아, 생전 처음 올라 본 속리산 정상! 가히 일대 장관이었습니다. 고봉 정상에 오르지 않았더라면 결코 볼 수 없는 파노라마가 펼쳐졌습니다.

로마서를 자세하게, 심각하게, 주의 깊게 읽으면 이런 기막힌 보상을 받습니다. 때때로 지루하고 힘이 듭니다. 그러나 여러분은 마침내 그 어디에도 얻을 수 없는 통찰력, 심지어 복음서에서도 얻기 힘든 심오한 진리를 발견합니다.

왜 사람들은 십자가를 거절할까?

"그러므로 우리가 믿음으로 의롭다 하심을 받았으니, 우리 주 예수 그리스도로 말미암아 하나님과 화평을 누리자. 또한 그로 말미암아 우리가 믿음으로 서 있는 이 은혜에 들어감을 얻었도다. 우리는 하나님의 영광을 함께 나누는 소망 안에서 즐거워하느니라. 우리가 아직 연약할 때 그리스도께서 경건하지 않은 자를 위해 죽으셨다. 우리가 아직 죄인 되었을 때 그리스도께서 우리를 위해 죽으셨다. 우리가 원수 되었을 때 그의 아들의 죽으심으로 말미암아 하나님과 화목하게 되었도다"[5:1-10]. 이 말씀이야말로 맑고 정결한 복음의 생수입니다. 가장 순수한 상태의 은혜 복음입니다.

위에 인용한 마지막 세 구절에는 반복적으로 그리스도의 죽음이 언급됩니다. 우리가 연약할 때, 우리가 죄인이었을 때, 우리가 하나님의 원수였을 때 예수 그리스도께서 우리를 위해 죽었다는 선언입니다. 그 복음의 중심에는 십자가가 서 있습니다. 마치 교회당 강단 뒤에 서 있는 십자가처럼 말입니다. 복음의 중심에는 그리스도의 죽으심이 있습니다. 만일 그리스도께서 우리를 위해 죽지 않으셨더라면 우리는 하나님과 평화를 누릴 수 없습니다. 우리는 아직도 하나님과 전쟁 중일 것입니다.

바울은 묻습니다. "하나님과의 평화가 십자가에 달려 있다면, 왜 유대인과 그리스인은 그 십자가를 배척하는가?" 우리도 궁금합니다. "십자가가 하나님과 우리 사이에 평화를 가져온다면, 왜 오늘날 많은 사람이 십자가를 거절하는 것일까?"

이 중대한 질문에 대한 대답은 이렇습니다. 십자가는 우리가 당연시하는 '인간의 존엄성'을 빼앗아 가기 때문입니다. 십자가는 우리를 하나님 앞에 흉악범으로 드러내기 때문입니다. 신학자 칼 바르트Karl Barth는 이렇게 말했습니다. "흉악범의 얼굴을 쳐다보십시오. 그러면 여러분은 하나님께서 우리를 쳐다보실 때 무엇을 보고 계시는지 알게 됩니다."

그리스도를 통해 하나님께서 자기 사랑을 쏟아부으신 것은 인류가 도덕적 고원에 스스로 도달했기 때문이 아닙니다. 하나님께서 그리스도를 십자가에 매달려 죽게 하신 것은 사랑을 주면 그만큼 돌려받을 만한 것이 있기 때문도 아닙니다.

이와는 반대로, 하나님 사랑이 가장 분명하게 드러났을 때는 사람들이 쌍수 들고 하나님께 대들고 반역할 때였습니다. "우리가 하나님의 원수가 되었을 때, 그의 아들의 죽으심으로 말미암아 우리가 하나님과 화해하게 되었도다."

십자가 메시지는 사람들의 도덕적 자존감에 가하는 일격—擊입니다. "당신은 도덕적 자존감이 있는 그럴듯한 존재가 아니요. 당신은 범죄자, 흉악범입니다. 그리스도가 십자가를 지신 이유는 당신 때문이었소." 이렇게 강하게 일격을 가하자 그들은 그리스도께서 자신을 위해 죽어야만 했다는 소리가 듣기 싫었습니다. 그리스도께서 죽으셨기 때문에 우리가 하나님과 평화를 누리게 된다는 말을 싫어했습니다.

할인된 기독교, 길들인 하나님

기독교가 직면한 가장 심각한 위협은 무신론도 아니고 세속적 인본주의도 아닙니다. 그것은 축소된 기독교, 할인된 기독교, 싸구려 기독교입니다. 무슨 뜻입니까? 자존감의 종교로 전락한 기독교입니다. 기독교는 사람의 자존감을 높여주고 치켜세우는 종교 정도로 알려졌다는 말입니다. 십자가를 제거한 기독교가 되었다는 뜻입니다. 기독교는 교양 있고 세련된 현대인이

액세서리로 달고 다니는 종교로 변신했다는 뜻입니다. 십자가 없이 품위 있게 살아가는 고등종교로 전락했다는 것입니다. 에밀 브루너 Emil Brunner라는 신학자가 잘 말했듯, "교회가 지은 가장 큰 죄는 십자가 복음을 세상에도 자신에게도 알리지 않는 것"입니다.

십자가 복음은 우리가 알량한 도덕적 자존감을 내려놓지 않는 한, 우리의 가장 절박한 궁핍은 하나님 앞에서의 죄책罪責임을 인정하지 않는 한, 그리스도를 우리의 절실한 피난처로 삼지 않는 한, 하나님은 우리에게 대항하실 것이며, 우리와 싸우실 것이라고 선언합니다.

대부분 사람은 이 말을 받아들이지 않습니다. 또 받아들이기도 어렵다고 합니다. 왜 그럴까요? 그들은 길들인 하나님을 섬기고 있기 때문입니다. 가축화된 하나님, 길들인 하나님을 만들어 섬기기 때문입니다. 달리 말해, 하나님을 위험천만한 분, 우리와 전쟁을 치르시는 무서운 분으로 알지 않는다는 말입니다.

결국엔 이기적이고 치사한 인간

바울이 힘주어 설교하는 바는 이것입니다. 우리가 아무리 애쓰고 노력한다 해도, 우리는 하나님께서 받으실 만큼 아름답지 않다는 것입니다. 하나님께서 받으실 만한 존재가 되려고 아무리 발버둥 쳐도 불가능하다는 것입니다.

로마서 3장에서 바울이 힘주어 설파하듯, 우리가 아무리 좋은 의도를 가진다고 해도, 그래서 착하게 되기를 원한다고 해도 끝에 가서는 비열하고 치사한 인간이 된다는 것입니다. 우리에게 아무리

복음은 반드시 길을 찾는다

좋은 의도가 있더라도, 그래서 희생적이고 멋있게 살길 바라지만 결국엔 이기적이고 자기중심적이 된다는 것입니다. 우리가 아무리 좋은 의도를 가졌더라도, 그래서 사랑으로 움직이는 사람이 되길 바라지만 결국에는 사랑 대신 미워하고 속 좁은 인간으로 변한다는 것입니다. 우리가 아무리 좋은 의도로 어떤 일을 하더라도, 끝에는 비참하게 된다는 것입니다. 원하는 것은 하지 않고 싫어하고 미워하는 것을 하게 된다는 것입니다.

왜 그럴까요? 바울은 말하기를, 우리는 모두 죄의 세력 아래 있기 때문입니다. 죄의 힘 아래 눌려 살기 때문입니다. 죄가 지배하는 영토 안에 살기 때문입니다. 이에 대해 성경은 분명히 말씀합니다.

의로운 사람은 없나니 하나도 없다. 하나님을 찾는 자도 하나도 없다. 모두 다 치우쳐 있으며 모든 사람이 죄를 범하였으매 하나님의 영광에 이르지 못하더니[롬 3:10-12, 23].

세상에 친절하고 좋은 사람이 아예 없다는 뜻이 아닙니다. 숭고하고 고상한 이방인이 없다는 뜻도 아닙니다. 종교적으로 경건하게 사는 사람이 없다는 뜻도 아닙니다.

이 말이 뜻하는 바는 하나님과 올바른 관계에 들어가는 문제에 관한 한, 하나님 보시기에 "괜찮아", "이젠 됐어!"라는 말을 듣는 문제에 관한 한, 우리는 모두 죽은 닭이라는 것입니다. 그저 병든 닭도 아니고, 털 뽑힌 닭도 아니고, 절뚝거리는 닭도 아닌 모두 죽은 닭, 폐사한 닭이라는 것입니다.

물론 바울은 우리 모두를 살인자 혹은 성범죄자라고 말하는 게 아닙니다. 우리가 남에게 친절한 이웃이 될 수 없다고 하는 것도 아닙니다. 우리도 종종 착한 일을 하기 때문입니다.

그렇다면 바울이 말하려는 바는 무엇일까요? 핵심은 우리가 아무리 친절하고 착하고 종교적이라 해도 우리가 죽은 닭에서 산 닭이 되는 것은 아니라는 사실입니다. 하나님이 보실 때, 우리는 모두 죽은 닭입니다. 그러므로 하나님만이 우리를 살리실 수 있습니다. 오직 하나님만이 우리를 의롭다 하실 수 있습니다.

새 삶의 전환점

바울의 이런 발언은 그의 개인 경험에서 나온 것입니다. 여러 해 전, 바울이 아직도 그리스도에 대해 매우 적대적이었을 때, 그리스도께서 그에게 나타나셨습니다. 다메섹으로 가던 길에 그리스도께서 그에게 나타나신 것입니다. 그리스도께서 그에게 물었습니다. "사울아! 사울아! 왜 나를 박해하느냐? 무슨 이유로 나를 박해하느냐?"

그의 앞에서 나타나셔서 던지신 질문 때문에 바울은 마침내 그리스도를 위한 일에 뛰어들게 됩니다. 그리고 주님은 그에 대해 이렇게 말씀하셨습니다. "이 사람은 내 이름을 이방인과 임금들과 이스라엘 자손들에게 전하기 위하여 택한 나의 그릇이라"(행 9:15).

바울 스스로 새 삶의 주도권을 잡은 게 아닙니다. "하나님, 제게 문제가 있습니다. 저는 그리스도가 필요합니다"라고 그가 먼저 말한 것도 아닙니다. 스스로 어둠 속에서 뛰어나와 그리스도의 빛 안으로 들어온 것이 아닙니다. 정반대입니다. '문제'를 가진 당사자는 바울

복음은 반드시 길을 찾는다

이 아니라 그리스도였습니다. 이방인과 유대인의 세상이라는 문제였습니다. 그래서 그리스도께서는 바울이 필요했습니다.

여러 해가 지난 후 바울은 자기에게 일어난 일을 돌아보았습니다. 그리고 이렇게 회고합니다. "어두운 데에 빛이 비치라 말씀하셨던 그 하나님께서 예수 그리스도의 얼굴에 있는 하나님의 영광을 아는 빛을 우리 마음에 비추셨느니라"(고후 4:6).

여기서 바울은 창세기 1장의 창조 이야기를 빌어 자기 삶에 일어난 중대한 전환점을 기술합니다. 달리 말해 바울은 땅이 형체가 없이 텅 비었고 어둠이 깊음의 표면을 덮고 있었던 태고의 혼돈 장면을 제시하면서, 자기 삶이 어떻게 새롭게 창조되었는지를 말합니다. 혼돈chaos이 온 우주를 덮고 있었을 때, 하나님께서 말씀하시니 '질서'order가 생겼습니다. 어둠이 깊음의 표면을 덮고 있었을 때, 하나님께서 말씀하시니 '빛'이 생겼습니다.

바울은 말하기를, 바로 이런 일이 자기 삶에서 일어났다고 합니다. "혼돈과 어두움이 나의 삶을 지배하고 있었습니다. 그때 그리스도께서 나타나셨습니다. 그리고 무슨 일이 일어났습니까? 그분의 능력(힘)이 혼돈을 질서로 바꾸셨습니다. 그분의 빛이 나의 어두움을 쫓아냈습니다. 마치 창세기 1장 창조 이야기가 다시금 반복되었던 것처럼 말입니다. '어둠 가운데서 빛이 있어라!' 하시던 하나님께서 이제 나에게 빛을 비추신 것입니다."

이것이 바울의 간증입니다. 이런 경험에서부터, 바울은 로마서 5장 1절을 말합니다. "그러므로 우리가 믿음으로 의롭다 하심을 받았으니 우리 주 예수 그리스도로 말미암아 하나님과 화평을 누리자."

많은 설교의 스텝이 꼬이는 이유

"우리가 의롭다 하심을 받았으니…" 사실 이 구절은 우리 마음에 분명하게 들어오지 않습니다. 교회에서 수없이 들었어도 아직 무슨 뜻인지 잘 이해되지 않습니다. 죄인을 의롭다고 하시는 하나님! 무슨 뜻입니까?

이 말의 뜻을 잘 알려주는 비유가 있습니다. 누가복음 15장, 일명 "기다리시는 아버지의 비유"입니다. 집 나간 탕자가 오기를 기다리는 아버지가 있었습니다. 마침내 탕자가 돌아오자 아버지는 달려나가 얼싸안고 뺨에 입을 맞춥니다. 이 장면을 자세히 떠올려보십시오. 분명 탕자의 옷에는 먼 나라의 더러움과 냄새가 깊이 배어 있었을 것입니다. 그러나 그는 아버지로부터 "아들아, 괜찮아!"라는 소리를 듣습니다. 앞뒤 가릴 것 없이 단칼로 내리치듯 아버지는 탕자를 단번에 용서하셨습니다. 한 번도 집을 떠난 적이 없었던 것처럼 탕자는 단번에 그렇게 취급받습니다. 탕자는 탕자가 아니었던 것처럼 대우받습니다. 아버지가 그에게 말합니다. "너는 내 아들이야!" 가슴에서 터져 나온 간결하고도 단호한 선언. 이것이 바로 의롭다 함을 받는다는 뜻입니다. 하나님께서 우리에게 이렇게 말씀하십니다. "죽었던 내 자녀가 다시 살았어!"

직업상 여러 사람의 많은 설교를 읽고 듣습니다. 오랜 목회 생활을 통해, 내가 발견한 사실은 이 많은 설교의 바탕에는 다음과 같은 기본 틀이 깔려 있다는 것입니다. 대부분의 설교는 다음과 같은 틀을 갖고 있습니다.

　1) 여러분에게는 문제가 있습니다.

　2) 그리스도만이 그 문제에 대한 유일한 대답입니다.

3) 그러므로 회개하고 구원을 받으십시오.

많은 설교가 우리의 문제를 지적하고 생각나게 하며 시작합니다. 예를 들어 이혼 통계, 성 문제와 약물 남용, 자살률과 범죄율 등을 열거하면서 우리가 얼마나 문제 많은 존재인지를 상기시킵니다. 물론 맞는 말입니다. 우리에게는 문제가 있습니다. 의심할 여지 없는 사실입니다.

그리고 이 설교들은 두 번째 요점으로 넘어갑니다. 그리스도가 대답이라는 것입니다. 우리가 종종 듣는 상투적인 설교는, 이 세상이 제공하는 대답들은 그리 적절하지 않다는 것입니다. 우리 문제들이 아무리 많다 해도 대답은 단순하다는 것입니다. 즉, 그리스도가 모든 문제의 대답이므로 우리는 예수 그리스도를 영접해야 한다는 것입니다. 예수 그리스도가 유일한 대답이기 때문이라는 것입니다.

그리고 세 번째 요점으로 넘어갑니다. 그리스도가 대답이라면 우리는 반드시 회개하고 구원을 받아야 한다는 것입니다. 그런데 바로 이 지점에서 많은 설교가 주저앉습니다. 정말로 이 설교들이 말하듯 회개와 구원이 그런 식으로 오는 것일까요?

로마서 3장에서, 바울은 우리에게 왜 많은 설교가 주저앉게 되는지를 알려줍니다. 그곳에서 바울은 말하기를, 우리는 자신이 하고 싶어 하는 것을 할 수 없다고 합니다. 우리가 아무리 좋은 의도를 갖고자 해도, 아무리 설교자들이 우리의 죄성을 느끼게 하려 해도, 우리가 할 수 있는 일은 아무것도 없다는 것입니다. 이 죄에 관한 한, 우리는 절뚝거리는 닭도, 털 뜯긴 닭도 아닙니다. 우리는 그저 '죽은 닭들'입니다. 죄에 관한 한, 우리는 스스로 치료할 수 없는 나병 환자입니다.

이런 유형의 설교가 무엇이 문제인 줄 아십니까? 좋은 소식(복음)을 뒤로 물러가게 합니다. 먼저 우리가 하나님께 무엇인가를 해야 하고, 그다음에 하나님께서 우리를 위해 무엇인가를 하신다고 강조합니다.

복음의 진수

그러나 성경은 그렇게 말하지 않습니다. 성경은 하나님께서 하시는 것이 우리가 하는 것보다 항상 앞선다, 하나님 은혜는 항상 우리의 회개를 앞선다, 우리가 죄인이었을 때 그리스도께서 우리를 위해 죽으셨다, 우리가 하나님과 원수였을 때 그 아들의 죽음을 통해 우리가 그분과 화해하게 되었다고 말합니다.

이것이 복음의 핵심입니다. 즉, 우리가 회개하기 전에 이미 하나님은 우리를 향해 은혜로우셨다는 것입니다. 우리가 사랑받을 만하지 않음에도 하나님은 우리를 사랑하신다는 것입니다. 우리가 하나님께 적대적이었음에도 그리스도는 우리를 위해 죽으셨다는 것입니다. 이것이 복음의 핵심입니다. 이것이 가장 순수한 형태의 '은혜의 복음'입니다.

우리는 아무도 낙원에 태어나지 않았다

로마서 5:12-21

마음에 숨겨진 영광

우리 대부분은 일상 경험을 통해 찢기고 뒤틀려 있는 자신을 발견합니다. 무엇인가 근본적으로 잘못되어 있습니다. 우리 삶이 잘못된 방향으로 삐뚤어져 있다는 것을 발견합니다. 고상하고 좋은 의도로 시작하지만, 마침내 추하게 끝날 때가 많습니다. 착하고 관용하길 원하지만 매몰차고 추하게 끝나버리기 일쑤인 것이 현실입니다. 남의 죄와 잘못에 대해 심히 분노하지만 자기 안에도 그처럼 경멸하고 증오하던 문제들이 자리 잡고 있습니다. 회칠한 무덤(겉으론 희고 빛나지만, 속으론 썩어 냄새나는)과 같은 존재가 우리 자신입니다.

타인의 평판과 명예를 짓밟았을 수도 있고, 깨어진 결혼관계에서 일차적 책임이 있을 수도 있고, 다른 사람 차를 긁고 연락처도 남기지 않고 도망간 경험이 있을 수도 있고, 전쟁에 나가 사람을 죽였을 수도 있고, 직장에서 살아남기 위하여 한두 번 거짓말을 했을 수도 있습니다. 하지만 그렇다고 해서 우리가 항상 그렇게 철저하게 나쁜 것은 아니라는 생각입니다. 우리는 살인자도 아니고 변태성욕자도 아니고 아동 성애자도 아니고 사기꾼도 아니고 전쟁범도 아니지 않습니까? 우리는 스탈린도, 히틀러도, 사담 후세인도 아니며, 사람 백정白丁도, 살인마도 아니니까요.

그런데도 우리는 이러한 사람들과 같은 인성을 지니고 있음을 부인할 수도 없습니다. 우리 안에 그런 방향으로 우리를 이끌어가려는 강한 세력이 있습니다. 지킬 박사와 하이드가 한 사람 속에 공존합니다. 하덕규의 노래 가사처럼 "내 속엔 내가 너무 많습니다!" 우리 속에는 잔인하고 파괴적이고 동물적인 성품이 자리 잡고 있습니다. 다른 사람을 칭찬하는 일보다 남을 헐뜯고 씹어대는 일에서 많은 즐거움과 쾌감을 느끼지 않습니까?

이런 이유로, "이런 것이 어떻게 튀어나올까? 누가 이러한 성품을 우리 안에 집어넣었을까?" 하는 질문이 절로 나옵니다. 하나님이 이 모양 이 꼴로 만드셨다고 원망합니다. 하지만 하이델베르크 신앙고백서는 "아니요, 하나님은 우리를 선하게, 또한 자신의 형상, 곧 참된 의와 거룩함으로 창조하셨습니다"라고 가르칩니다. 우리 속에 있는 동물적인 본능은 하나님에게서 오지 않았다는 말입니다. 그렇다면 어디서 왔다는 말입니까?

이에 대해 하이델베르크 신앙고백서는, "우리의 시조始祖인 아담과 하와가 낙원에서 타락하고 불순종한 데서" 왔다고 답합니다. 다시 말해 잔인하고 이기적인 본성은 하나님을 대항한 아담과 하와의 반역으로까지 소급되어 올라갑니다.

낙원에서 뱀이 그들을 유혹했습니다. "동산 중앙에 있는 과실을 먹더라도 너는 절대 죽지 않으리라. 오히려 눈이 열려 하나님처럼 선과 악을 알게 되리라." "너희는 하나님처럼 될 거야!" 이것이 인류의 시조가 직면한 유혹이었습니다. 사람이 하나님처럼 되려는 데서 오는 유혹은 인간의 혈관 안에 마치 태초부터 흐른 피처럼 오래되었습니다. 이런 이유로 하나님처럼 되려는 '교만'이야말로 가장 무서운 죄요, 모든 죄의 어머니라 불리는 것입니다.

성경은 처음부터 분명한 어조로 이렇게 가르칩니다. "하나님은 사람을 하나님 형상으로 창조했다. 사람은 자기 삶 속에서 하나님의 삶을 반영하도록 창조되었다. 사람은 하나님 형상으로 가득 차도록 깨끗한 거울들로 창조되었다. 사람은 하나님이 자기 삶의 중심부가 되도록 지음받았다."

오늘도 아담의 죄를 반복하는 우리

그런데 이제 우리는 하나님처럼 되길 원합니다. 하나님을 대신하여 신적인 역할을 하려고 대드는 것입니다. 다른 말로 하자면, 죄는 '반역'이란 행위 속에 있습니다.[18] 우리는 하나님께 복종하지 않습니다. "내 인생은 내 것이다. 아무도 나에게 이래라저래라할 수 없고, 이렇게 저렇게 행동하라고 할 수 없어. 나는 나한테 즐거운 일을 할 거야. 내가 뭘 원하는지 잘 알거든. 반드시 그걸 손에 넣을 거고." 달리 말해 삶의 중심이 언제나 '나'입니다. 이것은 죄가 무엇인지를 잘 보여줍니다. 즉, 내가 인생의 중심부가 되는 것, 이것이 '죄'입니다. 죄는 하나님의 뜻과 의지 대신에 '내 의지', '나의 뜻'을 앞세우고 주장하고 고집합니다. 죄는 일차적으로 나에 대해 생각합니다. 하나님은 항상 두 번째입니다.

그러나 하나님은 우리가 이렇게 고백하길 원하십니다. "나는 하나님을 반사하는 거울로, 하나님 형상으로 가득한 깨끗한 거울로 지음받았습니다. 자신에 대해서는 잊고 하나님을 더 많이 생각하겠습니다."

내가 나를 모든 일의 중심에 놓을 때마다, 나는 최초의 죄를, 원죄를, 우두머리 죄를 반복합니다. 다시 아담과 하와가 되는 것이며, 그들의 불순종을 반복하고, 낙원에서 떨어져 나간 그들의 이야기를 되풀이하는 셈입니다. 그들이 하나님 앞에 책임져야 했듯 나도 똑같이 하나님 앞에 책임져야 합니다.

왜 아담의 죄를 나에게 뒤집어 씌우는가?

"잠깐만! 할 말이 있습니다." 당신은 말할지도 모릅니다. "하이델베르크 신앙고백을 보니, '아담과 하와의 불순종이 우리의 성품 속에 독약을 집어넣었기 때문에 우리가 죄인들로 태어난 것이다. 달리 말해 태어날 때부터 우리는 기형적으로 태어난 것이다'(제3주일, 7번째 문답)라고 하는데요?"라고 반문할지도 모릅니다. 즉, 우리는 의지적으로 죄를 짓는 악한 자들이라기보다는 아무런 잘못 없는 희생자들이라는 뜻 아니겠습니까? 우리는 적극적으로 악을 저지른 당사자가 아니라 부당한 피해자라는 뜻 아니겠습니까?

만일 어떤 자가 도시의 상수원上水源에 가서 독약을 뿌렸다고 합시다. 그것도 모른 채 그 물을 마시게 되었고 결국 병원 중환자실에 실려 가게 되었습니다. 누구의 잘못인가요? 수원지에 독약을 집어넣은 사람입니까? 아니면 순진하게 그 수돗물을 먹은 나입니까? 아담과 하와는 인간 본성에 독약을 집어넣었습니다. 나는 그들이 집어넣은 약물에 중독된 채로 세상에 태어났습니다. 그렇다면 누구의 죄입니까? 내 성품을 못되게 만든 아담과 하와입니까? 아니면 그러한 성품을 갖고 태어난 내 문제입니까? 이에 대한 대답은 매우 쉬워 보입니다. "아담과 하와가 범인이고, 나는 잘못이 없습니다!"

원죄와 국가 부채 비유

그러나 문제는 그리 간단하지 않습니다. 원죄原罪, original sin를 국가 부채負債라고 생각해봅시다. 우리는 IMF가 무엇인지 대부분 잘 압니다. 다른 나라에 갚아야 할 국가 부채가 너무나 많아 국제통화기금IMF이 우리나라의 경제 살림을 조절하고 통제했을 때를 기억할 겁니다.

우리 세대가 너무나도 이기적이고 재물에 눈이 어두워, 한때는 550억 달러의 국가 부채를 짊어지고 있었습니다. 정치가들의 무책임한 경영으로 국가 부채가 늘어나기도 했지만, 과소비와 허세에 우리 경제가 녹아나기 시작한 것입니다.

경제학에서 '국가 부채'라고 부르는 것을 신학에서는 '원죄'에 비유할 수 있습니다. 즉, 원죄란 앞 세대에서 우리 세대로 전가되어 온 엄청난 양의 부채, 다시 갚을 수 없는 빚이라고 할 수 있습니다.

원죄란 우리에게 찾아온 부모들의 부채입니다. 어떻게 들으면 매우 공평하지 못한 일처럼 들립니다.

자, 이것이 바울의 논점에 해당한다면 우리는 온갖 불평을 늘어놓을 수 있습니다. "원죄란 아담과 하와가 저질러놓은 잘못이지 우리 것은 아니지 않습니까?"

그러나 그러나 바울은 여기서 중요한 구절을 추가합니다. 로마서 5장 12절에 의하면 그렇지 않습니다. 지금까지 축적되어 온 빚을 모든 사람이 계속 불려가고 있기 때문입니다. 사도 바울은 12절에서, 한 사람을 통해 죄가 이 세상에 들어왔고, 죄를 통해 죽음이 들어오게 되었으며, 이러한 식으로 죽음이 모든 사람에게 임하게 되었다고 말합니다.

죄가 한 사람을 통해 이 세상에 들어왔고 죽음이 죄를 통해 들어 왔으며 이러한 식으로 모든 사람에게 죽음이 임하게 되었습니다. 모든 사람이 죄를 범했기 때문입니다.

왜 모든 사람에게 죽음이 임하게 되었을까요? 아담과 하와가 죄를 범했기 때문만인가요? 아닙니다. 바울은 "모든 사람이 죄를 범했기 때문이다"라고 말합니다. 각 사람은 이미 그들에게 전해온 죄의 쓰레기더미 위에 자기 더미들을 척척 쌓아 올린 것입니다. 마치 우리 자녀 세대도 우리처럼 욕심쟁이며 이기적이며 재물에 눈먼 세대이며, 그들 역시 허세 부리기를 좋아하고 낭비적이라서 부채의 크기가 점점 느는 것과 같습니다.

그 원죄 위에 내가 쌓아올린 죄

우리 아버지나 어머니가 신 포도를 먹었기 때문에 우리 이가 시기도 하지만, 우리 이가 신 근본 이유는 "우리가 신 포도를 먹었기 때문입니다"[렘 31:29-30]. 당신은 다른 인간과 그의 행위와는 상관없는 양 스스로 의롭게 생각할 수 없으며, 다른 공범의 쓰레기 더미에 아무런 책임이 없는 양, 과거에서부터 내려온 산더미 같은 죄들과는 상관없는 삶을 살았다고 생각할 수 없습니다.

프란츠 카프카의 소설 『재판』*The Trial*에 나오는 주인공 요셉 케이Joseph K.처럼 행동할 수 없습니다. 작품 가운데 나오는 요셉 케이는 원죄에 대항하는 인물입니다. 그는 자신이 아무 일에도 잘못이나 범죄행위를 한 적이 없다고 믿습니다. 그는 자기 삶을 깨끗한 종이처럼 시작할 수 있다고 믿습니다. 따라서 그는 자기를 향해 유죄를 선언하는 법률제도 전체와 종교 전통에 공격을 가하며 항거하기 시작합니다. 그는 그러한 법률제도와 종교적 전통을 뒤집어엎는 개혁을 하려 합니다. 물론 이러한 항거와 저항은 아무런 희망 없는 전투가 되고, 결국에 그는 이 전투에서 철저하게 패배합니다. 그는 그 동네 형사 두 명에게 잡혀 폭행을 당하고 마치 개가 잡혀 죽듯이 처참한 모습으로 죽게 됩니다.

우리는 소설 속에 나오는 요셉 케이처럼 우리 손이 무죄하다고 손을 씻을 수 없습니다. 우리가 물려받은 산더미 같은 죄들을 책임져야만 하기 때문입니다. 우리는 원죄에 대해 유죄를 인정할 수밖에 없습니다.

우리는 아무도 낙원에서 태어나지 않았다

그러나 다른 한편으로, 우리는 이 원죄에 의한 희생물들이기도 합니다. 이런 사실로 우리 삶은 매우 깊은 비극적 차원으로 빠져들어 갑니다. 이미 죄악의 행동들로 더러워진 세상에 태어나기 때문입니다. 부모의 죄들이 삼사 대 자손들에게까지 전가되는 세상에 태어났다는 말입니다. 죄는 한 사람을 통해 이 세상에 들어왔고, 죽음은 죄를 통해 이 세상에 들어왔으며, 비극과 비참과 고통과 아픔과 죽음이 모든 사람 위에 덮이게 되었습니다. 죄와 고통과 죽음은 우리가 만들지 않는데도 우리에게 오고, 우리는 이 사실을 피할 수 없습니다.

우리에게는 다른 길이 없습니다. 창세기 2-3장에 기록된 첫 조상처럼 낙원에서 태어난 사람은 아무도 없습니다. 우리의 현주소는 천당天堂이 아니라 깨어지고 일그러지고 더럽고 불의한 이 세상입니다. 우리는 이미 오랜 죄의 역사로 더럽혀진 세상, 죄책으로 오염된 세상, 고통의 역사로 점철된 세상 속에 태어났습니다.

각 사람의 인생과 삶도 이러한 역사를 지니고 있습니다. 여러분은 자기 몸과 얼굴을 직접 선택했습니까? 자기 피부색을 선택할 수 있었습니까? 자신의 성적 경향성을 선택했나요? 이 모든 것은 원죄와 관련 있습니다. 인류가 쌓아온 쓰레기 더미는 하나님의 선하신 창조 세계를 더럽혔습니다. 게다가 우리 역시 이 쓰레기 더미를 더욱 높여가고 있습니다.

죄가 한 사람을 통해 들어왔고, 죽음이 죄를 통해 들어왔으며, 그렇게 죽음은 모든 사람에게 퍼지게 되었습니다. 죽음은 우리 운명이며 우리가 피할 수 없는 비극적 종착역입니다.

복음은 반드시 길을 찾는다

저울대의 또 다른 쪽에 계신 그리스도

그러나 바울은 로마서 5장 15절에서 말하기를, 이제 하나님께서 그의 정의正義라는 저울대 다른 한쪽에 올려놓으신 예수 그리스도라는 선물을 바라보라고 합니다. 이 선물이 다른 쪽에 놓인 죽음을 올라가게 한다는 사실을 생각하십시오. 한 사람의 범죄로 인하여 많은 사람이 죽었다면, 예수 그리스도라는 하나님의 선물은 더욱더 얼마나 많은 사람에게 흘러넘치겠습니까! "얼마나 더욱 그렇겠는가!"라는 표현을 눈여겨보십시오. 이는 하나님께서 베푸시는 은총과 은혜가 풍성하게 넘친다는 의미입니다. 죄가 증가하는 곳에 하나님 은혜가 더욱 넘친다는 사실 말입니다(롬 5:20).

그렇습니다. 죄가 있는 곳에 은총이 있습니다. 죄가 있는 것보다 더욱 많은 은총이 있습니다. 비록 죄가 크고 넓고 깊다 하더라도, 하나님의 은총은 더욱 크고 더욱 넓고 더욱 깊습니다.

미국의 저명한 문필가이자 목사인 프레더릭 비크너Frederick Buechner는 그의 저서 『진리를 말하다』Telling the Truth에서, "얼마나 더욱더 그러하랴"에 대해 멋지고 아름답게 풀어 설명합니다.

다윗을 보십시오. 죄악으로 가득 찬 다윗을 보십시오. 다윗과 밧세바 사이의 간통 이야기를 기억하시지요? 부정하고 추잡한 불륜 속에서 천재적 지능을 가진 아들, 언급하기도 부끄러운 간통 속에서 심오한 지혜를 타고난 솔로몬이 태어날 줄 누가 알았겠습니까! 누가 그 사실을 볼 수 있었단 말입니까! 그리고 그 솔로몬을 통해 수많은 왕이 태어나다가 결국 누구도 예언할 수 없었던 한 왕이 탄생할 줄이야 누가 알았겠습니까? 죄가 가득한 곳에서 은총이 더욱 가득 차게 되리라고 누가 예측이나 할 수 있었단 말입니까?

균형 잡히게 하는 하나님의 저울추가 없었더라면 우리는 밑도 끝도 없는 바닥을 향해 한없이 떨어지고 있는 것입니다. 무저갱無底坑, bottomless pit의 비참을 스스로 경험하신 그리스도께서 하나님 은총의 저울대 반대쪽에 저울추가 되어 우리를 끌어올리시니 이보다 더 큰 은혜가 어디 있을까요! "당신은 제가 있을 수 있는 곳, 그 이상으로 저를 들어 올리셨습니다."

아무것도 두려워하지 않는 사람

로마서 6:1-4

어떤 모임에서 자신을 소개해야 할 때가 있습니다. 그럴 때 자신을 어떻게 소개합니까? 대부분 명함을 건넵니다. 명함에는 회사 이름이나 직책이 있습니다. 명함을 가질 정도면 뭔가 내어놓을 게 있거나, 그런 방식이 편해서일 겁니다. 또는 자신이 하는 일이나 다니는 직장 혹은 학교에 대해 설명합니까? 아니면 어디에 살고 있다고 말합니까? 아니면 가족에 대해 혹은 누구와 잘 아는 사이라고 합니까? 아니면 취미에 관해 이야기합니까? 어쨌든 자신이 누구인지 설명하기 위해 뭔가를 말해야 합니다. 그리고 말하는 내용을 보면 자기 삶을 어떻게 여기고 있는지 알 수 있습니다.

어렸을 때에는 내가 선택한 일들로 정체성이 형성되어 간다고 생각합니다. 학교를 선택하거나 직업을 택하거나 누구와 관계를 맺는 것 모두 내가 내리는 선택과 결정입니다. 이러한 선택을 통해 나라는 정체성을 형성해갑니다. 우리가 어릴 때 어른들에게 종종 들었던 질문이 있습니다. "너 커서 뭐가 되고 싶니?" 그러면 종종 대통령, 과학자, 판사, 간호사 등과 같은 직업을 댑니다. 어떤 직업을 택할지 선택하면 마치 어린 나이부터 스스로 자기 정체성을 결정할 수 있는 듯한 착각도 듭니다. 지금이 싫으면 다른 선택을 해서라도 다른 삶을 살 수 있다고 생각합니다. 마치 자신이 삶의 창조자가 되기라도 한 것처럼 말입니다.

그런데 살아가면서 우리는 자기 마음대로 삶을 통제할 수 없다는 사실을 배웁니다. 상상하지도 못했던 위기들을 만나 겨우겨우 헤쳐나갑니다. 계획하지 않았던 사건들을 만나면 아무리 꼼꼼히 계획을 세워봐야 헛일이라는 생각이 듭니다. 예측하지 못했던 일들을 만나 낑낑 대느라 또 많은 수고를 해야 합니다. 나이가 들면서는 그렇게도 애써서 열심히 모아둔 것이 손가락 사이로 모래알처럼 서서히 빠져나갑니다. 자신의 몸도 더 이상 말끔하고 가볍지 않습니다. 직장에서 은퇴하면 자녀들을 기르고 양육했던 추억이 서린 집도 팔아야 할지 모릅니다. 슬프게도 우리가 가장 사랑했던 사람이 세상을 떠나고, 내 손으로 묻어야 하기도 합니다. 마침내 우리는 독립적으로 살았던 삶을 포기하고 남이 우리를 돌보는 곳(요양원, 양로원)으로 옮겨가야 할지도 모릅니다.

노심초사에서 이미 충분한 삶으로

피치 못하게 잃어버려야 할 이런 다양한 상실을 겪는다고 해도 우리는 이전과는 다른 사람이 되는 것입니까? 그렇지는 않지요. 내가 하는 것을, 사는 장소로, 내 삶에 나타나는 사람으로 삶이 결정된다는 잘못된 생각을 갖지 않은 한 그렇게 되지는 않습니다.

세례받은 그날, 교회는 우리의 정체성이 무엇인지 선언합니다. 세례 예식을 통해 교회는 우리가 이미 하나님의 가족이 되었고, 그 가족 안에 사랑받는 지체로 세워졌다고 선언합니다. 사람들은 자기가 누군가에게 사랑받고 있다는 것을 알 때 열심히 살고 인생을 잘 가꾸려 합니다.

살면서 실수도 저지르고 죄도 짓고, 아주 중요한 일에 실패도 합니다. 그러나 어떤 일들이 일어난다고 해도 "나는 하나님의 사랑받는 자"라는 자기 정체성을 바꿀 수는 없습니다. 자신을 사랑받는 자라고 믿는 사람들은 언제나 발에 먼지를 털듯 잘못과 실패와 실수를 훌훌 털어버리고 다시 시작할 수 있습니다. 그때엔 용서를 가슴에 담고 여러분을 기다리는 하나님께로 돌아올 수 있습니다.

사실 이것이 기독교가 세상과 사회를 향해 선언하는 가장 급진적이고 예언자적인 주장입니다. 우리가 인생을 잘 살려고 애쓰는 것은 우리가 이미 사랑받은 자라는 것을 알기 때문입니다. 우리는 세상이 말하는 기준으로 인생을 받아들이지 않습니다. 즉, 사람 많이 만나 인맥을 쌓고 꿈꾸던 일을 이루어 성공적인 삶을 살면서 인생 전반전을 잘 치렀지만, 후반전에는 그런 성취와 성공, 이루어놓은 것이 나도 모르게 결국 손가락 사이로 모래알처럼 빠져나갈 수도 있다는 그런 패러다임을 거절하고 배척합니다. 본문에 따르면 사도 바울은 우리가 세례를 받았을 때 그리스도와 함께 장사되었고 온전히 새로운 삶의 방식을 향해 일어났다고 말씀합니다.

그리스도와 함께 묻히고 다시 일어나다

초기 기독교회가 개종자(회심자)들을 세례 줄 때는 아름다운 성전이나 멋진 세례 기구도 없었습니다. 그래서 부활절 아침에 새로 신앙에 입문한 사람들을 데리고 가까운 강이나 시내로 갑니다. 세례받으러 물속으로 들어가기 전에 집례자는 인간의 옛 성품을 벗는 것에 관해 설교합니다. 자신의 힘으로 인생과 삶을 창조하고 만들려고 애썼던 노력들, 그러나 점차 잃어버리게 되었던 인생에 집착했던 옛 성품을 벗어버리는 것에 관해 설교합니다. 그 말을 들으면서 개종자들은 그들이 입고 있던 옛 옷을 벗습니다.

새 신자들이 물 한 가운데 있을 때 집례자는 개종자들을 물속으로 깊게 담급니다. 담그면서 오늘 본문에 기록된 구절을 낭독합니다. "당신은 세례를 통해 그리스도와 함께 묻혔습니다." 그 후 집례자는 세례받는 자를 물에서 일으켜 세우면서 "당신을 새로운 삶으로 그리스도와 함께 걷게 하려고 일으킵니다"라고 말합니다. 그 후에 크리스천이 되어 물속에서 나온 후에는 전에 한 번도 입어보지 못했던 새 옷을 입습니다. 이것이 예수 그리스도로 옷 입는다는 상징입니다.

죽은 사람은 더 이상 두려워하지 않는다

교회가 이러한 세례 신학을 발전시키고 있었을 때는 교회가 심하게 박해받던 때였습니다. 이 사실이 매우 중요합니다. 기독교로 개종한 새 신자들이 교회에 속한다는 것 자체는 사형집행 영장에 스스로 서명하는 것과 다름없었습니다. 그들은 이 사실을 잘 알았습니다. 그럼에도 그들은 물에서 올라와 기꺼이 그리스도의 제자로서 새로운 삶을 살기로 합니다. 심지어 그렇게 하는 것이 죽음을 의미하는 것임을 알면서도 그들은 기꺼이, 이제 삶의 의미와 정체성에 관한 새로운 정의를 발견했다고 담대하게 말했습니다.

왜 초기 기독교인은 그렇게도 두려움이 없었을까요? 그 이유는 단 하나입니다. 그들은 이미 이생(生)에 대해 죽었기 때문입니다. 죽은 사람을 두렵게 할 수는 없지 않습니까?

사도행전에 따르면 사람들은 가족 식구가 모두 세례받곤 했습니다. 식솔(食率, 한 집안에 달린 식구)들이 모두 세례를 받았다는 말입니다. 그렇게 한 이유는 자녀들이 두려워하지 않고 자라도록 해주고 싶었기 때문입니다. 두려움 없이 살아가는 것보다 더 큰 선물이 어디 있겠습니까? 우리가 두려워하는 이유는 누군가 혹은 경제 상황이 혹은 어떤 질병이 우리에게서 뭔가를 빼앗아간다고 생각하기 때문입니다. 이런 이유로 우리는 인생과 삶을 이리저리 꿰어 맞춰야 한다는 환상에 빠지는 것입니다.

세례 의식을 통해 세례받는 이 사람은 스스로 건축한 자기 인생과 삶에 대한 모든 옛 신화에 대해 죽은 사람이라고 선언합니다. 이 사람은, 인생은 우리가 열심히 노력하더라도 결국 손가락 사이로 모래알 빠져나가듯 그렇게 빠져나가는 환상이라고 하지 않습니다. 세례 의식을 통해 우리는 이 사람이 앞으로 만나는 피치 못할 날에도 아무런 두려움 없이 살게 되리라고 선언합니다. 유아세례가 되었든 성인 세례식이 되었든 세례 의식을 통해 우리는 세례받는 이 사람이 하나님 자녀라는 정체성을 갖고 인생을 시작하고, 지옥의 문(권세)들이 결코 하나님 자녀를 대항하여 이기지 못함을 선언합니다.

세례받은 그날에 일어난 일

우리는 세례를 통해 더 이상 아무것도 두려워하지 않는 백성, 겁 없는 백성이 되었습니다. 사도 바울은 우리가 세례를 통해 "두려워하지 않는 백성"이라는 정체성을 얻게 되었음을 알려줍니다.

사도 바울이 우리에게 묻습니다. "뭣 때문에 두려워합니까? 무엇을 걱정합니까? 직장을 잃는 것을 두려워합니까? 건강을 잃는 것을 무서워합니까? 아직도 못 이룬 꿈 때문에 걱정합니까?" 여러분이 무엇을 하느냐에 따라 여러분의 중요성이 측정된다고 생각하는 어리석고 바보스러운 환상에 대해 이미 여러분은 죽었습니다. 여러분이 중요하고 고귀한 이유는 "하나님의 사랑받은 자"이기 때문입니다. 이것이 성경에서 말하는 긍정적 자아상이며 적극적 자존감입니다. 건강을 잃는 것을 걱정합니까? 물론 건강을 잃을 수도 있습니다. 그러나 여러분은 이미 세례를 통해 영원한 생명을 받았습니다. 자녀를 잃은 것에 대해 걱정합니까? 그러나 세례받은 그 날에 여러분은 이미 그 자녀들을 하나님 손안에 맡겨두었습니다. 그리고 이 하나님의 손이야말로 여러분의 자녀들을 맡겨둘 만한 최상의 손이 아니겠습니까?

그렇습니다. 우리 삶은 우리가 하는 것으로, 우리가 바라는 것으로, 우리가 일구어낸 성취로, 우리가 경험했던 상처나 상실들로 결정되지 않습니다. 우리 삶은 지금도 지속해서 우리 안에서 새로운 것을 만들어내시는 창조주에 의해서만 결정됩니다. 세례를 받았다는 것은 우리 두려움을 묻는 것이고, 하나님의 자녀들을 위해 하늘에서 전개되는 드라마를 펼친 손으로 받는 것입니다.

맥주병 예수

로마서 6:1-11

오늘날 사람들 대부분은 바다에 대한 낭만을 갖고 있습니다. 해변이나 호숫가에 있는 방갈로나 멋진 별장들을 빌려 휴가를 보내기도 합니다. 광활하게 펼쳐지는 바다와 푸른 하늘이 맞닿는 아득한 수평선을 바라보며, 석양이 뉘엿뉘엿 넘어가는 일몰과 낙조落潮를 보며 마음의 평정을 얻기도 합니다.

그러나 바다에 삶과 생계를 걸어야 한다면, 바다가 결코 낭만적인 장소일 수는 없습니다. 조상들은 바다를 끊임없이 우리를 위협하는 존재로 바라보았습니다. 바다는 그들에게 무서운 위협이었으며 목숨마저 앗아가는 두려움 그 자체였습니다. 두 가지 이야기를 들려드릴 테니 마음의 스크린에 어떤 이미지가 떠오르는지 생각해보기 바랍니다.

첫 번째 이야기입니다. 아주 먼 옛날, 아일랜드 해변에 살던 주민들은 가정마다 독특한 색상과 디자인으로 된 스웨터를 만들어 입었답니다. 거친 대양에서 생계를 이어 갔던 그들에게 간혹 불행이 닥쳤습니다. 고기 잡으러 바다로 나갔다가 폭풍에 휩싸여 시체로 돌아왔습니다. 시신이 바닷속에서 일주일 넘게 방치되면 식별하기 어렵게 부패합니다. 그래도 투박하고 낡은 스웨터는 그 옷의 주인이 누구인지 알려줍니다. 이것은 맥킨티, 이것은 오툴레, 이것은 오코너의 것…. 사람들은 스웨터 디자인을 보면서 죽은 사람이 누군지 식별했답니다.

두 번째 이야기입니다. 2004년 12월 26일을 기억합니까? 크리스마스가 지난 다음 날 인도양 근처에서 쓰나미라 불리는 대규모 지진해일이 발생했습니다. 쓰나미는 해저지진이나 해저화산 폭발로 해수가 수직적으로 변위變位하여 발생하는 해일로 거대한 규모의 파도가 일어나는데 당시에는 약 18미터나 되는 큰 파도가 일었습니다. 인도네시아, 스리랑카, 인도 등을 덮친 이 쓰나미로 약 20만 명이 목숨을 잃었습니다. 영화 〈해운대〉도 대규모 쓰나미로 부산이 초토화된다는 설정입니다.

아일랜드 해변에 살던 사람들이나 우리의 어촌 사람들은 모두 바다에 대한 두려움을 갖고 살았습니다. 그들에게는 바다가 생명이며 삶의 터전이지만, 동시에 죽음을 가져오는 폭군이기도 했습니다. 바다는 언제라도 어떻게 돌변할지 모르는 예측 불허의 괴물이었습니다. 그래서 우리네 인생을 가리켜 '일엽편주'一葉片舟, 즉 잎 한 조각의 배라고 부르는 것입니다. 망망대해에 떠 있는 작은 나무배는 바다의 자비에 자신을 맡길 뿐입니다.

복음은 반드시 길을 찾는다

바다, 죽음의 고향

고대 이스라엘 사람들에게도 마찬가지였습니다. 그들에게 바다는 두렵고 무서운 것이었으며 죽음의 고향이었고 태고의 혼돈이었습니다. 세상은 캄캄하고 흉흉한 물들이 넘실대는 혼돈의 상태로 시작되었다고 그들은 생각했습니다. 이런 상태에서 하나님께서 말씀으로 세상을 창조하셨다고 믿었습니다. 즉, 하나님이 혼돈과 무질서에서 질서를 불러내시고, 파괴적인 물과 무시무시한 바다들에 경계를 세우셨다고 믿었습니다.

아주 처음, 모든 것이 시작되던 태초에, 하나님께서 하늘과 땅을 만드시던 때에, 하나님께서 맨 먼저 무엇을 하셨습니까? 그중 하나는 거칠고 흉흉한 바닷물을 길들여 잠잠하게 하셨습니다. "물들 가운데에 창공dome이 있어라!" 하고 말씀하셨습니다. "그리고 아래 물과 위의 물로 나뉘어라!"라고 하시자 그대로 되었습니다(창 1:6-7).

궁창(창공)을 하늘이라 하시고 물은 하늘 밑 한곳에 모아 마른 땅과 구별하셨습니다. 지금 우리가 알고 있는 대양大洋을 만드신 것입니다. 하나님은 '길들인 거친 물들'을 보시면서, "좋다!"라고 하셨습니다. 파멸과 죽음을 상징하는 거친 물들을 하나님께서 자신의 '말씀'으로 다스리시고 길들여 잠잠하게 하신 것입니다. 사실 이것이 창조의 본래 의미이기도 합니다.

이러한 천지 창조 이야기와 함께 물에 관해 말할 때 늘 회자되는 사건이 있는데 노아의 대홍수 이야기입니다. 창세기 7장에서 노아와 그의 식구들은 대형 방주 안으로 들어갑니다. 그들은 사십 주야로 내린 죽음의 물결이 점점 높아지면서 지구상에 있는 모든 살아 있는 생명체들을 싹 쓸어버리는 것을 보았습니다. 그러나 같은 죽음의 물 위에 떠 있던 방주 속 노아와 식구들 그리고 함께 배에 탔던 동물들은 하나님 은혜로 모두 보존되었습니다.

이처럼 구약 전체를 통하여 바다와 물은 하나님께서 자기 백성을 구출하셔야만 하는 죽음과 파멸을 상징적으로 보여주는 이미지입니다. 이런 이야기는 출애굽 이야기에서 절정을 이룹니다. 홍해 도하渡河 이야기입니다. 바다를 마른 땅같이 건넜다는 것은 기적 중 기적입니다. 이스라엘은 양편으로 벽처럼 세워지는 바다 가운데를 마른 땅처럼 걸어 건넜습니다. 그러나 그들을 추격하던 애굽의 모든 군대와 마병과 마차들은 바다에 수장水葬되었습니다. 이처럼 홍해를 통과했다는 것은 죽음에서 생명으로 가는 예식을 통과했음을 상징합니다.

또 있습니다. 성경의 시인들은 우울증이나 깊은 상실감에 빠져 있을 때를 마치 물에 빠져 죽어가는 것으로 묘사하곤 합니다. 예를 들어, 시편 42장에서 시인은 자신이 겪는 낙심과 우울증에 관해 쓰면서, 심적 상황을 마치 물속에 빠져 죽는 것으로 묘사합니다.

주님께서 일으키시는 저 큰 폭포 소리를 따라
깊음은 깊음을 부르며,
주님께서 일으키시는 저 파도의 물결은 모두가 한 덩이 되어
이 몸을 휩쓸고 지나갑니다(42:7, 새번역).

이러한 구약의 배경을 염두에 둔다면, 여러분은 바울이 로마서 6장 1-11절에서 말하는 것을 어느 정도 이해하게 됩니다. 즉, 세례에 관해 말하는 바울의 의도를 파악할 수 있습니다.

세례 신학의 핵심

        로마서 6장에서 바울은 세례를 물에 빠져 죽은 것과 다시 그 물에서 떠오르는 것, 즉 죽음의 바다에 익사했다가 그 물속에서 새 생명(생명의 새로움)으로 다시 태어나는 것으로 말합니다. 바울에 따르면, 세례는 익사溺死와 신생新生입니다. 홍수로부터 구출입니다. 홍해를 통과하는 것입니다. 물속에서 그리스도와 함께 죽고, 물속에서부터 그리스도와 함께 떠오르는 것입니다.

    왜 물로 세례를 줍니까? 물은 곧 '죽음의 고향'이기 때문입니다. 이런 이유로 노아는 '세례전적' 인물입니다. 이런 이유로 세례 예식을 거행할 때마다 홍해를 통과했던 출애굽 사건을 언급합니다. 개혁 교회의 옛 세례 예식서의 끝부분에 이르면 이런 기도문이 나옵니다.

> 전능하시고 영원하신 하나님,
> 당신의 엄한 판결에 따라
> 믿지 않고 회개하지 않는 세상을 홍수로 징벌하셨습니다.
> 당신의 크신 자비에 따라
> 믿는 노아와 그의 가족을 구원하고 보호하셨습니다.
>
> 당신은 완고하고 고집스러운 바로와 그의 모든 군대를
> 홍해 바다에 빠져 죽게 하셨고
> 당신의 백성 이스라엘은 마른 땅을 걷듯이
> 바다를 통과하게 하셨으니
> 이것은 세례를 상징합니다.

이제 당신께 간절히 애원하옵니다.

여기에 당신의 자녀들을 보시고

이들을 성령으로 아들 예수 그리스도께 연합하게 하여 주시되,

세례를 통해 이들을 그리스도와 함께 죽음에 묻히게 하시고

그와 함께 새로운 생명 안에서 이들을 일으켜 세워 주시옵소서.

바로 이것입니다. 세례에 관한 바울의 신학을 이것보다 더 핵심적으로, 정교하게 담고 있는 말은 없습니다. 노아 대홍수의 물에서 구출받은 것, 그리고 홍해의 물에서 구원받는 것은 그리스도와 함께 세례의 물속에 빠져 죽고 그리스도와 함께 세례의 물에서 떠오르는 것을 가리킵니다(고전 10:1-2 참고). 자, 이 정도면 이제 로마서 6장 3-4절을 충분히 이해할 준비가 되었습니다.

무릇 그리스도 예수와 합하여 세례를 받은 우리는 그의 죽으심과 합하여 세례를 받은 줄을 알지 못하느냐 그러므로 우리가 그의 죽으심과 합하여 세례를 받음으로 그와 함께 장사되었나니 ⋯ 우리로 또한 새 생명 가운데서 행하게 하려 함이라.

우리 옛사람은 탁월한 수영 선수

모든 세례, 각 세례는 죽음을 뜻합니다. 그러나 이 죽음은 우리가 이룰 수 없는 죽음이요, 우리가 집행할 수 없는 죽음이요, 우리가 성취할 수 없는 죽음입니다. 무슨 뜻입니까? 바울이 로마서 7장에서 말하듯, 우리는 선한 일을 하겠다는

좋은 의도와, 좋은 일을 행하려는 갈망을 가지면서도 실제적으로는 그렇게 행하지 못합니다. 우리 힘으로, 우리 능력으로, 새로운 삶으로 다시 태어날 수 없습니다. 날개 부러진 새가 그렇듯이 날고 싶은 마음은 있지만 실제로 날 수 있는 능력은 없습니다. 이것이 개혁신학 전통에서 말하는 인간의 '전적 부패'total depravity입니다.

거짓말이 나쁜 줄 알면서도 어떤 상황에선 거짓말을 하는 것, 술과 담배가 나쁜 줄 알면서도 그 유혹에 쉽게 무너지는 것, 도박이 나쁜 줄 알면서 그 올무에서 벗어나지 못하는 것, 험담하는 것이 나쁜 줄 알면서도 어느 순간 그렇게 하는 자신을 발견할 때, 사랑하고 살아야 하는 것을 알면서도 그러지 못하는 자신을 확인할 때, 용서는 좋고 아름답다고 인정하면서도 막상 용서할 수는 없을 때.

우리 옛사람은 반드시 죽어야 하는 줄을 알면서도, 그 죽음을 스스로 이룰 수 없다는 것을 보여줍니다. 우리가 집행할 수 없는 죽음이라는 뜻입니다. 자신이 죽어야 하는데도 죽지 않습니다. 프레더릭 비크너가 한 말대로, "첫 아담(사람)은 탁월한 수영 선수mighty swimmer"입니다. 첫 사람 아담에 속한 사람은 아무리 하나님이 물에 빠뜨려도 수영을 너무 잘해 익사하지 않습니다.

맥주병 예수

그러나 두 번째 아담(사람)이신 그리스도는 그렇지 않습니다. 그는 하나님께서 죽음의 잔을 먹이셨을 때 기꺼이 죽음에 빠져 익사하셨습니다. 전혀 수영을 못하는 것처럼 물에 빠져 죽었습니다. 그는 맥주병이었습니다. 우리가 죽을 수 있다면 오직 그리스도와 함께 죽을 수 있을 뿐입니다. 혼자서는 안 됩니다. 우리는 자신의 죽음을 스스로 집행할 수 없기 때문입니다. 우리가 다시 살 수 있다면 오직 그리스도와 함께 그렇게 할 수 있습니다. 그분과 함께해야만 죽음의 물속에서 산자의 땅으로 올라올 수 있습니다.

그러므로 크리스천의 삶을 산다는 것은 그리스도의 죽음과 부활에 참여하는 것입니다. 그리스도께서 모든 것을 다 하셨다는, 즉 우리 구원을 위해 필요로 하는 모든 것을 그리스도께서 다 하셨음을 믿는 것입니다.

크리스천의 삶을 산다는 것은 그리스도의 생명이 우리 안에 흐르도록 하는 것입니다. 마치 죽음의 잔해들 안으로 흘러들어오는 조수와 같습니다. 물론 우리는 깨어질 수도 있고 흐트러질 수도 있습니다. 그래도 우리는 크리스천으로 살 수 있습니다. 우리는 정서적으로 신체적으로 영적으로 부스러지고 깨어질 수 있습니다. 그럼에도 우리는 은혜의 삶을 살 수 있습니다. 심지어 죽음이라는 최악의 상태에 놓일 수도 있습니다. 그러나 부활이며 생명이신 그리스도께 그것은 전혀 문제되지 않습니다. 그분은 우리를 죽음에서 생명으로 일으켜 세우시기 때문입니다.

그러나 문제는 이런 종류의 '좋은 소식'(복음)이 우리 본성과는 맞지 않는다는 것입니다. 우리는 무엇인가를 적극 성취하려는 사람들이기 때문입니다. 우리는 '받으려는' 대신에 노력해 '벌려고' 하는 사람들이기 때문입니다. 우리는 구원을 '받으려' 하지 않고 노력해서 '얻으려' 하기 때문입니다.

물론 우리는 은혜로 구원받았다고 고백하긴 합니다. 그러나 마음 깊은 곳에서는 이러한 고백에 반기를 듭니다. 우리 내면 깊숙한

복음은 반드시 길을 찾는다

곳에는 50대 50으로 하자는 생각이 지배적입니다. 하나님께서 절반을, 우리가 절반을 책임진다는 생각입니다.

하나님 은혜의 성격을 보여주는 세례

그러나 세례는 다음과 같은 사실을 상기시켜줍니다. "하나님 나라에 들어가는 일에서 우리는 아무것도 할 수 없는 죽은 자들이다. 우리는 아무것도 일어나게 할 수 없다. 우리는 오직 은혜로만 구원받는다."

로마서 6장은, 5장에서 말하는 내용 다음에 온다는 사실을 언제나 기억하십시오. 무슨 뜻입니까? 바울은 로마서 5장에서 "그리스도가 죽은 것은 그런 사랑을 받을 자격이 안 되는 자들을 위해서였다. 구제 불능을 위해 그리스도께서 죽었다. 그리스도께서는 자기 원수들을 위해 죽었다"라고 말합니다. "우리가 아무런 힘도 없고 약할 때 그리스도께서 경건하지 못한 자들을 위해 죽었다. 우리가 아직 죄인이었을 때 그리스도는 우리를 위해 죽었다. 우리가 하나님의 원수였을 때 우리는 그의 아들을 통해 하나님과 화해하게 되었다."

그렇습니다. 그리스도가 십자가에 처형당하신 것은 똑바른 사람을 위해서가 아닙니다. 괜찮은 사람들을 위해 죽은 것도 아닙니다. 경건한 사람을 위해서도 아닙니다. 진실한 사람을 위해 죽은 것이 아닙니다.

그리스도가 십자가에 달려 죽은 것은 불경건한 사람, 사람 대접 받지 못할 사람, 몹쓸 죄인, 그와 원수가 된 사람, 사랑받을 만하지 못한 사람을 대신해 죽은 것입니다. 그렇지 않다면 어떻게 복음이 될 수 있겠습니까? 그렇지 않다면 자기 돈 내고 자기 몫을 받는 것과 무엇이 다르겠습니까?

몇 살에 세례를 받든 상관없습니다. 유아세례든, 어른이 되어 세례를 받든, 세례에 관한 한 이것만은 분명히 해두어야 합니다. 즉, 세례는 우리가 언제나 구제 불능이라는 사실을 상기시켜준다는 것입니다. 이런 이유로 우리는 젖 먹는 유아幼兒에게도 세례를 베푸는 것입니다. 우리가 갓난아기에게 세례를 베푸는 것은, 하나님 은혜는 "정말로 값없는 공짜다!", "받을 만하기에 주어지는 것이 아니다!", "하나님 은혜는 어린아이를 포함해 모든 사람을 포용할 만큼 넉넉하다!"라고 믿기 때문입니다.

프랑스 개혁교회에서 사용되었던 유아세례 예식 순서 가운데 집례 목사가 세례를 받는 갓난아기에게 이렇게 말하는 장면이 나옵니다.

어린 아기야,
너를 위해, 예수 그리스도께서 오셨고 고난을 겪으셨고 고통을 받으
　　셨단다.
너를 위해, 예수 그리스도는 겟세마네의 고뇌와 번민을 겪으셨으며
　　갈보리의 암흑을 견디셨단다.
너를 위해, 예수 그리스도는 "다 이루었다!"라고 외치셨단다.
너를 위해, 예수 그리스도는 죽음을 이기고 승리하셨단다.

그래, 어린 아가야. 비록 네가 이런 일에 관해 아직은 아무것도 모르
겠지만, 이것이 사도께서 하신 말씀, 즉 "우리는 하나님을 사랑합니

다. 그러나 우리가 하나님을 사랑하는 이유는 하나님이 먼저 우리를 사랑하셨기 때문입니다"라는 말씀을 확증하는 것이란다.

그렇습니다. 세례는 물에서 익사하고 새롭게 태어나는 것입니다. 초기 기독교인은 세례받고 물에서 올라오면서 에베소서 5장 14절 말씀을 큰소리로 외치곤 했습니다.

일어나라, 잠자는 자여, 죽은 자들로부터 일어나라.
그리스도께서 너희에게 빛을 비추신다.

엄마의 태 속 양수羊水─자궁의 속막과 겉막 사이에 차 있는 알칼리성 액체로 태아 발육을 돕고 해산을 쉽게 합니다─를 터뜨리고 태어난 갓난아기가 깨끗하고 신선한 것처럼, 세례를 통과한 옛사람 역시 깨끗하고 새롭고 신선한 존재로 물속에서 올라옵니다. 세례는 영적으로 새롭게 태어나는 것입니다. 세례는 영적 신생新生입니다.

내가 살아갈 이유

1954년 마르셀 모레트Marcelle Maurette는 「아나스타시아」Anastasis라는 희곡 한 편을 씁니다. '아나스타시아'는 그리스어로 '부활'이라는 뜻입니다. 이 희곡은 안나 앤더슨Anna Anderson이라는 여인에 관한 실화에 바탕을 두고 있습니다. 1956년에는 같은 제목으로 영화로 만들어졌는데, 유명한 잉그리드 버그만과 율 브리너가 주연으로 나옵니다. 여러 해 전 월트 디즈니에서 애니메이션으로도 만들었습니다.

이 희곡에 따르면, 아무도 안나 앤더슨이 어디서 왔는지 모릅니다. 그녀에게는 이름도 없었고 집도 없었습니다. 그녀는 기억 상실증에 시달렸고 늘 자살 충동에 괴로워했습니다. 그래서 사람들은 그녀를 정신병동에 집어넣었습니다. 그리고 병원에 등록하기 위해 이름을 지어 주었는데, 그것이 안나 앤더슨이란 이름이었습니다.

어느 날이었습니다. 안나를 담당했던 한 의사가 제정 러시아의 황제 니콜라스 2세의 가족사진을 들고 왔는데, 그들은 모두 볼셰비키 혁명(1917년 10월) 당시 비밀경찰 요원들에게 처형당한 제정 러시아의 왕실 가족이었습니다. 그런데 소문에 따르면 러시아 황제의 자녀 중 가장 어렸던 아나스타시아1901-1918만 학살을 피해 살아남았다는 것입니다.

그동안 수많은 세월 동안 여러 명의 여인이 나타나 자기가 니콜라스의 막내딸 아나스타시아라고 주장했습니다. 물론 아무도 설득력 있게 자신을 내세우지는 못했습니다. 그런데 어느 날 안나를 돌보던 의사가 사진 속 아나스타시아와 안나가 너무도 닮았다고 하는 것이었습니다. 안나 역시 보통 사람들이 기대한 것보다 러시아 왕궁의 일들에 대해 더 많이 아는 듯 보였습니다. 그래서 사람들은 최면술을 걸어 이것저것 조사했습니다. 그녀의 잠재의식을 들여다본 결과 그녀는 러시아 왕실에 대해 상당히 많은 것을 알고 있었습니다. 그녀가 로마노프 왕조1613-1917의 러시아 황제 가족의 유일한 생존자일 수 있다는 가능성이 실제로 있었던 것입니다. 하지만 그것이 사실인지 아닌지 아무도 확신할 수 없었습니다.

이때 한 늙은 왕후가 등장합니다. 그녀는 자기 아들과 그 아들의 가족 모두가 살해되었을 때 러시아를 떠나 프랑스 파리에서 망명 생활을 하고 있었습니다. 안나가 정말로 자기 손녀딸이라는 것을 밝혀줄 사람이었습니다.

어느 날 이 늙은 왕후가 병원을 찾았습니다. 그리고 안나와 상당한 시간 동안 대화를 나누었습니다. 병원을 떠나면서 이 늙은 왕후는 세상을 향해 이렇게 말했습니다. "안나는 나의 손녀딸입니다. 안나가 아나스타시아입니다!" 그러자 바로 그때 기적이 일어나기 시작했습니다. 갑자기 안나가 바뀌기 시작한 것입니다. 놀라운 변화가 일어나기 시작한 것입니다. 그녀는 한 인격체로서 활짝 꽃을 피우기 시작합니다. 몸을 깨끗이 씻고 머리를 빗질하기 시작합니다. 스타일 있게 옷을 입기 시작합니다. 사람들 가운데서도 똑바로 서 있었습니다. 품위 있게 걸었습니다.

무엇이 그녀를 그렇게 변화시켰을까요? 그녀를 정신병동의 깊은 수렁 속에서 기어 나와 다시 산 자의 땅을 걷게 한 힘은 무엇이었을까요? 늙은 왕후가 그녀에게 '새로운 정체성'을 부여해준 것입니다. 그녀에게 살아야 할 이유를 주었고 그녀의 눈을 희망으로 가득 차게 해주었습니다.

이것이 바로 세례가 하는 일 아니겠습니까? 세례는 우리에게 '새로운 정체성'을 줍니다. 세례는 우리가 누구인지를 분명하게 알려주는 징표입니다. 우리가 새로운 종류의 삶을 살게끔 일으켜 세웁니다. 우리 눈망울을 희망으로 가득 채워줍니다.

루터는 큰 의심과 절망 속에 있었을 때, 자기 이마를 만지면서 반복적으로 "나는 세례받았어!"라고 큰소리로 외쳤습니다. 자신을 떠내려가지 않도록 붙잡아주었던 것이 바로 새로운 정체성이었습니다. 이러한 제스처를 통해 영혼의 어두움 밤을 지날 때 큰 위로와 힘을 얻었습니다. "나는 세례받은 사람이야!"라는 말을 통해 그는 자신이 그리스도와 함께 죽었고, 그리스도와 함께 새 생명으로 다시 태어났다는 것을 다시 확인하고 확신했습니다.

지구상에 나타난 새 종족

로마서 6:1-14; 창세기 13:1-18

세례 예식은 그리스도인의 정체성을 새롭게 확인하고 하나님을 향해 재헌신하는 기회입니다. 성찬과 세례를 '성례'sacramentum라고 하는데, 일종의 충성서약과 같은 예식입니다. 세례식을 거행할 때마다 언제나 똑같은 질문을 합니다. "당신은 왜 세례를 받았습니까? 당신은 왜 물로 세례를 받았습니까? 왜 우유나 사이다로 세례받지 않았습니까? 유아세례에서는 왜 자그마한 머리에 물방울을 적시는 세례를 베풉니까?" 세례를 받지 않았다고 해봅시다. "그렇다면 당신이 사는 방식에 어떤 차이가 있을 것 같습니까?"

이런 질문에 대한 답을 들어본다면, 아쉽게도 대부분 사람에게 세례는 그리 강력한 상징이 아닙니다. 유감스럽고 안타까운 일입니다. 여기에 여러 이유가 있겠지만, 그중 한두 가지를 든다면, 유아세례의 경우 갓난아기 시절에 세례를 받았고, 어른은 세례받을 때 의식적으로 강력한 상징을 경험하지 못했기 때문일 것입니다.

다른 이유로는 부모들도 아이가 세례를 받을 때 강력한 상징으로 경험하지 못했기 때문일 것입니다. 그들은 무덤덤하게 일종의 예식처럼 받아들입니다. 만일 부모가 유아세례에 담긴 강력한 상징을 마음 깊이 이해했더라면, 어린아이들도 세례에 대해 깊은 인상을 받았을 것입니다.

세례의 의미를 새롭게 회상하면서 여러분이 세례받았을 당시를 떠올려보기 바랍니다. 먼저 이 주제(세례)에 대해 신약 성경은 무엇이라고 말하는지 보겠습니다.

본문은 로마서 6장 1-14절입니다. 신약 성경에서 이 본문보다 더 분명하고 확실하게 세례의 의미를 설명하는 곳은 없다고 해도 지나치지 않습니다. 그러므로 교회의 정식 멤버가 되는 조건으로 이 본문을 암송하게 하는 것도 생각해봤으면 합니다.

그리스도와 함께 죽다

바울은 로마서 6장에서, 세례는 죽음을 의미하는 동시에 부활을 의미한다고 말합니다. 세례는 그리스도와 함께 죽은 것을 의미하며 또한 그리스도와 함께 다시 살아나는 것을 의미합니다. 바울은 그리스도께서 우리를 위해 하신 모든 것을 요약하는 것이 세례라고 말합니다.

세례를 통해, 세례 안에서, 우리는 그리스도와 함께 죽고, 그리스도와 함께 죽음에서 일어납니다. 바울은 로마서 6장 3절에서 이렇게 말합니다. "그리스도 예수 안으로 세례를 받은 우리는 그의 죽으심 안으로 세례를 받은 것이라는 사실을 알지 못하느냐?" 이것이 바울의 첫 번째 요점입니다. 즉, "세례를 통해, 우리는 그리스도와 함께 죽는다!"라는 것입니다.

그리스도와 함께 살다

바울의 두 번째 요점은 4절에 드러납니다.

그러므로 우리가 죽음에 이르는 세례를 받음으로 그리스도와 함께 묻힌 것은, 그리스도께서 아버지의 영광으로 죽은 자들 가운데서 살아나신 것처럼, 우리도 새 생명 가운데서 살기 위함입니다. (쉬운 성경)

이해를 돕기 위해 다른 번역으로 읽어볼까요? 필립스J.B. Phillips 번역입니다.

예수 그리스도 안으로 세례를 받았던 우리 모두는, 바로 그 세례를 받는 행위를 통해 그분의 죽으심에 함께 참여합니다. 그런데 여러분은 이 사실을 잊어버렸습니까? 우리는 세례를 통해 그분과 함께 죽고 장사 된 것입니다. 이렇게 장사 된 것은 예수 그리스도께서 죽은 자들 가운데서 부활하신 것처럼 우리도 함께 새로운 지구상에서 생명을 향해 일어나기 위해서입니다.

이런 용어를 이해하는 데 아직 어려움이 있다면, 조금 더 상상력을 동원해보기 바랍니다. 여러분이 1세기 당시 세례를 받는 사람이라고 생각해보십시오. 먼저 강가에 모입니다. 강물 속으로 서서히 들어갑니다. 예식 인도자가 여러분의 목덜미를 잡습니다. 그리고 물 속으로 집어넣습니다. 바닥 밑까지 내려갑니다.

자, 이제 물속 아래에 있다고 상상해보십시오. 무슨 일이 일어납니까? 익사하겠지요. 물에 빠져 죽게 되겠지요. 바로 이것입니다. 세례란 바로 이런 것입니다. 세례받는 사람은 익사합니다. 물에 빠져 죽는 것입니다. 여러분 속에 있는, 하나님을 서글프게 한 모든 것, 하나님을 불쾌하게 한 모든 것, 하나님께 혐오감을 준 모든 것을 익사시키는 것입니다. 여러분 속에 있는 이기적이고 자기중심적이고 불결하고 불순하고 비도덕적인 모든 것을 물에 빠뜨려 죽입니다.

물 밑으로 들어간 한참 후에 다시 물 위로 올라옵니다. 여러분이 조금 전에 죽었던 '세례의 죽음'에서 올라오는 것입니다. 새 생명, 그리스도께서 중심이 되시는 새로운 삶으로 올라오는 것입니다. 달리 말하자면 여러분이 세례받았을 때, 여러분은 그리스도께서 겪으셨던 것과 같은 경험을 하고 있었다는 것입니다. 그리스도께서 죽으셨던 것처럼, 여러분도 죽었습니다. 세례의 물 안에서 죽었습니다. 그리스도께서 살아나신 것처럼, 여러분도 살아난 것입니다. 세례의 물 안에서 일어난 것입니다.

첫째로, 세례는 우리의 이기적 성품, 죄 된 성품을 십자가에 못 박음으로써 그리스도를 따라 그의 죽으심 안으로 들어가는 것입니다. 둘째로, 세례는 그리스도와 함께 새 생명으로 부활합니다. 즉, 그리스도께서 중심이 되고 중앙에 계시는 그런 삶으로 다시 태어나는 것입니다.

자, 이것이 아직도 너무 추상적으로, 신학적으로 들린다면 이야기를 하나 해보겠습니다. 세례받았다는 것이 무엇을 의미하는지를 실제로 보여주면서 살았던 사람이 우리에게 있습니다.

세례받은 삶의 표본: 아브라함

아브라함은 모든 신자의 조상입니다. 세례받은 모든 신자의 아버지이기도 합니다. 물론 아브라함 당시에 세례라는 의식은 없었습니다. 그렇지만 아브라함은 성경이 말하는 '세례 경험'을 통과한 훌륭한 본보기로 삼을 만합니다. 그는 마치 세례의 죽음과 부활을 경험했다고 말할 수도 있습니다. 무슨 뜻입니까? 아브라함이 본토와 고향과 자기 백성과 아버지의 가족들을 떠나 하나님이 보여주실 땅으로 가라는 하나님의 부르심에 순종했을 때, 아브라함은 이 세례 경험에 동참했던 것입니다.

하나님께 순종함으로써 그는 옛 생활, 낡은 방식의 삶에 죽었습니다. 이교도적인 과거에 죽은 자가 되었습니다. 이교 신들에게 죽은 자가 되었습니다. 그리고 그 후에 그는 새 삶을 향해 일어났습니다. 세례 경험을 향해 부활한 것입니다. 그러나 아브라함의 조카 롯은 그렇지 못했습니다. 롯의 삶에 어떤 일이 일어났는지, 아브라함의 삶과는 어떤 차이가 나게 되었는지 보십시오.

어느 날 아브라함의 목자들과 롯의 목자들 사이에 심한 다툼이 일어났습니다. 그러자 아브라함이 롯에게 말합니다. "너와 나 사이에 더는 다툼이 있어서는 안 되겠다. 헤어져야 할 때가 온 것 같다. 네가 왼쪽으로 가겠다면, 나는 오른쪽으로 갈 것이요. 네가 오른쪽으로 가겠다면, 나는 왼쪽으로 가겠다." 아브라함은 자신의 자연적 본성에 대해 죽은 자가 됩니다. 그는 좋은 땅을 차지하려는 본성적 욕구에 대해 죽었습니다. 아브라함은 롯에게, "네가 먼저 선택하라" 라고 했습니다. 누구든지 이렇게 말하는 사람은 세례의 죽음을 통과했음을 보여줍니다.

그런데 롯의 반응을 보십시오. 그의 반응과 행동이 아브라함의 행동과는 얼마나 다른지 살펴보십시오. 아브라함에게 선택권을 받자 롯은 사방을 둘러보았습니다. 그리고 요단 평야 전체가 물이 풍부한 비옥한 땅인 것을 보았습니다. 정말 그곳은 비옥한 초지였습니다. 그래서 롯이 어떻게 합니까? "롯은 자신을 위해 요단 평야 전체를 선택하였더라." 비가 거의 오지 않아 목축하기에는 아주 좋지 않은 곳에 아브라함을 던져버린 셈이었습니다.

아브라함에게는 무엇이 남았겠습니까? 그에게는 사막과 황량한 들판에 접한 지역만 남았습니다. 거친 광야인 브엘세바 지역 주변이었습니다. 이 지역은 세 개의 광야가 시작되는 곳이었습니다. 북으로는 유대 광야, 남으로는 바란 광야, 서쪽으로는 수르 광야가 시작되는 곳이었습니다.

롯은 삼촌 아브라함을 전혀 생각하지 않았습니다. 그는 실제로 삼촌을 '버린' 것입니다. 무엇을 얻기 위해서요? "여호와의 동산", 즉 낙원(파라다이스)처럼 보이는 곳을 차지하려고 평생의 은인 삼촌과 맞바꾼 것입니다. 그러나 여호와의 동산이요 낙원처럼 보였던 곳은 실제로는 죽음과 파멸의 골짜기요 계곡이며, 여호와께서 유황불을 비같이 내리게 한 장소가 되었습니다.

이제 아브라함에게 남은 것이라고는 다음과 같은 '하나님의 약속'이 전부였습니다.

복음은 반드시 길을 찾는다

너는 눈을 들어 너 있는 곳에서 북쪽과 남쪽 그리고 동쪽과 서쪽을 바라보라. 보이는 땅을 내가 너와 네 자손에게 주리니 영원히 이르리라. 내가 네 자손이 땅의 티끌 같게 하리니 사람이 땅의 티끌을 능히 셀 수 있을진대 네 자손도 세리라(창 13:14-16).

이 약속은 진짜 생명, 축복된 삶을 펼쳐 보이는 말씀이었습니다. 그러나 이 약속을 받기 위해 아브라함은 먼저 자신의 본성적 자아에 대해 죽어야 했습니다. 이 축복의 삶을 얻기 위해 아브라함은 먼저 자기 삶(생명)을 잃어야만 했습니다.

한편 롯은 어떻습니까? 땅을 움켜잡는 자, 자기 생명을 구하려고 애쓰는 사람은 실제로 자기 생명을 잃을 것이며, 그가 그렇게도 집착하고 움켜잡았던 요단 평야를 잃게 됩니다. 그러나 이와는 반대로, 자신의 생명을 잃으려고 한 아브라함은 실제로 자기 생명도 얻고 온 땅을 얻게 됩니다.

세례받은 자의 삶(1): 신뢰하는 삶

자, 세례가 얼마나 커다란 차이를 만들어내는지 보셨습니까? 세례받은 사람으로는 아브라함을, 세례받지 않은 사람으로는 롯을 들었는데, 이 두 모델 사이에 어떤 차이가 있습니까?

아브라함은 하나님을 신뢰합니다. 하나님께서 자신을 신뢰하는 그에게 온 땅을 주셨습니다. 그러나 롯은 하나님을 신뢰하지 않고, 오로지 자신만을 신뢰했습니다. 그는 가장 좋은 땅을 움켜잡지 않으면 삶을 보장받지 못한다고 생각했습니다. 아브라함은 온 땅을 주시겠다는 하나님 약속을 신뢰하기 때문에, 근심 걱정에서 해방된 자유인으로 살아갑니다. 그는 자유와 평안을 누리고 삽니다. 그는 심지도 않고 창고에 거두어들이지도 않는 공중의 새와 같습니다. 그는 하나님께 부요한 자입니다. 하나님을 향해 부자입니다.

그러나 롯은 하나님을 신뢰하지 않고 자신을 신뢰하므로 항상 미래를 걱정합니다. 이방인처럼, 무엇을 먹을까 무엇을 마실까? 무엇을 입을까 걱정합니다. 롯은 예수님의 비유에 나오는 어떤 부자와 같습니다. 농사가 잘되어 풍년을 맞은 농부는 그해 소출은 넉넉했지만 미래를 확실하게 보장해줄 방편에 무엇이 있는지 끊임없이 걱정합니다. 그는 이렇게 중얼거립니다.

무엇을 해야 한단 말인가? 내 곡물을 저장할 장소가 없구나. 어디다 쌓아 둔단 말인가? 어떻게 해야지? 골치 아프네. 아, 이렇게 하면 좋겠구나. 지금의 곡간을 헐어버리고 좀 더 크고 튼튼한 곡간을 지어 그곳에 내 곡물과 물품과 상품들을 쌓아 놓으리라.

그때 하나님이 그에게 말씀하십니다.

이 어리석은 자여! 오늘 밤, 네 목숨을 너로부터 달라고 할 터이다. 그러면 네가 너를 위해 쌓아 놓은 것이 누구 것이 되겠는가?

이것이 아브라함과 롯 사이의 첫 번째 차이입니다. 실로 엄청난 차이입니다.

세례받은 자의 삶(2): 멀리 내다보는 삶

이제 두 번째 차이가 있습니다. 아브라함은 멀리 내다보았지만, 롯은 가까운 것만 보는 영적 근시안이었습니다. 아브라함은 먼 미래를 보고, 그곳에 초점을 맞추었습니다.

그 미래가 언제입니까? 하나님께서 자신과 자손에게 온 땅을 주실 날입니다. 그 미래를 바라보는 사람이었습니다. 그러나 롯은 지금 여기에 있는 것만 봅니다. 그는 '즉시 만족'을 추구하는 사람입니다. 조바심이 많은 사람입니다.

아브라함은 풍요로운 요단 평야 너머를 보고 있습니다. 그는 약속된 것을 멀리서 바라보고 있습니다. 현 세상에서 자기는 이방인처럼, 낯선 사람처럼, 추방된 자처럼, 나그네처럼 살아야 한다는 것을 압니다. 그는 아침 녘의 신선함과 순결함을 식별합니다. 그러면서도 그것이 자신을 신선하고 순결하게 만들지는 못함을 압니다. 그는 장차 온전한 신선함과 순결함이 오리라고 기대하고 기다리면서 가슴 앓이합니다.

아브라함의 후손들인 우리도 같은 것을 경험합니다. 아름다운 찬송이나 음악이 종종 우리를 목메게 하는 이유는 무엇입니까? 왜 우리 마음에 그윽한 울림과 감동을 줍니까? 왜 뭉클한 것이 목에서 솟구칩니까? 우리 안에, 우리 속에 약속의 땅에 대한 강력한 갈망, 새 창조 세계에 대한 밀도 깊은 동경과 그리움을 불러일으키기 때문 아닙니까?

세례, 새 창조세계의 전령

세례는 상상할 수 없을 정도로 혁신적인 뭔가를 상징합니다. 세례는 크리스천으로서 겪게 되는 급진적인 변혁을 상징합니다. 자기중심에서 그리스도 중심의 사람이 되게 하는 변혁입니다. 또한, 세례는 이보다 더 혁신적이고 과격한 그 무엇을 상징합니다. 즉, 개인적인 변혁을 넘어 창조 세계의 온전하고 전체적인 변혁을 상징합니다.

어느 날, 옛 창조 세계의 무덤에서부터 새 창조 세계가 떠오릅니다. 바울이 말한 대로, 온 창조 세계가 어느 날 죽음의 노예 상태에서 해방됩니다. 세례받은 우리, 이미 지금 이러한 변화를 겪는 우리, 이미 하나님의 새 창조물인 우리는 이러한 새 창조 세계의 도래를 알리는 전령傳令들로 부르심을 받았습니다.

이것이 사실이라면, 바울이 로마서 6장에서 권고하듯, 우리는 다시는 죄가 우리 안에서 지배력을 행사하지 못하도록 해야 합니다. 우리는 다시는 악한 갈망과 욕망에 휘둘려서는 안 됩니다. 우리는 다시는 롯처럼 살 수 없습니다. 죽음에서 구출받은 사람들처럼, 우리는 하나님의 목적을 이루는 도구로 자신을 하나님께 드려야 합니다. 우리는 아브라함처럼 살아야 합니다. 이미 세례받은, 여기에 있는 우리는 모두 그리스도와 함께 죽었습니다. 죽은 목적은, 그리스도가 죽은 자들 가운데서 일으킴을 받으신 것처럼 우리도 새로운 삶 안에서 걷기 위함입니다.

내면에서 여전히 전쟁 중인 이유

로마서 7:14-24

인간은 기본적으로 복합 인격체

도스토옙스키의 장편 소설 중에 『카라마조프가家의 형제들』이 있습니다. 소설에는 각각 독특한 개성과 사상을 대표하는 4명의 형제가 등장합니다. 그런데 각 사람의 성격 묘사가 매우 독특합니다. 즉, 한 사람에게 두드러지게 나타난 성품이 다른 세 사람에게는 숨겨져 나타납니다. 예를 들어, 셋째 아들 알료샤는 매우 신실하고 헌신적인 크리스천입니다. 그러나 알료샤의 경건한 영혼 안에는 그의 형제인 스메르쟈코프의 사악함과 또 다른 형제인 미챠의 욕정과 또 다른 형제인 이반의 회의주의가 은연중 나타납니다. 물론 알료샤는 독립적인 자기 자신입니다. 그러나 자신의 인격 안에 그는 다른 세 형제들의 인격이 어두운 그림자처럼 깊게 드리워져 있습니다.

우리도 마찬가지입니다. 우리는 완전히 독립적인 존재가 아닙니다. 여러 가지가 조합된 복합적인 인격체입니다. 예를 들어, 당신의 가족 내력을 잘 알고 있는 사람들이 있다고 합시다. 그들이 당신을 만날 때 뭐라고 하던가요? 아마 개개인이 얼마나 어머니나 아버지를 닮았는지 말할 것입니다. "널 보면 네 엄마가 생각나는구나. 어쩌면 그렇게 꼭 빼닮았니?" 혹은 "네 목소리를 듣고 있으면 마치 네 아버지가 살아 있는 것 같아!"

애 엄마가 된 조카딸을 보면서 깜짝깜짝 놀라곤 합니다. 걷는 모습, 앉아서 과일 깎는 몸가짐, 무엇인가를 잡는 손가짐, 심지어 말하는 억양과 말투까지도 십여 년 전 세상을 떠난 자기 엄마를 얼마나 그렇게 닮았는지! 아마 본인은 모를 것입니다.

저는 큰아들 때문에 욕을 바가지로 먹은 일이 있습니다. 어느 날 한밤중에 전화벨이 울려 일어나 전화를 받았습니다. "여보세요, 누구세요?" 그러자 상대방은 전화선을 타고 밑도 끝도 없이 다짜고짜로 냅다 소리를 지릅니다. "야, 이 자식아! 형님 목소리도 몰라봐?" 이어서, 다시 말이 오갔습니다. "실례지만 누구세요?" "아이고 이놈이 능청을 떠네, 야! 이 자식아!" 이쯤 되자 아들 친구가 당황할 것 같아 조심스레 내가 누군지를 밝히자 어쩔 줄 몰라 했습니다. 그러면서 말끝을 흐리며 이런 말을 하더군요. "아버님 목소리와 어쩜 그렇게 똑같은지…. 정말 죄송합니다."

그렇습니다. 우리와 부모 사이의 유사점은 몸짓, 목소리 색깔, 걷는 모습, 말하는 투나 표정, 생각하는 방식, 느끼는 방식에서도 나타납니다. 우리는 그저 나 혼자 떨어진 존재가 아닙니다. 우리는 여러 가지의 합성체입니다. 우리는 그저 나 자신이 아닙니다. 우리는 부모를 닮았습니다. 우리 부모 역시 그분들의 부모를 닮았습니다. "피는 못 속여!"라는 말이 이것을 두고 하는 말입니다. 부전자전父傳子傳이란 용어도 마찬가지입니다.

우리 내면은 대규모 내전 중

우리 자신은 마치 국회國會와 같습니다. 독립적인 것 같지만, 각자는 지역구를 대표하는 국회의원과 같다는 말입니다. 이런 비유는 우리 안은 결코 조용하거나 평화롭지 않다는 뜻도 포함합니다. 우리 안에서는 항상 많은 논쟁과 다툼이 일어납니다. 우리 안에는 서로 다른 많은 자아가 들어 있습니다. 이 사실을 가장 잘 표현한 사람이 가수 하덕규입니다. 그 노래가 〈가시나무〉입니다.

> 내 속엔 내가 너무도 많아 / 당신의 쉴 곳 없네
> 내 속엔 헛된 바램들로 / 당신의 편할 곳 없네
>
> 내 속엔 내가 어쩔 수 없는 어둠 / 당신의 쉴 자리를 뺏고
> 내 속엔 내가 이길 수 없는 슬픔 / 무성한 가시나무 숲 같네
>
> 바람만 불면 그 메마른 가지 / 서로 부대끼며 울어대고
> 쉴곳을 찾아 지쳐 날아온 / 어린 새들도 가시에 찔려 날아가고
>
> 바람만 불면 외롭고 또 괴로와 / 슬픈 노래를 부르던 날이 많았는데

내 속엔 내가 너무도 많아 / 당신의 쉴 곳 없네.

　우리 자신이 이렇다는 것은 동의하시지요? 그렇다면 성경이 인
간 본성과 성품에 대해 말하는 바를 이해하는 데 큰 어려움이 없을
것입니다. 성경은 우리 속에 분주하게 활동하는 '서로 다른 자아들'
이 있다고 반복해서 말합니다.

　갈멜산의 엘리야 선지자 이야기를 떠올려봅시다. 그는 사람들
에게 묻습니다. "언제까지 너희가 서로 다른 두 길 사이에서 서성거
릴 것인가?"[왕상 18:21] 야웨가 하나님이면 그를 따르고, 바알이 하
나님이면 그를 따르라는 것입니다. 두 주인을 동시에, 야웨와 바알
을 함께 섬길 수 없다고 경고합니다. 실상은 우리도 그들처럼, 항상
'엇갈린 충성심'을 지니고 있습니다. 서로 충돌하는 힘들 사이에 끼
어 찢기고 있습니다.

　성경은 극단적인 예를 하나 보여줍니다. 거라사인 지방의 귀신
들린 한 사람에 관한 이야기입니다(막 5:1-9; 눅 8:26-30). 예수께서
그에게 물었습니다. "네 이름이 무엇인가?" 그러자 그가 대답합니
다. "내 안에는 내가 너무 많습니다. 그래서 이름을 '군대'라고 부릅
니다." 여기서 군대란 약 6천 명 정도의 잘 조직된 로마 군단입니다.
더러운 영들도 로마 군인처럼 잘 조직되어 있다는 것입니다. 그들은
가르기도 하고 분열시키고 정복합니다. 사람들 의지에 반하여 가르
고 나누고 통제하고 조작합니다.

　이 귀신 들린 사람에 관한 이야기는 한 사람 속에 들어 있는 수
많은 자아에 대한 극단적인 예입니다. '대규모 내전內戰'이 그의 피부
아래서 진행되고 있습니다.

알다가도 모를 나

오늘 본문에서 바울은 자기 자신에 대해 '신비'라고 합니다. 알다가도 모를 것이 자신이라는 것입니다. 아무리 생각해도 자기 자신을 잘 모르겠다는 것입니다. 그는 이렇게 말합니다. "마땅히 해야 할 것을 할 힘이 내게는 없다. 무엇인가를 해야겠다는 의지는 있는데, 실제로는 하지 못한다. 잘하겠다고 결심은 하지만, 실제로는 하지 못한다. 나쁜 짓을 하지 않겠다고 결심하지만, 결국에 가서 하고야 만다."

이런 패턴이 계속되어 뚜렷해졌다는 것입니다. 한편에는 하나님 명령과 가르침을 정말로 좋아하고 즐거워합니다. 그런데 실제로는 몸이 말을 듣지 않습니다. 좋아하는 만큼 움직이지 않습니다. 내 속의 어떤 부분이 은밀하게 반항하거나 저항합니다. 말씀대로 하려고 하는데, 내 속의 어떤 것이 그것을 못 하게 합니다. 이런저런 노력을 다하지만, 번번이 실패합니다. 하다 하다 이제는 포기했을 지경입니다. 그렇다면 나를 도울 사람이 없다는 말입니까?

우리만 이런 경험을 토로하지 않습니다. 사도 바울도 같은 경험을 말합니다. 이번 일은 반드시 어떻게 하겠다고 생각했는데, 결국 전혀 반대되는 쪽으로 일하는 경우가 허다하다는 것입니다. 바울 역시 자기 속에 자아가 너무 많다는 것을 압니다. 다중인격이라 할까요? 바울에 의하면 자신 속에는 최소한 이중二重 인격체가 들어 있다고 표현합니다.

몇몇 주석가는 이런 생각을 받아들일 수 없다고 말합니다. 바울처럼 성숙한 신자가 성도의 삶을 이런 식으로 묘사했다는 사실이 도저히 믿기지 않는다는 주장입니다. 즉, 두 자아 사이에 벌어지는 이러한 강렬한 투쟁과 갈등, 그래서 어느 쪽도 승리하지 못하는 치열한 갈등이 크리스천의 삶이라고 하는 게 말도 되지 않는 해석이라는 것입니다. 그렇게 주장하는 주석가들은, 이 본문은 바울이 회심하기 전의 경험을 묘사하는 것으로 봅니다.

그리하여 로마서 7장에서, 바울은 자신이 크리스천이 되기 전 과거를 뒤돌아보고 있다고 봅니다. 그렇지 않다면, "나는 육신에 속하여 죄 아래 팔렸다", "나는 영적이지 못하다. 나는 죄에게 노예가 되어 팔렸다"[7:14], "아이고 나는 비참한 인간이구나!"[7:24]라고 말할 수 있겠느냐는 것입니다. 다시 말해 로마서 7장에 그려지는 비참한 인간상, 내면에 있는 서로 다른 자아 사이에서 벌어지는 투쟁과 갈등, 그에 따른 초췌한 인간상은, 크리스천이 되기 전의 모습이지 그 후의 모습일 수는 없다는 주장입니다.

날마다 죽고 날마다 다시 살다

그러나 종교개혁자들은 이런 주장에 대해 반대 의사를 분명히 했습니다. 로마서 7장은 크리스천이 된 바울 자신의 경험을 말한다고 봅니다. 한 장 앞선 로마서 6장에서, 바울이 무엇에 관해 말하고 있었는지 기억하면 도움이 됩니다. 그는 그곳에서 세례에 대해 말하고 있습니다. "세례 안에서, 우리는 그리스도와 함께 죽고 그리스도와 함께 살아납니다. 세례 안에서, 우리는 그리스도와 함께 묻히고, 그리스도와 함께 다시 일으킴을 받습니다. 세례를 통하여, 우리는 그리스도와 함께 죽고 그리스도와 함께 부활합니다"라고.

이런 '죽는 일과 다시 살아나는 일'은 갑작스레 일어나는 변화가 아닙니다. 천천히 일어나는 과정입니다. 수많은 죽음과 부활을 평생에 걸쳐 경험합니다. '죄로 가득한 옛 자아'는 매일 익사溺死하고, 우리의 '그리스도를 닮은 새로운 자아'는 매일 부활해야 합니다.

이것은 크리스천의 삶과 생활을 구성하는 두 축軸이며 기둥입니다. 즉, 우리의 죄악 된 자아가 매일같이 죽음을 경험하면서 그리스도를 닮은 자아로 부활합니다. 우리는 항상 이 두 기둥 사이에서 움직입니다. 우리는 항상 긴장의 들판에서 살아갑니다.

TV를 보면 종종 한 개의 이미지가 다른 이미지에 덮이곤 합니다. 오버랩 기술입니다. 두 개의 이미지가 화면에 동시에 잠깐 나타납니다. 그러고는 원래의 이미지가 서서히 사라지면서 새로운 이미지가 화면에 떠오르기 시작합니다. 이 새 이미지는 우리의 옛 이미지 위에 덮이기 시작한 그리스도의 이미지(형상)와 같습니다. 원래 이미지는 일시적입니다. 새 이미지는 영원합니다. 그러나 '얼마 동안' 두 이미지는 공존합니다.

어떤 기독교 작가가 있었습니다. 그녀는 매일같이 사람들에게 하나님에 관해 많은 말을 합니다. 매일 기독교에 대해, 영적인 삶에 대해 말하고 쓰고 읽고 상담합니다. 어느 날 그녀가 어떤 신학자에게 이렇게 고백했습니다. "하나님이 지겨워요. 종교 생활도 신앙생활도 지겨워요. 사람들에게 하나님에 대해 말하는 것도 지겨워요. 심지어 사람들과 신앙 상담하는 동안에도, 내가 그들에게 얼마나 도움이 되는지 모른다고 내게 칭찬과 고마움을 표하는 말을 듣는 중에도, 나는 빨리 이 자리를 빠져나가 아무 생각 없이 TV나 봤으면 좋겠다는 기분입니다."

자, 여기서 우리는 두 명의 자아가 동시에 한 사람 속에서 활동하는 것을 봅니다. 그리스도를 닮은 자아와 죄로 가득한 자아, 크리스천 자아와 이교도 자아, 대중 앞에 선 자아와 비밀스러운 자아입니다. 사람들의 찬사를 받는 자아와 그늘 속의 자아입니다.

사람들이 우리에 대해 뭐라고 하든 상관없이 우리는 이미 어두운 자아로 저주받은 자들입니다. 다른 사람이 들여다볼 수 없는 비밀스러운 자아, 혹시라도 드러내야 한다면 아주 가까운 친구에게나 사정을 말할 수 있는 자아, 그런 어두운 자아 말입니다.

내 안에 두 자아가 공존함을 인정하라

로마서 7장에서, 바울이 말하는 것, 즉 우리가 하려는 선善은 하지 않고 우리가 하길 바라지 않는 악惡은 하게 된다는 사실을 깊이 생각한다면, 우리는 좀 더 현실적으로 살게 됩니다. 다시 말해 이런 사실을 심각하게 인식한다면, 우리는 자신에 대한 진실과 실체를 인정할 수밖에 없습니다. 즉, 우리는 두 개의 자아를 지닌 이중인격자들입니다.

하나가 아니라 두 개의 자아, 그리스도 안에서 새로운 자아뿐 아니라 (비록 언젠가는 죽게 되겠지만) 아직도 우리 안에서 옛 자아가 살아 있다는 것은 사실입니다. 부활하신 그리스도의 빛으로 조명을 받고 살아가는 자아가 있지만, 또한 우리에게는 어두운 자아, 그림자가 깊게 드리운 자아가 있습니다. 이 어두운 자아가 우리 안에 존재한다는 것을 느끼지만, 그것이 무엇인지는 알 수 없으며 또한 그것을 통제할 수 없다는 것도 사실입니다. 이 사실을 인정하고 받아들여야 합니다. 그렇지 않을 경우, 건강하지 못한 방식으로 이 사실을 다루게 됩니다.

감람산에서 베드로가 한 행동이 좋은 예가 됩니다. 예수께서 제자들에게 선언하십니다. "오늘 밤 나로 인해 모두가 나를 떠나갈 것이다." 그러자 베드로가 벌떡 일어서더니 외칩니다. "다른 사람이 다 주님을 배반한다 해도, 나만은 절대 그렇게 하지 않겠습니다." 그때 예수께서 그에게 말씀하셨습니다. "바로 오늘 밤, 닭이 울기 전 네가 나를 세 번 부인할 것이야!" 그때 베드로가 대답했습니다. "내가 주님과 함께 죽을지언정 절대로 주님을 부인하지는 않습니다"[마 26:31-34]. 그러자 제자들 모두가 같은 말을 했습니다(35). 그들이 그렇게 말한 것은 그들 안에 그림자 자아, 어두운 자아가 존재한다는 것을 잘 몰랐기 때문입니다. 자신 안에 어두운 자아가 있음을 인정하지 못했기 때문입니다.

자신의 어두움을 다른 사람 탓으로 돌리는 경우도 있습니다. 이른바 다른 사람에게 투사投射하는 것입니다. 간음하다 현장에서 잡힌 여자에 관한 이야기 속에서 이런 일이 일어납니다(요 8:1-11). 율법 선생들과 바리새인들이 간음하다 현장에서 잡힌 여자를 예수께 끌고 왔습니다. 그리고 말하기를, "율법에 모세는 이런 여자를 돌로 치라고 우리에게 명했습니다. 당신은 뭐라고 말씀하겠습니까?" 그러나 예수님은 법리적·논리적인 답을 하는 대신에 매우 실질적인 문제를 꺼냈습니다.

여인의 간음이 문제가 아닙니다. 이는 그들이 자신 속에 있는 '간음하는 자아들'을 이 여인에게 투사하는 방식에 있습니다. 이 여인과 함께 간음을 저질렀던 남자는 어디 있습니까? 어떻게 이 여인

혼자서 간음 현장에서 잡혔습니까? 전체 상황을 들여다보면 남자들의 극심한 편견이 그 냄새를 물씬 풍기고 있습니다. 이 여인이 현장에서 잡히도록 세팅을 다 해놓은 상태에서 상황을 들여다본 자들은 대체 누구입니까? 이 더러운 남자들이 아닙니까? 그래서 예수님이 뭐라고 하셨습니까? "너희 중에 죄 없는 자가 먼저 돌로 치라!" "너희 가운데 죄가 없는 남자, 바로 그자^男가 그녀에게 맨 먼저 돌을 던져라!" 헬라어 원문에서, 예수님은 여인을 비난하는 자가 남성임을 강조합니다. 이 남자들은 그들 안에 '간음하고 싶어 하는 남성적 자아들'을 이 여인에게 투사投射합니다.

서로의 끈을 풀어주기

크리스천으로서 우리는 부활의 빛 아래 걷는 중입니다. 그러나 우리의 그림자 자아, 어두운 자아 역시 어디든 우리를 따라옵니다. 이런 사실을 인식할 때 우리는 삶을 피상적이 아니라 실질적으로 볼 수 있습니다.

우리는 예수님께서 죽은 자들 가운데서 불러내신 나사로와 같습니다. 그렇습니다. 우리는 정말로 죽음에서 부활했습니다. 정말로 죽음에서 일으킴을 받았습니다. 그러나 우리 손과 발들은 아직도 수의와 끈으로 묶여 있고 우리의 얼굴 역시 천으로 덮여 있습니다. 이러한 천과 수의들 때문에 걸음은 느릴 수밖에 없고, 얼굴을 덮은 천 때문에 우리 시선과 비전은 제약을 받을 수밖에 없습니다.

그러나 우리는 진정 죽음에서 일으킴을 받은 사람들이며, 실제로 죽음에서 생명으로 옮겨진 자들임을 기억해야 합니다. 그리고

복음은 반드시 길을 찾는다

예수께서는 몸을 감쌌던 수의와 끈들과 천들을 벗으라고 명하셨습니다. "죽은 자가 수족을 베로 동인 채로 나오는데 그 얼굴은 수건에 싸였더라 예수께서 이르시되 풀어놓아 다니게 하라 하시니라"(요 11:44).

그렇습니다. 몸을 동인 끈을 끊어 풀고 수족을 감싼 베와 얼굴을 싼 수건을 벗기는 일은 우리가 해야 할 일입니다. 서로 풀어주어야 합니다. 남편과 아내와 자녀들과 친구들, 이웃의 몸을 동인 끈들을 풀어주십시오. 그들의 얼굴에 덮인 천을 걷어내 그들의 시력을 회복시켜주십시오. 이것이 신앙공동체가 해야 할 아름다운 일입니다. 분명히 벗겨집니다. 그러나 천천히 벗겨질 것입니다. 그 일에 하나님 은혜가 여러분에게 항상 있기를 기원합니다.

일상의 승리가 일생의 승리로

로마서 8:1-6

1975-1979년 캄보디아에서 발생한 극악무도한 대학살로 2백만 명 이상이 살해되었습니다. 폴 포트가 이끄는 크메르 루지Khmer Rouge에 의해 자행된 대학살 사건입니다. 이 비극적 사실을 훗날 "킬링필드"Killing Fields라고 불렀는데, 파리의 한 카페에 모인 몇몇 저널리스트의 대화에서 이 용어를 사용하기 시작했다는 설이 있습니다.[19]

특정 용어나 아이디어, 신념은 매우 중요합니다. 역사에 등장하는 모든 비극적인 순간, 모든 영웅적인 순간은 하나같이 한 아이디어에서 시작되었습니다. 우리 삶도 마찬가지입니다. 나 자신이 실패자라고 믿으면 틀림없이 실패합니다. 사랑받고 있다고 믿는다면 다른 사람을 사랑하는 사람이 됩니다. 믿음은 행동을 결정하고 삶을 어떻게 보내야 할지도 결정합니다.

어떤 사람들은 자신이 믿는 신념에 대해 정말 많은 관심과 시간을 바칩니다. 거기에 정말 진지하고 심각합니다. 이단들, 사이비들을 보십시오. 그들이 추종하고 믿는 교리와 신조에 대해 얼마나 열정적인지요. 거의 미친 사람 수준입니다. 시간과 재물을 헌신적으로 바칩니다. 사람들의 손가락질에 아랑곳하지 않고 자기가 믿는 바를 전파합니다.

덮어놓고 믿지 말고 열어놓고 믿자

그러나 믿음과 신념과 신앙에 대한 진지함과 열정만으로는 충분하지 않습니다. 사람들이 지구는 평평하다고 아무리 진지하게 믿는다고 해도 그것은 진실이 아닙니다. 돼지가 날 수 있다고 아무리 진지하게 믿더라도 돼지는 잠시도 날 수 없습니다.

단순히 진지한 것만으로는 충분하지 않습니다. '진실과 진리'를 추구하는 신앙을 가져야 합니다. 덮어놓고 믿지 말고 열어놓고 믿어야 합니다! 달리 말해 우리 신앙은 "이해를 추구하는 신앙"이어야 한다는 말입니다.

그런데 무엇이 진실인지, 무엇이 진리인지 어떻게 압니까? 포스트모던 사회에서는 각자 소견에 맞는 게 곧 진리라고 말합니다. 포스트모던주의는 세상에 '절대적 진리'는 없고 모든 진리는 상대적이라고 강조합니다. 소위 '진리의 상대성'이 특징입니다.

여러분은 자신이 어느 정도까지 진리를 알 수 있다고 확신합니까? 자신이 고심해서 내린 결정에도 혼란스러워하는 게 우리인데,

복음은 반드시 길을 찾는다

그런 우리보고 자기 마음을 믿으라고 말한다면 얼마나 오래가겠습니까? 별 도움이 되지 않을 겁니다. 우리 마음은 언제나 서로 경쟁적인 애정들로 갈라지고 찢어지기 때문입니다. 이것을 추구하고 싶은 마음과 저것을 추구하고 싶은 마음이 서로 경쟁합니다. 그러니 나도 내 마음을 믿을 수 없습니다. 만물보다 더 부패한 것이 사람의 마음이라고 오래전에 예언자 예레미야가 말했지요. 내 마음 안에서는 대부분 아주 좋지 못한 위원회가 열리는 것 같습니다. 마음속에 특별한 관심이나 끌림이 나타나 정상적인 위원회를 멈추게 하고 다른 방향으로 이끌어갑니다.

신앙에도 마찬가지입니다. 그 누구도 복음 진리에 대해 필요충분할 정도의 믿음을 자기에게서 불러낼 수 없습니다. 다시 말하지만 우리가 나뉘어 있기 때문입니다. 우리 안에는 신자와 불신자가 있습니다. 위대한 찬송 "내 주는 강한 성이요"를 작사한 마르틴 루터였지만 그는 상당히 오랫동안 그리스도가 부재하신 것처럼 느꼈다고 토로했습니다.

우리 삶을 신앙 위에 견고히 세우려면 우리에게는 갈라진 마음보다 더 크고 단단한 기초가 필요합니다. 우리는 나의 '작은 믿음'보다 더 '큰 믿음'이 필요합니다. 우리에게는 위대한 믿음이 필요합니다. 우리 각 사람은 의심의 소용돌이 속으로 휘말려 들어가 있기 때문입니다. 개인 신앙은 이런 시간을 견디어내기 힘듭니다. 이때야말로 우리는 위대한 유산, 위대한 신앙에 기대야 합니다.

이런 이유로 교회는 신앙고백을 정리한 문서를 남겼습니다. "우리는 믿습니다"로 시작되는 신앙고백[信條]들은 순교자들의 피로 그 값을 지불했고, 수많은 세기 동안 탁월한 신학자들이 다듬었으며,

적대 세력이 지속적으로 도전하면서 시련과 연단을 받아 그 진정성이 입증되었습니다. 이 모든 신조는 위대한 신앙을 양육하여 크게 자라게 하는 목적이 있었습니다.

사도신경의 두 고백을 떠올려보십시오. "나는 전능하시고 천지를 지으신 아버지 하나님을 믿습니다. 그리고 그의 외아들 우리의 주 예수 그리스도를 믿습니다." 이 고백은, "우리는 나 자신의 성취와 업적 그리고 우리의 실패가 내 운명을 결정한다는 것을 믿지 않습니다. 우리는 '만드시는 분'(창조주) 하나님께서 우리 삶도 '만들고' 계심을 믿습니다"라는 뜻을 담은 고백입니다.

우리가 하나님을 안다고 고백할 때는 우리 주 예수 그리스도 안에서 자신을 드러내시는 하나님을 통해 하나님을 실제로 안다는 것입니다.

사도신경이 예수의 행적을 드러내지 않은 이유

하나님이 누군지를 아는 데 있어 유일한 방편이자 길이 예수님이라면, 사도신경이 붙잡는 그분(예수)에 대한 문장은 매우 중요할 수밖에 없습니다.

사도신경은 예수님에 대해 어떻게 고백합니까? "그는 성령으로 잉태되었고 동정녀 마리아에게 나시고 본디오 빌라도 밑에서 고난을 받으시고 죽었다 장사지냈다"라고 말씀합니다. 그리고 이어 그분의 부활과 아버지 오른편에서의 삶을 말씀합니다.

이 짤막한 문장을 보면 놀라운 부분이 눈에 띕니다. 지상에서 있었던 예수님의 삶과 생애에 관한 이야기 가운데 상당히 많은 정보가 빠져 있기 때문입니다. 도대체 그가 행하신 모든 위대한 기적들, 수많은 놀라운 말씀들, 그가 보여주신 위대한 긍휼과 병 고치심은 다 어떻게 된 것입니까? 왜 신조는 단순하게 그리스도의 출생과 죽음, 부활과 승천에 대해서만 말하는 것입니까?

이것은 신조가 예수라는 분이 누구인지에 우리 삶의 기초를 두길 바라기 때문입니다. 그분이 누구인가를 아는 일에 나 자신의 믿음과 삶을 세우라는 것입니다. 그런 다음에 그분이 무엇을 하셨는지를 알아야 한다고 강조합니다. 그분이 누구인지를 아는 것이 신앙의 초석이라는 것입니다.

사실 이런 과정을 따라가는 일은 무료하게 보입니다. 예수라는 유대인 랍비의 가르침과 그의 사역들에 좀 더 마음이 끌리기 때문입니다. 우리는 동정녀 출생, 속죄, 부활 같은 것은 골치 아프게 생각하는 경향이 있습니다. 그러나 그리스도의 출생과 죽음과 부활에 대한 역사적 신앙을 통해 우리는 비로소 그분의 정체성을 확신할 수 있습니다. 이런 이유로 신조는 그분이 행하신 많은 좋은 일(긍휼 사역과 좋은 가르침)보다 그분이 어떤 분이신지를 알리는 데 주력합니다.

그러므로 여러분은 이 교리(탄생, 고난, 죽음, 부활, 승천)로 예수가 누구인지 알기 위해 애써야 합니다. 그리고 하나님이 누구인지를 알기 위해 먼저 예수 그리스도가 누구인지를 알아야 합니다. 하나님이 내 삶을 무엇으로 빚어가시는지를 알려면 먼저 하나님을 알아야 Knowing God 합니다. 위대한 신앙을 발견하거나 세우길 바란다면 다른 길은 없습니다.

동정녀 출생에 대한 역사적 신앙고백에 담긴 의미부터 살펴보겠습니다. "우리는 동정녀 마리아를 믿습니다"라고 할 때 한 여자에게 나타날 생물학적인 기적을 확신한다는 의미가 아닙니다. 솔직하게 말해 마리아도 이 일에 대해 확신이 없었습니다. 그녀도 "어떻게 이런 일이?"라고 말하지 않았습니까? 천사는 그녀의 질문에 시시콜콜 그 가능성과 방법을 설명하지 않았습니다. 천사는 '신학적 진실'을 천명하는 것으로 답변했습니다. 즉, 하나님께서 이런 생각을 하셨다는 것입니다. 하나님께서 이것을 꿈꾸셨고 이런 생각을 품으셨다는 것입니다. 이것은 생물학도, 스러운 성에 관한 것도 아닙니다. 아타나시우스란 교부의 말을 빌리자면, 이것은 "마리아의 자궁 안에서 하나님과 인간이 함께 화해해 오는 것"입니다. 그러므로 동정녀 출생을 믿는다는 것은 "예수님은 주님이십니다!"라고 고백하는 것입니다. 그는 우리와 함께하시는 분(임마누엘), 즉 성육신하신 주 하나님이시기 때문입니다.

그분이 하신 모든 기적적인 치유가 바로 이와 연결되어 있습니다. 그가 고치신 병든 사람들은 다시 병들고 아팠습니다. 그가 배부르게 먹이셨던 사람들은 그다음 날 다시 배가 고팠습니다. 그러므로 치유나 먹이심은 결코 그 자체가 목적이 아니었습니다. 이 모든 기적의 목적은 위대한 진실, 즉 이 혼란스러운 삶 속에서 우리는 나 자신의 것이 아니라는 위대한 진실을 증언하는 데 있습니다. 창조자가 우리 가운데로 들어오셔서 우리를 창조하시고 만들어가신다는 것입니다. 이 사실을 믿는다는 뜻입니다.

사도 바울이 본문에서 진술하듯 하나님 아들은 죄로 가득한 육체를 입었을 뿐 아니라 자신의 죽으심을 통해 그 죄를 정죄했습니다. 죄는 우리를 하나님으로부터 분리하는 모든 것입니다. 우리가 일구어낸 성취나 업적들 혹은 우리가 경험하는 위대한 실패와 좌절들은 우리를 하나님으로부터 분리할 수 있습니다. 그렇습니다. 죄는 우리로 하나님에게서 돌아서게 하는 모든 것입니다. 그 결과, 우리는 생명 자체로부터 떨어져 나갔습니다.

평범한 일을 비범하게

두 번째 이유, 즉 신조가 예수님의 생애에 대한 상당한 정보를 생략하는 이유는, 그 누락을 통해 신조는 그것이 평범한 날들이었음을 보여주기 때문입니다. 즉, 중요하기는 하지만 평범했다는 것입니다. 마치 우리 대부분의 평일처럼 말입니다. 복음서에 3년간 묘사된 사역을 모두 다 계산하여 더한다면 아마 1년도 다 채우지 못할 것입니다. 심지어 성경 기록만을 따진다면, 예수님의 행적에서도 사흘 중 이틀은 아무것도 발생하지 않았습니다. 기록될 만한 가치가 있는 일들이 일어나지 않았다는 뜻도 됩니다.

우리 대부분도 그러합니다. 상상해보십시오. 여러분이 타임머신을 타고 1세기 당시로 날아가 예수님과 제자들과 함께 하루를 지내게 되었습니다. 베드로가 말합니다. "함께하게 되어 반갑소. 오늘은 빨래하는 날인데, 함께 하시겠소?" 여러분은 "뭐라고? 아니 뭔 빨래를? 예수님께서 물 위로 걷는 것을 보고 병든 사람을 치유하는 것을 보려고 왔는데 빨래를 하라고?"라고 투덜댈 것이 분명합니다. 어쨌거나 여러분은 하필 빨래하는 날에 왔습니다. 그런데 여러분이 그 일에 몰두하다 보면 예수님과 함께 빨래하는 일도 꽤 재미있고 의미 있다는 것을 알게 됩니다.

바로 이것입니다. 이것이 여러분이 해야 할 일입니다. 예수가 누구십니까? 그는 죽은 자로부터 부활하시고 아버지 우편으로 올라가시고 성령을 통해 우리와 계속 함께하시는 분입니다. 여러분이 함께 계신 분이 누구인 줄 관심 있게 본다면 평범한 것이 특이하고 비범한 것이 됩니다.

내 삶은 어떤 신앙고백으로 직조되고 있을까

빌라도가 사도신경 안으로 들어오게 된 것도 놀라운 일입니다. 처녀 마리아가 사도신경 안에 들어와 있다는 것은 이해가 됩니다만 어떻게 빌라도가 들어오게 되었을까요? 그는 세속적 야심으로 가득한 관료였습니다. 그의 일은 로마의 평화로 예루살렘을 유지하는 것이었습니다. 그러나 어느 평범한 날에, 어떤 평범하게 보이는 유대인이 자기 앞에 끌려왔습니다. 당시 종교지도자들의 눈 밖에 난 사람이었습니다. 종교지도자들은 그를 죽이고 싶어 했습니다. 문자 그대로 그의 목숨이 달린 중대한 문제였는데도, 빌라도는 예수가 무엇을 잘못했는지 발견하지 못했습니다. 그러나 빌라도는 '진실'보다도 무리와 군중을 더 믿었습니다. 자신의 권력 유지를 위해 진실보다는 '국민정서법'을 더 중요하게 생각했습니다. 그리고 그는 평소 하던 대로 평범한 결정을 내려 무리가 원하는 대로 예수님을 십자가 처형에 내어 주었습니다. 하나님의 아들을 십자가에 못 박아 죽게 한 것입니다.

이와는 대조적으로 평범한 유대인 소녀인 마리아는 그녀의 태가 하나님과 인류가 만나는 만남의 장소가 될 것이라는 말을 듣습니다. 그녀는 이것을 이해해줄 사람이 아무도 없다는 것을 알았습니다. 그녀도 마찬가지였습니다. "어떻게 이런 일이 가능하단 말인가?"하고 말입니다. 그러나 그녀는 "당신의 뜻에 따라 이 일이 내게 이루어지어다"라고 말했습니다. 이렇게 해서 구원이 세상으로 들어오게 되었습니다.

여러분은 빌라도가 될 수도 있고 아니면 마리아가 될 수도 있습니다. 둘 중 하나입니다. 여러분이 무엇을 믿는가에 따라 일상의 날들을 예수님을 십자가에 못 박는 데 사용하거나 아니면 그분의 구원을 세상에 알리는 데 사용할 수 있습니다. 당신은 일상의 평범한 날들을 선을 향한 신조들 속으로 짜 넣고 있습니까? 아니면 악을 향한 신조들 안으로 직조織造하고 있습니까?

온몸으로 믿고 온몸으로 살다

로마서 8:1-17

로마서 8장은 자서전적인 글입니다. 달리 말해 바울이 자기의 생애 가운데 겪은 가장 혁명적인 경험을 묘사하고 있습니다. 삶에 깊은 소용돌이가 휘몰아쳤을 때, 그래서 그 일로 삶의 방향이 완전히 뒤바뀌게 되었을 때, 그들 안에는 웃음과 눈물과 같은 정서가 절정에 이르렀습니다. 그런 상황에서 웃음과 기쁨과 눈물과 같은 모든 강력한 정서는 폭포수처럼 쏟아져 흐릅니다.

특별히 5-9절에서 사도 바울이 뭐라고 쏟아내는지 떠올려보십시오. 유진 피터슨의 《메시지》 번역으로 새롭게 보겠습니다.

자기 힘으로 할 수 있다고 여기는 사람들은 늘 자신의 도덕적 힘을 재보는 일에만 몰두할 뿐, 정작 실제 삶에서 그 힘을 발휘하여 일하지는 못합니다. 반면에, 자기 안에 일하고 계신 하나님의 활동을 신뢰하는 사람들은 자기 안에 하나님의 성령이—살아 숨 쉬고 계신 하나님이!— 계신다는 사실을 발견하게 됩니다. 자기 자아에 사로잡힌 사람들은 결국 막다른 길에 이를 뿐입니다. 그러나 하나님께 주목하는 사람들은 탁 트이고 드넓은, 자유로운 삶 속으로 이끌려 갑니다. 자기 자아에 집중하는 것과 하나님께 집중하는 것은, 극과 극입니다. 자기 자아에 몰두하는 사람들은 하나님을 무시하고, 결국 하나님보다 자기 자아에 더 많이 몰입하게 됩니다. 그런 사람들은 하나님과, 하나님이 행하시는 일을 무시합니다. 그러나 하나님은 결코 무시당하는 것을 기뻐하시는 분이 아닙니다. 하나님께서 여러분의 삶 가운데 사시기로 하셨다면, 이제 여러분은 하나님보다 여러분 자신에 대해 더 많이 생각할 수 없습니다.

숨 막힐 정도로 구구절절 아름답고 멋진 말씀입니다.

육신에 따라 산다는 것

로마서 8장을 주의 깊게 읽은 독자라면 두 단어가 유독 눈에 들어올 것입니다. '육신'과 '영'입니다. 바울이 6-8절에서 말하는 내용을 다시 들어보십시오.

육신의 생각은 사망이요 영의 생각은 생명과 평안이니라. 육신의 생각은 하나님과 원수가 되나니 이는 하나님의 법에 굴복하지 아니할 뿐 아니라 할 수도 없음이라. 육신에 있는 자들은 하나님을 기쁘시게 할 수 없느니라.

여기서 '육신'flesh과 '영'Spirit이 반복해서 들립니다. 이 단어들은 바울 서신에 자주 사용되긴 하지만 쉽게 오해되는 용어들입니다. 아예 처음부터 오해를 받았습니다. 육신에 마음을 고정한다는 것, 육체를 따라 산다는 것은 "술을 많이 마신다", "잠을 많이 잔다", "자주 교회를 빼 먹는다"와 같은 의미가 아닙니다.

많은 사람은 사람이 도덕적이고 종교적이면, 비도적이고 불경스럽게 살 때보다 하나님 나라에 들어갈 확률이 훨씬 높으리라 생각합니다. 그러나 반드시 그런 것은 아닙니다. 매우 도덕적으로 살고, 종교적으로 경건하게 살았으면서도 육신에 마음을 두고 살 수도 있다는 말입니다.

여러분과 제가 아는 많은 사람이 도덕적이고 종교적입니다. 그럼에도 육신에 따라 삽니다. 예수님 당시 많은 사람이 도덕적이고 종교적이었지만 또한 육신에 따라 살았습니다.

간음하다 현장에서 잡힌 여인 이야기를 떠올려봅시다(요 8:3-11). 간음 현장에서 그녀를 잡아 예수님께 끌고 온 그 사람들(남자들)은 아주 종교적이고 도덕적인 사람들이었습니다. 그들은 율법 선생들과 바리새인들이었습니다. 그렇지만 음란한 그 여자가 그들보다 하나님 나라에 더 가까이 있었습니다! 그들보다 앞서 하나님 나라에 들어갈 것입니다!

바리새인과 세리에 관한 예수님의 비유를 기억합시다(눅 18:9-14). 비유에 등장하는 바리새인은 매우 도덕적이고 종교적인 사람입니다. 그는 도둑질도 외도外道도 하지 않는 경건한 사람입니다. 그는 일주일에 두 번 금식하며 모든 수입에서 10분의 1을 하나님께 빠짐없이 드리는 사람입니다. 자신은 물론 자기 지갑까지 하나님께 바치는 사람들입니다. 여러분과 저보다 훨씬 괜찮은 사람입니다.

반면에 세리는 누가 보더라도 비도덕적이고 경건하지 못한 속물이었습니다. 사람 취급을 받을 수 없는 인간이었습니다. 그러나 성전에 들어와서 이렇게 기도드렸습니다. "하나님, 이 죄인을 불쌍히 여겨주십시오. 이 죄인에게 긍휼을 베풀어주십시오"라고 기도했습니다. 그는 사실 영靈 안에 있는 사람이었습니다.

영 안에서 산다는 것

그러므로 '영적靈的인 것'과 '도덕적인 것'을 혼동하지 마십시오. 복음을 도덕성이나 윤리적 가르침 정도로 축소 환원하지 마십시오. 교회를 '해야 할 것'과 '해서는 안 될 것'을 가르치는 윤리 학교 정도로 축소하지 말아야 합니다. 교회의 사명을 기껏해야 사람들에게 선과 악의 차이점을 가르치는 정도로 축소하지는 말아야 합니다.

교회의 사명은 복음Gospel을 선포하는 일입니다. 그리고 복음은 생명에 관한 것입니다. 죽은 자들을 위한 생명입니다. 희망에 관한 것입니다. 희망 없는 사람들을 위한 희망입니다. 복음은 죽은 사람들 안에 자기 영을 집어넣어 그들을 살리시는 하나님의 일입니다. 복음은 성금요일과 부활의 일요일, 죽은 일과 살아나는 일에 관한 것이며, 그리스도와 함께 죽고 그리스도와 함께 살아나는 일에 관한 것입니다. 복음은 그리스도의 영이 여러분 안에 사는 것이며, 그리스도의 생명이 내 안에 사는 것과 관련됩니다.

복음은 선과 악에 관한 것이 아닙니다. 즉, 착하게 사는 것과 악하게 사는 것에 관한 것이 아닙니다. 복음은 도덕적인 문제와 비도덕적인 문제에 관한 것이 아닙니다. 복음은 경건과 불경에 관한 것이 아닙니다. 복음은 죽음과 생명에 관한 것입니다.

그렇습니다. 여러분이 육신 안에 있다면 여러분은 죽은 자입니다. 육신에 따라 산다면 죽은 자입니다. 육신의 일에 마음을 둔다면, 죽은 자입니다. 그러나 여러분이 영 안에 있다면 살아 있는 자입니다. 영에 따라 산다면 여러분은 살아 있는 것입니다. 여러분이 영의 일에 마음을 둔다면, 여러분은 살아 있는 것입니다.

이것이 무슨 뜻입니까? 만일 마음을 육신에 고정하고 있다면, 여러분은 지금 기댈 만한 아무런 가치도 없는 것에 기대는 어리석음을 범한다는 의미입니다. 결국은 여러분을 크게 실망시킬 것에 희망을 두는 것입니다.

육신의 것을 자기 힘으로 삼는 자들

그럼 무엇이 육신입니까? 오늘의 말씀에 새로운 빛을 던져주는 구약 성경이 있습니다. 예레미야 17장에 있는 매우 강력한 말씀입니다. 한번 들어보십시오.

무릇 사람을 믿으며 육신으로 그의 힘을 삼고 마음이 여호와에게서 떠난 그 사람은 저주를 받을 것이라. 그는 사막의 떨기나무 같아서 좋은 일이 오는 것을 보지 못하고 광야 간조한 곳, 건건한 땅, 사람이 살지 않는 땅에 살리라.

그러나 무릇 여호와를 의지하며 여호와를 의뢰하는 그 사람은 복을 받을 것이라. 그는 물 가에 심어진 나무가 그 뿌리를 강변에 뻗치고 더위가 올지라도 두려워하지 아니하며 그 잎이 청청하며 가무는 해에도 걱정이 없고 결실이 그치지 아니함 같으리라(렘 17:5-8).

예레미야는 우리에게 사람을 믿는 것, 죽을 수밖에 없는 태생적 한계를 지닌 인간을 믿는 것, 온갖 인간적 커넥션을 믿는 것, 이런 것이 육신에 따라 사는 것이라고 말합니다. 그러면서 예레미야는 단도직입적으로 단순한 질문을 우리에게 던집니다. "당신은 키 작은 관목(灌木, 떨기나무)입니까? 아니면 나무입니까?" "당신은 육신에 따라 살고 있습니까? 아니면 영에 따라 살고 있습니까?"

만일 당신이 키 작은 떨기나무라면, 육신에 따라 산다면, 여러분의 뿌리는 사막 표면 아래에 있는 물줄기가 흐르는 곳까지 내려가지 못합니다. 삶은 지하 속 생수를 흡수할 정도로 뿌리를 깊이 내리지 못했습니다. 구호의 손길이 오더라도, 많은 양의 비가 쏟아져 내린다 해도, 아무것도 얻을 수 없습니다. 여러분의 뿌리는 깊이가 없기 때문입니다. 뿌리를 깊게 내리지 못하기 때문에 마침내 시들어버릴 것입니다. 만일 여러분이 물 가에 심긴 나무라면, 영에 따라 산다면, 여러분에게 뿌리를 깊이 내리는 시스템이 있다면, 영의 생수를 길어 올릴 것입니다. 삶은 성령의 열매들을 탐스럽게 맺습니다.

예레미야의 비수 같은 말을 귀담아들어 보십시오. 육신을 자기 힘으로 삼는 자들은 저주를 받습니다. 육신에 따라 사는 자들은 저주를 받습니다. 하나님의 생명 강가에서 물을 길어 올리지 않는 자는 저주를 받습니다. 사람을 신뢰하고 의지하는 자는 저주를 받습니다. 심지어 그들이 거룩해 보일지라도 그렇습니다. 잘난 사람, 똑똑한 사람을 의지하는 자들은 저주를 받습니다. 젊음을 신뢰하는 사람들 역시 저주를 받습니다. "늙은이들은 요지부동이야. 마음도 몸도 굳어져 움직일 줄 몰라. 그러니 어디 신선함이 있겠는가?" 하는 자들에게도 저주가 있습니다.

그러나 예레미야는 말합니다. 아무도 신뢰하지 말라. 누구도 의지하지 말라. 왜 그래야 합니까? 왜 사람을 믿어서는 안 됩니까? 아무리 그들이 거룩해 보이고 경건해 보이더라도, 아무리 똑똑하고 잘났더라고, 아무리 젊음과 패기가 충만하더라도, 부패하고 오염되고 썩지 않을 인간의 선함은 없기 때문입니다. 어떤 경건이든, 어떤 지성이든, 어떤 젊음의 이상주의든, 모든 인간적인(육신적인) 일들은 부패하고 왜곡되고 오염되지 않을 수 없습니다.

왜 그렇습니까? 대답은 분명합니다. "만물보다 거짓되고 심히 부패한 것은 마음"(렘 17:9)이기 때문입니다. 상상을 초월할 정도로 왜곡되고 비뚤어지고 썩어 냄새나는 진원지가 사람의 마음이기 때문입니다. 그런 썩은 줄을 잡았다가는 날개 없이 추락할 것입니다. 그 비참한 종말은 상상을 초월할 것입니다.

예레미야 17장 말씀을 읽으면서, 저는 로마서 8장 말씀을 더 잘 이해하게 되었습니다. 바울은 '육신'과 '영'을 대조해서 말하고 있습니다. 육신은 우리가 바라보고 의지하지만 그렇게 해서는 안 되는 것을 가리킵니다. 육신은 우리가 희망을 두는 것이지만 그렇게 해서는 안 되는 것을 가리킵니다.

육신flesh의 반대는 영Spirit입니다. 영은 육신과 영원한 적수입니다. 영은 하나님의 영, 우리 안에 거주하시는 그리스도의 영입니다. 바로 여기에 바울 신학의 심장부가 있습니다. 바울은 하나님의 영을 노래하고 찬양한 위대한 신학자입니다. 그는 위대한 성령 신학자입니다. 성령은 바울 신학의 중심을 이룹니다.

바울은 9절에서 이렇게 씁니다. "여러분은 육신 안에 있지 않고, 성령 안에 있습니다. 하나님의 영이 여러분 안에 거주하시기 때문입니다. 그리스도의 영을 소유하지 않는 자는 그리스도의 소유가 아닙니다. 그리스도께 속하지 않은 자입니다."

우리를 작은 그리스도로 만드시는 성령

"그리스도를 믿는 우리 안에는 그리스도의 영이 살고 계십니다!" 신약 성경은 여러 번에 걸쳐 이 사실을 말합니다. 그런데도 우리는 이 근본적인 진리를 자주 놓칩니다. 이 진리를 볼 수 있는 시력을 상실했기 때문입니다. 그리스도께서 우리 안에 살고 계신다는 진리, 집주인은 우리가 아니라 우리 안에 거하시는 '그리스도의 영'이라는 진리 말입니다.

이것이 복음의 좋은 소식입니다. 반갑고 기쁜 소식입니다. 즉, 죽은 자들 가운데서 예수님을 살리신 하나님의 영이 우리 가운데 거주하신다는 사실, 그리스도를 죽은 자 중에서 일으켜 부활시킨 분이 우리 안에 거하시는 자기 영을 통해 우리의 '죽을 수밖에 없는'mortal 육체에 생명을 주신다는 사실, 이것이 바로 복음의 좋은 소식이요 기쁘고 유쾌한 소식입니다.

그렇습니다. 성령은 우리 삶을 다시 일으켜 새롭게 시작하게 하십니다. 성령은 우리를 작은 그리스도들로 만드시는 능력입니다. 성령은 우리 육체들을 점진적으로 그리스도의 도구로 바꾸시는 능력입니다.

기독교는 이처럼 '몸^body의 종교'입니다. 기독교는 우리 몸 안에서 일하시는 그리스도의 영에 관한 종교입니다. 그러므로 단순히 "우리 영혼들을 구원해주소서!"라고 기도하는 것은 기독교적이지 않습니다. "우리의 몸을 구원해주소서!"라고 기도해야 합니다. 죽을 때, 우리 영혼은 육체의 껍질을 벗어버리고 하나님께로 훨훨 날아가는 나비가 아닙니다. 이것은 복음이 아닙니다.

창세기를 열어보십시오. 하나님께서 창조하신 사건을 기억해보십시오. 즉, 하나님이 우리를 만드실 때 눈과 귀와 코와 입술과 폐와 심장과 다리를 함께 만들어주셨습니다. 복음의 출발선은 하나님께서 이 모든 것을 자기 형상으로, 자기 모습으로 만드셨다는 것입니다. 우리 영혼만 하나님의 형상으로 만든 것이 아닙니다.

그렇다면 복음의 종착점은 무엇일까요? 장차 세상의 마지막이 도래할 때 어떤 일이 일어나는지 생각해보십시오. 하나님은 자기 영의 능력으로 이 모든 것에 새 생명을 주십니다. 즉, 눈과 귀와 코와 입술과 폐와 심장과 팔과 다리 모두에 새 생명을 주십니다. 아무것도 빠진 것이 없습니다. 아무것도 남겨진 것은 없습니다. 성령의 능력을 통해 모두 하나같이 새 생명과 힘을 얻습니다.

나는 '몸'의 부활을 믿습니다!

교회가 고백하는 사도신경 안에, "나는 영혼의 불멸을 믿습니다!"라는 말은 없습니다. 교회는 그런 고백을 하지 않습니다. 그럼에도 상당수의 신자는 마치 영혼이 모든 문제의 핵심인 양, 영혼만 구원받으면 되는 양, 육체나 몸은 아무런 가치나 쓸모가 없는 양 생각합니다.

교회는 항상 "나는 몸의 부활을 믿습니다!"라고 고백해왔음을 기억해야 합니다. "나는 하나님의 영이 그리스도의 몸을 죽은 자들 가운데서 일으키셨던 것처럼, 하나님의 영이 나의 몸을 죽은 자들로부터 일으키실 것을 믿습니다."

물론 창조 세상에는 나의 몸, 우리의 몸뿐만 아니라 모든 것이 함께 있습니다. 공기, 땅, 물, 나무, 강과 바다, 달과 해와 별 등 수많은 피조물이 있습니다. 이 모든 피조물과 함께 창조 세계가 온전히 회복되며, 새로운 생명으로 가득하게 될 날이 오길 소망합니다.

이런 것을 생각하면 우리 가슴에는 희망과 생기로 가득 찹니다. 나를 위한 희망이요 우리를 위한 희망이요 이 세상을 위한 희망입니다. 달리 말해 하나님께서는 자기 손으로 만드신 것을 결코 버리지 않으신다는 희망입니다. 저와 여러분의 모든 것(육체와 영혼 모두)을 끝까지 돌보시고 온전하게 하실 것이라는 희망입니다. 한 걸음 더 나아가, 하나님께서는 '모든 것'을 새롭게 하실 것이라는 희망입니다. 온 피조 세계가 어느 날 더 이상 썩어짐에 종노릇하지 않고, 하나님의 자녀들로서 영광스럽고 찬란한 자유와 해방을 얻게 될 것이라는 희망입니다. 그러므로 하나님의 영의 지배를 받으면서 온몸으로 믿고 온몸으로 삽시다.

식탁을 물려받은 공동상속자들

로마서 8:12-17

우리가 "아버지! 아버지!"라고 부르짖을 때는, 성령이 친히 우리 영과 더불어 우리가 하나님의 자녀인 것을 증언하십니다. 자녀이면 또한 상속자, 곧 하나님의 상속자요 그리스도와 함께한 상속자입니다. 그러므로 우리가 그와 함께 영광을 받기 위하여 고난도 함께 받아야 합니다(15-17). 이 구절은 어린 자녀, 아빠, 식탁, 성장한 자녀, 유산상속, 가문 등의 가족 은유로 가득합니다.

식탁에 모이는 이유

영화 장면 중에 가족 식사 장면이 등장하지 않는 영화가 있을까요? 소설도, 연극도 그렇고 식탁에서 벌어지는 장면들이 부지기수입니다. 식탁은 극 전개를 암시하거나 힌트를 제공하는 매개 역할을 합니다. 식탁 장면을 보는 순간 시청자나 독자들은 뭔가 좋지 않은 일이 벌어질 것이라는 예감이 듭니다.

가족이 모여 식사하는 장면을 떠올려 보십시오. 로맨스, 코미디나 드라마도 마찬가지입니다. 보는 순간 팽팽한 긴장감을 느낍니다. 아주 어색한 순간이 흐르며 뭔가 볼썽사나운 싸움이 터질 것 같은 분위기입니다. 누가 먼저 건드릴라치면 폭발할 것 같은 감정들이 식탁 위로 이리저리 날아다닙니다. 어찌어찌하다 그만 가족 식탁은 난장판이 되고, 심하면 식탁이 엎어지고 여기저기서 큰 소리가 나면서 욕설이 오갑니다. 이쯤 되면 결국 모든 식구는 깊은 상처를 받습니다. 이런 장면을 보는 독자나 시청자들은 그다음 상황이 어떻게 전개될지를 잘 압니다. 식탁 장면은 함께 풀어야 할 고리의 일부분입니다.

목회자는 예배 가운데 교회당 중앙에 서서 모든 사람을 초청합니다. 다들 그분의 식탁에 모여 식사를 함께하자는 초대입니다. 그리할 때, 저는 모든 것이 괜찮은 상태인가, 모두 잘 있는 것일까, 모두가 평안한 상태에서 식탁에 모여 있을까 하며 안부가 궁금해집니다. 사실상 주일에 모여든 교인들은 하나님의 집에서 '말씀과 성찬의 식탁' 둘레에 앉은 믿음의 식구들입니다.

우리가 말씀과 성찬의 식탁에 나와 앉아 있을 때마다, 우리는 하나님을 부릅니다. 하나님을 아버지라고 부를 때마다, 우리는 자신이 하나님의 자녀라는 것을 확인합니다. "저는 당신의 자녀입니다!", "저는 당신이 딸입니다!", "저는 주님의 아들입니다!"라고 외치는 것입니다.

그런데 사도 바울은 여기에 한 가지를 더해 이렇게 말합니다. "우리가 '아빠, 아버지!'라고 부르짖을 때는, 성령이 친히 우리의 영과 더불어 우리가 하나님의 자녀인 것을 증언하십니다"[8:15]. 여기서는 하나님을 "아버지!"라고 부른다고 말합니다. "아버지!"라고 부르짖는 일!

여러분은 로마서 8장 첫머리에서 바울이 말하는 바가 심상치 않다는 것을 압니다. "그러므로 이제 그리스도 예수 안에 있는 자에게는 결코 정죄함이 없다!"라는 선언이 있습니다. 로마서 8장을 시작하는 바울의 치밀하고 치열한 논의를 귀담아듣는다면, 그가 단순히 육신은 나쁘고 영에 이끌려 사는 경건한 삶은 좋다는 식의 뻔한 이야기를 하는 게 아님을 알게 됩니다.

그가 하는 강력한 설득 논리는 그러한 이원론적 단순 구도를 넘어섭니다. 그는 그리스도 예수 안에 있는 삶에 대해, 죄와 죽음의 법에 대해, 육신에 따라 걷지 않고 성령에 따라 걷는 일에 관해 깊이 있게 말합니다. 그리고 결승 타점을 올리는 야구 선수처럼 확신에 찬 어조로 말합니다.

"성령에 마음을 두면 생명과 평화가 있고, 육신에 마음을 두면 하나님과 원수가 됩니다. 그리스도가 여러분 안에 있으면 비록 육체는 죄 때문에 죽지만 성령은 여러분에게 생명이 됩니다. 하나님께서 우리를 향해 '괜찮아!'라고 하셨기 때문에, 다시 말해 우리를 의롭다고 쳐주시기 때문에 생명입니다. 그리스도 예수 안에 있는 자에게는 결코 정죄함이 없습니다!"[8:1-2]

이런 확신이 있기에 우리는 하나님을 향해 "아빠! 아버지!"라고 힘차게 부르는 것입니다. 이는 그냥 부르는 소리가 아닙니다. 하나님의 길과 세상의 길이 서로 충돌하는 소용돌이에서 허우적거릴 때, 하나님 나라와 현재 어둠의 세력과 권세들 사이에 벌어지는 전쟁 한가운데서, 의로운 자들의 방식과 악한 자들의 방식 사이에 뻔히 보이는 갈등과 알력들에 끼였을 때 우리는 그렇게 부릅니다. 목청을 높여 큰 소리로 "아버지! 아버지!"라고 외치는 것입니다. "당신의 도움이 절실하게 필요합니다. 당신만이 이 사망의 음침한 골짜기에서 저를 건져내실 수 있습니다. 아버지시여!"

우리가 외쳐 대는 '아버지'라는 외마디는 죽음을 산산조각내는 '구원의 외침'입니다. 생명을 얼싸안아 받아들이는 '구원의 외침'입니다. 세상 소란과 소음을 꿰뚫는 '구원의 외침'입니다.

뭐라고 외치는 소리입니까? 폭풍 가운데서, 포연이 자욱한 전쟁터에서, 물살이 급한 소용돌이 속에서, 적군의 포화 속에서, 마귀가 쏘아 올린 정죄의 포탄 속에서 "아버지! 아버지!"라고 부르는 것은 "나는 하나님의 자녀야!" "누가 뭐래도 나는 하나님 아들이지!" "누가 뭐래도 나는 하나님 딸이지!"라고 소리 지르는 것입니다.

이 외침은 나와 함께 외치시는 성령님의 목소리입니다. 이 외침은 부활이 있다는 희망을 증언하는 외침입니다. 내 삶에서 그리고 세상 삶에서 하나님의 궁극적 승리를 증언하는 나의 목소리인 동시에 성령님의 목소리입니다. 그가 우리의 연약함을 아시고 나와 함께 내 속에서 외치는 소리입니다.

"아버지! 아버지!"의 외침. 이 정도라면, 지금 여기서 충분합니다. 두 주먹을 불끈 쥔 확신과 강한 결심이라면, 지금 이 세상에서 아무리 전쟁의 포연 냄새가 강하더라도 견딜 수 있습니다.

복음은 반드시 길을 찾는다

"우리는 하나님의 자녀입니다!" 이런 외침은, 아버지의 품으로 달려가 "아빠!"라고 외치는 어린아이의 귀여운 외침이 아닙니다. 마치 탕자의 귀향을 맞이하는 것처럼 아버지가 숨을 멈추고 아이를 얼싸안는 그런 가슴 뭉클한 광경조차도 아닙니다. 이 외침은 귀에 거슬릴 정도로 목이 쉰 '찬양의 행동'입니다. 악한 자들의 길에 대해 "그건 아니야!"라고 부르짖는 선언입니다.

"우리의 몸과 영혼은 우리 것이 아니라, 우리의 신실하신 구세주 예수 그리스도의 것이기 때문입니다"(하이델베르크 신앙교육 문답 제1항). 그렇습니다. "우리는 하나님의 자녀입니다!"

가족보다는 그리스도의 몸 이미지

많은 주석자나 학자, 설교자 들은 로마서 8장에서 '아빠, 아버지' 그리고 '하나님의 자녀들'을 말하는 구절에 이르면 힘주어 교회, 즉 신앙공동체에 강조점을 두면서 우리는 '믿음의 식구'임을 힘주어 말합니다. 그런데 저는 '가족'이니 '식구'니 하는 말이 교회에 대한 강력한 은유라는 주장에 점점 확신이 생기지 않습니다. 정말로 우리는 교회를 가족처럼 생각하는가 하는 의구심이 들기 때문입니다.

미혼인 한 성도가 있습니다. 그가 직장을 따라 새 지역으로 이사했습니다. 낯선 곳에 정착한다는 것은 물리적으로, 정서적으로도 힘든 일입니다. 그런 중에도 그는 교회를 정하고, 일요일에 예배하러 새 교회에 갔습니다. "교회는 가족이다"라고 강조하는 교회입니다. 그런데 그는 그곳에서 외톨이, 이방인 같은 서먹서먹함을 더 많이 느낍니다. 혼자 온 사람은 가족으로 쳐주지 않기 때문입니다. 우리가 그저 서로 참아내고, 만나는 시간을 잘 견디어내는 정도로 지내는 것은 하나님의 의도와 거리가 멉니다.

마치 오랜만에 평소 별 사귐이 없었던 사촌 형님이나 시누이를 만났을 때 서먹서먹한 정도로 대하는 게 좋다는 사람들이 많습니다. 아니면 자기 가족만 중요하지 다른 가족에 대해서는 무관심합니다. 이런 의미에서 저는 교회를 '가족'이라고 부르는 은유가 충분한 뜻을 전달하는지에 약간은 회의적입니다.

그렇다면 교회에 대한 은유로 가족은 무슨 의미일까 생각해봅니다. 복음서에 따르면 예수님은 우리가 지닌 협의의 '가족' 개념보다는 '신앙공동체'에 가깝게 생각하셨습니다. 연약한 자를 돌보는 신앙공동체, 원수를 사랑하는 신앙공동체, 하나님과 재물을 함께 섬기는 것에 대한 경고를 심각하게 받아들이는 신앙공동체 등입니다.

단순히 '친밀한 가족' 개념만으로는 충분하지 않습니다. 바울은 고린도서에서, "자, 여러분은 그리스도의 몸입니다. 여러분은 그 몸에 속한 각각의 지체들입니다"라고 말합니다. 바울은 에베소서에서 그리스도의 사역을 위해 성도들을 잘 준비시키는 일에 관해 말하면서, "그리스도의 몸을 세워가는 일"이라고 말합니다. 그렇습니다. 교회는 단지 가족이 아닙니다. 우리는 그리스도의 몸입니다!

우리의 과거보다 더 강력한 하나님의 미래

말씀과 성찬 테이블은 단순히 과거만을 기억하는 조용한 순간이 아닙니다. 어찌 보면 매우 시끌벅적함이 가득한 장터와 같아야 합니다. 이 식탁은 인종과 종족과 성별과 민족과 나라와 언어를 넘어서서, 예수 그리스도를 머리로 삼는 모든 사람이 함께 모여 시끌벅적거리며 먹고 마시는 즐거운 잔치를 멀리서 바라보는 예식입니다. 이런 시끄러움은 우리가 영광 중에 그리스도와 함께 식탁에서 먹고 마시고 즐거워할 때 들릴 소리입니다. 누구도 그것을 소음이라고 하지 않습니다. 하나님 나라에서 그리스도와 함께 식탁에 있을 때, 이 식탁은 단순히 과거를 회상하는 것이 아닙니다. 이 식탁은 미래에 대한 것입니다, 하나님의 미래를 당겨서 맛보는 것입니다.

이것은 그저 그런 가족 식탁이 아닙니다. 이것은 단순히 회상하고 추억하는 것으로 끝나는 식탁이 아닙니다. 이 식탁에는 하나님의 미래가 있습니다. 여기서 말하는 미래란, 여기서 말하는 희망이란, 장차 올 하나님 나라를 가리키는 사인sign이며 징조입니다. 이 식탁은 우리가 물려받을 상속을 보여주는 테이블입니다. 자녀이면 상속자입니다. 하나님의 상속자입니다. 그리스도와 함께 상속자가 되는 것입니다.

우리가 지금 여기서 "아버지!"라고 외치는 소리, 하나님의 영이 우리 영과 함께 외치는 소리는, 하나님의 미래를 증언하는 것이며, 하나님의 미래를 우리 것이라고 주장하는 것이며, 하나님의 미래를 향해 일하는 것이며, 하나님의 미래를 축하하고 즐기는 것입니다.

이 미래는 우리 과거보다 더 위대하며 영원한 미래입니다. 이 세상의 내일보다 더 강력한 영원한 미래입니다. 우리가 물려받은 유산, 우리가 물려받은 상속은 하나님의 약속입니다. 그 약속이 지금 우리 앞에 서 있습니다. 이 말씀과 성찬의 테이블, 여기에 하나님의 약속이 있습니다. 그래서 우리는 이 유산 앞에서, 하나님 약속 앞에서 "아버지!"라고 외칩니다.

이 말을 "맛보고 즐길" 때마다, 그리고 이 떡과 이 잔을 마실 때마다, 우리는 그리스도의 죽으심을 그가 다시 오실 때까지 선포하는 것입니다. 이 말씀의 떡과 잔을 마실 때마다, 우리는 구원의 함성을 외치는 것입니다. 세상을 향해서는 "아니오!", 하나님을 향해서는 "예!"라고 외치는 선언입니다.

이 세상 그리고 그 안에서의 우리 삶, 교회에서 함께하는 공동체의 삶, 이 모두가 하나님께서 우리에게 의도하신 것을 반영합니다. 그러므로 우리가 이 식탁에서 먹고 마시고 노래하고, 일하고 섬기고 기도하고 "아빠! 아버지!"라고 외칠 것입니다. 하나님 나라가 하늘에서처럼 이 땅에 도래할 때까지…. 우리는 그저 가족이 아니며, 그리스도의 몸이기 때문입니다! 우리는 하나님의 자녀들입니다.

탄식하면서도 희망이 가득합니다

로마서 8:18-27

신음, 비명, 탄식

세계적 여자 테니스 선수 중에 흑진주라는 별명을 가진 비너스 윌리엄스Venus Williams가 있습니다. 이 선수가 경기하는 모습을 본 분은 그녀의 괴이한 비명에 신경이 거슬릴 것입니다. 코너로 찔러 대는 상대 선수의 공을 악착같이 따라가 받아넘길 때 지르는 날카로운 비명, 네트를 간신히 넘어온 공을 필사적으로 따라가 넘기면서 질러대는 동물 울음소리 같은 신음, 서브를 넣을 때 하늘 위로 올렸던 공이 내려오는 순간 점프하면서 상대방 코트 모서리를 향해 내리꽂으면서 질러대는 괴상한 비명, 이런 소리—끙끙대는 소리 같기도 하고, 앓는 소리 같기도 하고, 비명 같기도 하고, 탄식 같기도 한 소리— 때문에 상대 선수는 심판에게 강력하게 이의를 제기합니다. 심판은 비너스에게 그런 괴성은 상대방의 집중력을 떨어뜨리기 때문에 하지 말라고 경고합니다. 지난 세대에는 체코 태생의 미국 선수인 마르티나 나브라틸로바가 그런 선수였습니다. 서브를 넣을 때마다 짐승 울음소리 같은 비명을 지르면서 네트로 돌진하는 모습이 아직도 눈에 선합니다.

러닝머신이나 각종 기구가 있는 헬스장이나 체육관에 가면 여기저기 안내문이 붙어 있습니다. 괴성이나 신음 같은 소리를 삼가해 달라는 내용입니다. 소리 지르거나 끙끙대거나 앓는 소리를 내면 여간 신경 쓰이지 않습니다. 러닝머신 위에서 조용히 달리고 있는데, 옆 사람이 시끄럽게 통화하면 여간 신경이 쓰이는 게 아닙니다. 밀폐된 공간에서 통화하는 소음은 결코 매력적인 소리가 아닙니다.

오늘 본문에는 신음, 한숨 소리, 탄식 소리, 비명이 자주 등장합니다. 본문에서 말하는 소리가 어떤 종류인지 들어보기 바랍니다.

성령, 우리의 기도를 돕는 분

우리는 "성령이 말할 수 없는 탄식으로 우리를 위하여 친히 간구하신다"라는 말씀을 듣습니다. 제일 먼저 떠오르는 생각은 "성령은 기도를 돕는 분"이라는 것입니다. 성령은 기도가 작동하도록 하시는 분이십니다. 비유하자면 자동차 기어에 기름칠을 하여 변속이 부드럽게 되게 하는 것입니다. 성령님은 우리가 기도할 때 그 기도를 잘 마치고 끝내도록 돕습니다. 즉, 기도가 이루려는 목적을 달성하게 합니다. 참 고마우신 분이십니다.

성령의 역할을 무엇에 비할 수 있을까요? 마치 리본이나 활 혹은 청소부와 같다면 어떨까 합니다. 즉, 과녁에 리본을 달아 놓고 그

목표를 향해 활을 쏘는 것처럼, 성령은 우리가 드리는 기도에 하나님의 가슴과 마음이 잘 보일 수 있도록 하십니다. 그뿐 아니라 성령은 활이 되어 우리 기도를 그 활에 장착하여 하나님의 심장을 향해 화살이 제대로 날아가도록 하시고, 화살에 가속도를 더할 뿐 아니라 하나님 마음에 정확하게 꽂히도록 하십니다. 성령은 우리 삶 속 온갖 짐을 정리해주시고, 그 짐 가운데 중요한 것만 하나님께로 안내하십니다. 즉, 성령은 우리 짐들이 넘쳐흐르거나, 아니면 너저분하게 사방에 흩어져 있어 어디서부터 손대야 할지, 어떻게 시작해야 할지 모를 때 우리 속에 널려 있는 온갖 지저분하고 잡다한 것을 청소해주십니다. 이것이 성령께서 우리 삶에 개입하신다는 뜻입니다. 이것이 "성령이 중재하신다, 중보하신다"라는 뜻입니다.

중보기도를 돕는 분

그렇다면 "성령께서 중보하신다"라는 의미는 무엇일까요? "성령께서 누군가를 대신하여 간구하신다는 것"을 무엇에 비유하면 좋을까요?

여러분에게 큰 수술을 받게 된 친구가 있다고 합시다. 그런데 여러분은 지금 직장에서 아주 힘든 하루를 보내고 있습니다. 이것저것 해야 할 일도 많고 시작도 끝도 없는 회의는 왜 그렇게 많은지! 그런 지치고 짜증 나는 일과 중에서 수술을 앞둔 친구 얼굴이 떠오릅니다. 그래서 잠시 하던 일을 멈춥니다. 몇 초라도 좋습니다. 친구를 떠올리며 하나님께 올려 드립니다. "하나님 여기에 제 친구 아무개가 있습니다." 여러분은 그 순간 성령께서 그 기도를 완성하고 있다는 것을 느낍니다. 이것이 성령께서 중보하신다는 뜻입니다.

"성령께서 누군가를 대신하여 간구하신다는 것"을 무엇에 비유하면 좋을까요? 여기 또 다른 예가 있습니다. 온종일 일하고 나니 심신이 피곤하고 탈진 상태가 됩니다. 만사가 귀찮습니다. 그런데 기도 목록은 길고 깁니다. 기도 제목들이 끝도 없습니다. 눈꺼풀은 피곤의 무게를 감당하지 못하여 축 처집니다. 그럴 때 무엇을 합니까? 하루의 힘든 일을 마치고 마음 편하게 휴식을 취하는 것은 당연한 권리 아니겠습니까? 그렇게 아무런 생각 없이 쉬고 있을 때도, 길게 늘어선 기도 제목들을 앞에 놓고도 기도하지 못하고 있어도, 성령께서는 우리를 대신하여 계속 기도하신다는 것입니다. 이것을 중보라고 합니다. 이것이 누군가를 대신하여 간구한다는 뜻입니다.

또 다른 예가 있습니다. 모든 상황이 이제 막바지를 향해 치닫고 있습니다. 그래서 기도는 간절하고 절박해집니다. 여러분이 사랑하는 누군가에게 위기가 닥쳤기 때문입니다. 말이 나오지 않습니다. 머리는 복잡하고 가슴은 뜁니다. 어떻게 기도를 시작해야 할지, 무슨 말로 기도 문을 열어 가야 할지 전혀 생각이 떠오르지 않습니다. 바로 이때 성령께서 우리를 대신해서 기도하십니다. 이것이 "성령이 말할 수 없는 탄식으로 우리를 위하여 친히 간구하신다"라는 말의 뜻입니다. 달리 말해 우리가 어떻게 기도해야 할지 도무지 생각나지 않고 말문이 굳게 닫혔을 때 성령께서는 우리에게 여러분과 저의 기도들 가운데 임재하겠다고 약속하신 것입니다. 이것이 "중보한다"라는 뜻입니다.

우리에게 큰 위로가 되는 것은 성령은 친절한 위로자라는 것입니다. 우리 등을 가볍게 두드리시며 힘내라고 격려하시고, "그래, 알

복음은 반드시 길을 찾는다

앉어" 하시면서 묵묵히 위로하십니다. "아이고 저런!" 하시면서 우리와 깊은 연대감을 보여주시거나, 아니면 길고 험한 하루 여정 끝에 지친 영혼을 감싸 포용하십니다. 성령께서 이렇게 말씀하십니다. "기도 생활은 어때? 힘들지? 짐이 무거운 것 아냐? 그런데 왜 혼자 짊어지고 그래? 아무개, 지금부터 그것을 내게 맡기렴. 내가 대신 짊어질게!"

세 가지 종류의 탄식들

우리가 읽은 로마서 8장 본문 안에는 '탄식', '탄식한다'라는 용어가 두드러지는데, 바울은 똑같은 헬라어를 사용하면서도 세 가지 독특한 탄식을 묘사합니다.

첫째, 피조물의 탄식과 신음이 있습니다. 창조 세계가 탄식하며 신음하고 있다는 것입니다. 온 세상이 지금 몸살을 앓고 있습니다. 선한 창조 세계가 인간의 타락 이후로 고통하며 지내고 있습니다. 언제 이런 괴로움과 고통에서 벗어날 것인가 신음하며 탄식하고 있다는 것입니다. 아마 영적 청력이 예민하신 분은 피조물들의 탄식과 한숨 소리를 들으실 수 있을 것입니다. "피조물이 다 이제까지 함께 탄식하며 함께 고통을 겪고 있는 것을 우리가 아느니라"(8:22).

그러나 사실은 피조물뿐 아니라 하나님의 자녀들도 속으로 탄식하며 신음하고 있습니다. "이게 아닌데…" 하면서 말입니다. "그[피조물]뿐 아니라 또한 우리 곧 성령의 처음 익은 열매를 받은 우리까지도 속으로 탄식[신음]하여 양자 될 것 곧 우리 몸들의 속량[구속]을 기다리느니라"(23). 추수 때 제일 먼저 거둔 쌀을 '햅쌀'이라 부릅니다. 첫 곡식이란 뜻이지요. 이와 비슷하게 장차 하나님의 위대한 수확의 계절이 올 것인데, 그 추수 때가 시작되었다는 첫 번째 물증이 바로 성령입니다. 이 첫 곡식인 성령을 받은 하나님의 자녀들도 탄식한다는 것입니다. 무엇을 위한 탄식입니까? 이 탄식은 한숨이 아닙니다. 일과를 마치고 소파에 앉아 "아이고, 사는 게 왜 이리 힘드냐. 뭐 제대로 돌아가는 것이 없어" 하면서 내리 쉬는 한숨이 아닙니다. 그렇다고 아쉬움의 탄식도 아닙니다. 마치 로맨스 영화에서 눈물 짓게 하는 결정적 순간에 터져 나오는 "어휴, 어떻게 저렇게 된단 말인가!" 하는 깊은 아쉬움과 서글픔도 아닙니다. 아니면 연말 오케스트라 공연에서 연주자가 독주를 앞두고 마음의 평정을 찾으려고 깊이 들이쉬고 내쉬는 숨도 아닙니다.

이 탄식은 우리 몸이 온전해지기를 소원하는 갈망에서 시작된 탄식입니다. 썩을 수밖에 없는 우리 삶, 죽을 수밖에 없는 우리 몸이 온전하게 구속(속량)되는 날이 오기를 간절히 기다리는 탄식입니다.

이런 우리의 탄식에 참여하여 함께 탄식하는 분이 있습니다. 바로 성령이십니다. 그분이 탄식하신다는 것입니다. 성령의 탄식은 존재 속 깊은 곳에서 흘러나오는 앓는 소리입니다. 상쾌하거나 달콤한 소리도, 듣기 좋은 상냥한 소리도 아닙니다. 장탄식이며 신음입니다. 성령의 탄식과 신음에 대해 성경은 이렇게 기록합니다. "오직 성령이 말할 수 없는 탄식으로 우리를 위하여 친히 간구하시느니라"(26). 사람의 언어로 표현하기에는 너무도 깊은 우리 속사정을 성령께서 오로지 탄식과 신음으로 우리를 대신하여 하나님께 간구하신다는 것입니다.

로마서 8장은 우리가 마음으로 암송해야 할 진주 같은 구절들을

복음은 반드시 길을 찾는다

담고 있는 보석함이라면, 26절은 홀로 우뚝 서 있는 에메랄드 구절입니다. "성령은 우리의 연약함을 도우시나니, 우리는 마땅히 기도할 바를 알지 못하나 바로 그 성령께서는 말할 수 없는 탄식으로 우리를 위하여 친히 간구하십니다."

영광의 무게 속으로 안내하시는 성령

로마서 8장에서, 바울이 논증하려는 것을 염두에 두지 않으면, 성령의 간구는 그저 한숨으로밖에 들리지 않습니다. 로마서 8장 첫 부분 '성령과 육신'에 관한 부분을 떠올려봅시다.[20]

바울은 큰소리로 이렇게 외칩니다. "육신의 생각은 사망이요 영의 생각은 생명과 평안이니라"(6). "… 그리스도 예수를 죽은 자 가운데서 살리신 이가 너희 안에 거하시는 그의 영으로 말미암아 너희 죽을 몸도 살리시리라"(11). 우리 속에서 우리와 함께 '아빠, 아버지'라고 외치시는 성령(15, 16), 하나님의 자녀들로서 우리가 하나님의 상속자가 되며, 자녀이면 또한 상속자 곧 하나님의 상속자요 그리스도와 함께한 상속자가 되는 것이니 우리가 그리스도와 함께 영광을 받기 위하여 고난도 함께 받아야 한다는 사실(17)을 기억해보십시오. 바울은 계속해서 이렇게 말합니다. "현재의 고난은 장차 우리에게 나타날 영광과 비교할 수 없습니다."

그러고 나서 오늘 본문이 나옵니다. 창조 세계(피조물)가 탄식하고 있다는 것입니다. 온 세계가 썩어짐에 종노릇 하는 데서 해방되기를 간절히 열망합니다. 언제까지 이렇게 썩어져야 하는가 하고 탄식하며 신음하고 있습니다. 피조물뿐 아니라 우리도 탄식합니다. "우리가 하나님의 가족으로 온전하게 입양될 날이 언제인가? 썩어 한 줌의 흙으로 돌아갈 수밖에 없는 우리의 몸은 언제 온전하게 구속救贖될 것인가?" 하며, 우리가 지금은 두 눈으로 볼 수 없는 그 구원을 바라고 희망하면서 탄식하고 신음하고 있습니다.

성령님도 탄식하십니다. 우리가 마땅히 빌어야 할 것을 빌지 못하므로 우리를 대신하여 간구하면서 탄식하신다는 것입니다. 바울에 따르면, 성령께서 하시는 중보의 간구는 우리가 좀 더 경건하게 살아갔으면 좋겠다며 내쉬는 한숨 그 이상이라는 말씀입니다.

여기서 바울은 우리를 좀 더 깊은 곳으로 안내합니다. 즉, 성령에 따라 사는 삶의 깊은 곳으로, 성령에 따라 걸어가는 삶의 의미 안으로 깊숙하게, 그리스도의 고난을 깊이 이해하는 곳으로 깊숙하게, 구원의 영광스러운 무게 그리고 우리 앞에, 우리 가운데, 우리를 위해 펼쳐지는 그 영광의 무게 속으로 깊숙하게 안내하고 있습니다.

우리가 희망하는 세상

그러면서 사도 바울은 지금 현세대에 탄식과 신음이 계속된다고 말합니다. 창조 세계도, 우리 자신도, 성령님도 모두 이렇게 탄식하고 신음한다는 것입니다. 왜 모두가 이런 상태란 말입니까? 아직 우리가 성령님의 길에 서 있지 않았기 때문입니다. 하나님의 온전한 통치가 아직 이 땅에 도래하지 않았기 때문입니다.

우리가 희망하는 세상, 우리가 간절히 사모하는 세상, 하나님께서 반드시 세우시겠다고 약속한 세상은 어떤 세상입니까? 늑대가 어린 양과 함께 살고, 표범이 어린 염소와 함께 눕는 세상(사 11:6), 정의를 실행하고 친절(헤세드)을 사랑하고, 겸손하게 하나님과 함께 걷는 세상(미 6:8), 칼을 쳐서 보습을 만들고 창을 쳐서 낫을 만들고 나라들이 더는 전쟁 연습을 하지 않는 세상(사 2:4), 정의가 강물같이, 공의가 마르지 않는 시내같이 흐르는 세상(암 5:24)입니다.

젖 먹은 아이가 독사의 구멍에서 장난하며, 젖 뗀 어린아이가 독사의 굴에 손을 넣을 수 있는 세상(사 11:8), 하나님께 하듯 지극히 작은 자, 별 볼 일 없는 사람에게도 그렇게 하는 세상, 모든 언덕과 산들이 평지가 되고 얕은 계곡들은 높아지는 세상(사 40:4), 자기 소유를 팔아 가난한 이들에게 나눠 주고 예수님을 따르는 세상, 나에게 잘못을 저지른 사람을 일곱 번씩 일흔 번이라도 용서하는 세상, 그리스도의 지체 됨을 영광스럽게 여기는 세상입니다.

그러나… 아직 우리는 그곳에 도달하지는 못했습니다. 그래서 깊은 탄식과 신음이 있는 것입니다! 희망하는 탄식입니다. 희망을 잉태하고 해산하려는 탄식입니다.

성령께서 이끄시는 기도의 삶

이러한 탄식은 매우 긍정적이고 힘과 위로와 격려를 줍니다. 이에 대한 성경의 예를 들어보겠습니다.

마가복음에는 예수께서 귀머거리를 고치신 사건이 기록되어 있습니다. 사람들은 귀먹고 말 더듬는 자를 데리고 예수께 나아와 안수해주시기를 간청했습니다. 그러자 예수께서 그 사람을 무리 가운데서 따로 데리고 나와 손가락을 그의 양 귀에 넣었습니다. 그리고 침을 뱉으시고 혀에 손을 대시며 하늘을 우러러 '탄식'하시며 그에게 "열려라!"(에바다) 하시니 그의 귀가 열리고, 혀가 맺힌 것이 곧 풀려 말이 분명해졌습니다(막 7:31-37). 이처럼 긍정적인 탄식은 전쟁을 치르는 신음이며, 교전交戰하는 탄식입니다. 악의 세력에 사로잡혀 있는 포로를 되찾기 위한 전투 소리이며, 억눌린 자의 고통을 풀어주는 해방의 탄식입니다.

고린도후서에서, 바울은 하나님께서 약속하신 집에 관해 썼습니다. 이 집은 사람의 손으로 짓지 않은 집으로 하늘에 있는 영원한 집입니다. 그런데 우리가 지금 사는 집은 그런 영원한 집이 아니라 이 땅의 흙으로 지은 막사라는 것입니다. 이 흙집에 살면서 우리는 탄식하고 신음하고 있습니다. 무엇에 대한 탄식입니까? 이 탄식은 우리의 썩어질 몸이 하늘 거처heavenly dwelling로 덧입혀지길 갈망하는 탄식입니다.

이런 것을 종합적으로 생각하면서, 저는 우리가 기도할 때 성령께서 도와주신다는 말씀에 큰 격려를 받았습니다. 이 일에 대해 하나님께 깊이 감사하고 있습니다. 성령께서 좀 더 단련된 기도의 삶, 좀 더 균형 있고 단단한 기도의 삶, 좀 더 초점이 분명한 기도의 삶을 우리 안에 주형鑄型하고 계신다는 사실에 깊이 감사하고 있습니다. 우리가 그런 기도의 삶이 필요하다는 것을 하나님은 알고 계십니다. 성령의 온갖 탄식을 통해 우리가 얻는 것도 있습니다. 그러나 성령이 '탄식'하신다는 사실은 잊지 말아야 합니다. 그렇지 않으면 영적 교만에 빠질지도 모릅니다.

우리와 함께 탄식하시는 성령

성령은 탄식하십니다. 성령께서 신음하십니다. 비행기가 바다에 추락하여 수백 명이 죽었을 때, 젊은 가장이 아내와 철없는 어린 두 자녀를 남겨두고 심장마비로 죽었을 때, 뇌졸중으로 재활센터에 입원해 재활을 위한 각고의 노력을 쏟아부었지만 회복의 기미가 보이지 않을 때, 어느 날 직장에서 해고 통보를 받아들게 될 때, 뜻하지 않은 화재로 전 재산을 잃게 되었을 때, 평생 피땀 흘려 모은 적지 않은 돈을 믿었던 사람에게 사기를 당했을 때, 병원 진단 결과 하나가 눈 깜짝할 사이에 가정을 쑥대밭으로 만들었을 때, 세계 곳곳에 고문과 공포와 폭탄 실험과 핵 위협이 줄어들 줄 모를 때 깊은 탄식과 신음이 있습니다.

그것은 바로 하나님의 탄식과 신음입니다. 그렇습니다. 피조 세계도 탄식하고 우리 자신도 탄식하고 하나님도 탄식하십니다. 여러분 홀로 탄식하는 법이 없습니다. 혼자만 무거운 짐에 눌려 탄식하는 것이 아닙니다. 하나님도 여러분의 탄식에 동참하여 탄식하고 계십니다. 이것이야말로 복음이요 힘과 위로의 원천이 아니겠습니까? 그러므로 성도들이여, 힘을 내십시오. 용기를 잃지 마십시오.

우리가 잘 아는 복음 찬송 가운데 「누군가 널 위하여」라는 곡이 있습니다. 가사를 음미하면서 불러보십시오.

(1) 당신이 지쳐서 기도할 수 없고 눈물이 빗물처럼 흘러내릴 때 주님은 아시네, 당신의 약함을. 사랑으로 돌봐 주시네.

(2) 당신이 외로이 홀로 남았을 때, 당신은 누구에게 위로를 얻나 주님은 아시네, 당신의 마음을. 그대 홀로 있지 못함을.

(후렴) 누군가 널 위하여 누군가 기도하네.

　　　네가 홀로 외로워서 마음이 무너질 때

　　　누군가 널 위해 기도하네.

탄식과 신음이라…. 왜 탄식과 신음이어야 합니까? 이렇게 되어서는 안 되기 때문입니다. 이런 식으로 일이 흘러서는 안 되기 때문입니다. 하나님은 일이 이렇게 되어서는 안 된다는 것을 아십니다. 그러므로 고뇌하는 탄식입니다. 때론 신경을 바닥까지 건드리는 탄식입니다. 귀에 거슬리는 탄식입니다. 마음을 감찰하시는 하나님, 하나님의 성령을 통해 중보하시는 하나님, 예수 그리스도 안에서 우리에게 계시가 될 영광을 만드시는 하나님, 우리의 사정과 형편을 너무도 잘 아시는 하나님…. 그래서 하나님은 지금 탄식하며 신음하고 계신 것입니다.

탄식하는 희망

한편, 하나님은 우리를 큰소리로 부르고 소집하십니다. 찬양하면서 살라고 부르십니다. 반드시 도래할 하나님 나라를 가리키라고 부르십니다. 그리고 그 나라를 위해 기도하라고 하십니다. 이런 하나님의 부르심 안에 우리의 갈망과 탄식과 희망이 있습니다. 희망하는 탄식입니다. 탄식하는 희망입니다. 온전한 구원을 갈망하는 탄식과 신음입니다.

24절에서는 이것을 가리켜 "우리는 소망으로 구원받았다"라고 합니다. 소망하고 희망하기 때문에 구원받는다는 말입니까? 그것은 아닙니다. 소망하면서, 소망 중에 구원을 받는다는 뜻입니다. 달리 말해 탄식하고 신음하면서 희망을 품고 살아가는 자만이 궁극적으로 구원을 받는다는 말씀입니다. 우리의 탄식은 절망하는 탄식이 아닙니다. 우리의 탄식은 '희망하는 탄식'입니다. 아니 '탄식하는 희망'이라 불러도 좋습니다. 보이는 희망은 희망이 아닙니다. 지금 보이는 것을 희망한다고 하지는 않기 때문입니다. 그렇다면 어떤 희망입니까? 탄식하는 희망입니다. 피조물이 탄식하면서 바라는 희망, 우리 자신이 탄식하면서 갈망하는 희망, 하나님의 영이 탄식하면서 기다리는 희망입니다.

이 희망은 예수 그리스도 안에 있는 구원을 향해 속에서 끓어오르는 외침이며 탄식이며 신음이며 간절한 열망이며 바람이며 그리움입니다. 탄식하는 희망은 예수 그리스도 안에 있는 구원을 향해 손을 쭉 내밀어 뻗치는 희망입니다.

그러므로 우리는 현재의 고난은 장차 얻을 영광과 족히 비교할 수 없음을 압니다. 우리의 고난 가운데 함께 고통받는 하나님이 계시며, 우리를 위해 대신 기도하실 뿐 아니라 우리의 비틀거리는 기도에 '탄식과 신음'이라는 목발을 짚게 해주시는 성령이 계시기에, 우리는 넉넉히 이길 수 있습니다.

목발 짚은 기도

로마서 8:26-27

기도에 관한 복음

기도와 성령이 어떻게 서로 관련되어 있을까요? 본문에 귀를 기울여보십시오. 로마서 8장 26-27절을 여러 번역본으로 읽어보면 뉘앙스에서 약간의 차이점과 강조점을 느낄 수 있습니다.

이와 같이 성령도 우리의 연약함을 도우시나니 우리는 마땅히 기도할 바를 알지 못하나 오직 성령이 말할 수 없는 탄식으로 우리를 위하여 친히 간구하시느니라. 마음을 살피시는 이가 성령의 생각을 아시나니 이는 성령이 하나님의 뜻대로 성도를 위하여 간구하심이니라(개역개정).

이와 같이, 성령께서도 우리의 약함을 도와주십니다. 우리는 어떻게 기도해야 할지도 알지 못하지만, 성령께서 친히 이루 다 말할 수 없는 탄식으로, 우리를 대신하여 간구하여 주십니다. 사람의 마음을 꿰뚫어 보시는 하나님께서는, 성령의 생각이 어떠한지를 아십니다. 성령께서, 하나님의 뜻을 따라, 성도를 대신하여 간구하시기 때문입니다 (표준새번역).

우리는 가치 있게 기도하는 방식을 모릅니다. 그러나 우리 안에 계신 성령은 우리가 고뇌하는 갈망들 안에 있을 때, 그래서 도저히 그것을 말로 표현할 수 없을 때, 바로 그때 실질적으로 우리를 위해 기도하고 계십니다. 기다리다 지치는 순간에, 하나님의 영이 바로 우리 곁에서 우리를 도우십니다(JB 필립스).

어떻게 또 무엇을 기도해야 할지 몰라도 괜찮습니다. 그분이 우리 안에서, 우리를 위해, 우리의 기도를 하십니다. 할 말을 잃어버린 우리의 탄식, 우리의 아픈 신음소리를 기도로 만들어주시기 때문입니다 (메시지).

이 본문은 성경 어느 곳에서도 여러분이 발견할 수 없는, 기도에 관한 가장 속 시원한 견해를 제공합니다. 기도에 관하여 우리의 마음을 진정으로 자유롭게 하는 본문입니다. 꽉 막혔던 우리 견해와 생각을 시원하게 풀어주는, 그래서 진정한 해방감을 맛보게 하는 본문입니다.

우리 모두 기도하는 일이 얼마나 어려운지를 잘 압니다. 어떻게 기도해야 합니까? 성경은 여러 곳에서 여러 모양으로 기도에 관해 말합니다. 기도하되 끊임없이 지속해서 기도하고(살전 5:17), 모든 환경과 처지에서 기도하며(엡 6:18), 기도하되 똑바로 그리고 가치 있게 기도해야 한다는 것입니다. 그러나 이런 기도를 드린다는 것이 얼마나 힘들고 대단한 일입니까! 기도하는 일이 얼마나 어렵고 대단한 일인지 사무치게 알고 있는 우리에게는 이 본문이 복음입니다.

수수께끼 같은 말씀

앞서 언급한 것처럼, 26절은 자유롭게 하는 말씀인 동시에 수수께끼와 같은 말씀입니다. 본문은 기도하는 방식을 매우 잘 알고 있었던 바울의 경험을 담고 있기 때문입니다. 그런데도 바울은 "어떻게 기도해야 할지 모른다!"라고 고백합니다. 예수님을 구주로 영접하고 새로 믿기로 작정한 사람이 이런 말을 했다면 충분히 납득이 됩니다. 그러나 바울이 그렇게 말했다면 누가 믿겠습니까? 그가 이렇게 말한 데는 분명히 다른 뜻이 있습니다.

구약 성경은 기도들로 가득 차 있습니다. 그리고 바울은 그 기도문들을 거의 다 외우고 있었습니다. 그러니 그가 기도할 줄 모른다는 것은 말도 되지 않습니다. 그뿐입니까? 바울은 바리새파에서 교육받은 사람입니다. 1세기 유대교 안의 여러 종파 중에서도 기도 생활을 가장 꽃피웠던 종파였습니다. 그뿐입니까? 기도로 태어나고 기도로 유지되었던 초기 기독교 운동의 지도자가 바울이었지요. 그렇다면 그가 얼마나 기도에 정통했을까요? 그런데 그런 바울이, "나는 기도할 줄 모릅니다, 어떻게 기도해야 하는지 모릅니다"라고 말하고 있으니 도대체 어찌 된 일입니까?

그런데도 자신은 제법 기도할 줄 안다는 사람이 있다면, 그는 뭔가를 잘 모르는 사람일 것입니다. 바울이 모른다고 했는데 어찌 그가 안다고 할 수 있겠습니까? 이 말은 특별히 목사들에게 적용되는 말입니다. 목사들은 종종 공적으로 기도를 인도합니다. 그들은 '전문가들'입니다. 그래서 사람들은 "목사님, 우리를 위해 기도해주세요" 하고 요청합니다. 하지만 목사들 역시 바울의 선언에서 예외가 될 수 없습니다. 그들 역시 마땅히 기도해야만 하는 방식대로 기도하지 못한다는 것입니다.

이것이 우리가 본문에서 유추할 수 있는 첫 번째 요점입니다. 즉, 기도는 인간적으로는 도저히 불가능하다, 기도는 인간의 능력 너머에 있다는 것입니다. 기도할 때마다 우리는 이 사실을 기억해야 합니다. 즉, 우리는 인간적으로 도저히 불가능한 그 무엇, 인간의 능력 밖에 있는 그 무엇을 시도합니다.

기도할 때, 우리는 자신보다 우리 곁에 더 가까이 계신 분에게 말합니다. 우리가 말해야 하는 것과 왜 말해야 하는지에 대해 이미 알고 계신 분에게 말합니다. 그런데도 성경은 우리에게 기도하라고 촉구하십니다. 이렇게 해서 우리는 역설 안에 끼게 됩니다. 우리가 알지 못하는 것, 바로 그것을 하라고 하시기 때문입니다.

기도의 신비(1): 궁핍의 깊이

우리가 마땅히 기도해야 할 바를 알지 못하는, 두 가지 근본적인 이유가 있습니다.

복음은 반드시 길을 찾는다

첫 번째는, 자신의 궁핍함의 깊이를 알지 못하기 때문입니다. 우리 자신이 얼마나 심각하게 궁핍한 상태에 있는지를 인식하지 못한다는 것입니다. 자기 상황을 어떻게 읽어내야 하는지를 모른다는 것입니다. 자신이 처한 상황이나 형편을 심각하게 오독하고 있습니다.

기도는 진정한 상황 판독을 요청합니다. 우리는 일용할 양식을 위해 기도합니다. 먹을 것과 입을 옷과 직장과 가정과 건강을 위해 기도합니다. 이 모든 것이 필요하다고 생각하기 때문입니다. 달리 말해 이런 것을 달라고 기도하는 이유는, 우리가 처한 상황에 꼭 필요한 것으로 판독判讀했기 때문입니다. 이것이 우리의 '상황 인식'입니다. 문제는 이것이 우리가 처한 상황에 대한 진정한 판독인가 하는 점입니다.

우리의 기도는 종종 상황에 대한 잘못된 판독에 기반을 두고 진행됩니다. 그럴 때 하나님의 응답은 우리가 판독하지 못한, 따라서 우리가 예측하지 못한 전혀 다른 방식으로 올 수 있습니다. 하나님의 생각은 우리의 생각보다 높습니다. 하나님의 응답은 우리가 드리는 간청보다 높습니다. 하나님의 응답과 우리가 드리는 간청 사이에 우편번호가 맞지 않는다는 것입니다.

그러므로 우리는 언제나 하나님이 이루시는 것으로 우리의 기도를 교정받을 준비가 되어 있어야 합니다. 하나님의 높은 생각에 따라 이루시는 하나님의 응답들로 우리의 기도를 고쳐 나가는 것 말입니다. 하나님은 우리가 필요로 하는 것을 부정하거나 부인하지 않으십니다. 다만 하나님은 진정한 필요에 대한 우리의 이해를 교정하고 바꾸십니다.

본문에 대한 마르틴 루터의 주석을 들어보십시오.

만일 우리가 요청했던 기도 내용과 정반대의 것이 주어진다면, 그것은 나쁜 징조가 아니라 도리어 좋은 징조입니다.

우리의 기도는 종종 상황에 대한 오판에 근거하기에, 하나님의 응답은 우리가 응답이라고 인식하지 못하는 형태로 우리에게 올 수도 있습니다. 하나님의 생각은 우리의 생각보다 더 높습니다. 우리는 이러한 높은 생각이 무엇인지 솔직히 모릅니다. 하나님의 생각에 대해 우리가 유일하게 아는 것은, 보편적이고 전체적인 주제와 방향입니다. 그리고 그것이 우리를 위해 가장 좋게 작동한다는 것 정도입니다.

바울은 26절에서, 우리가 알고 있는 것을 말합니다. 하나님은 자기를 사랑하는 자들의 유익을 위하여 모든 것을 통해 일하고 계신다는 사실을 압니다. 하나님은 자신의 목적에 따라 부르심을 받은 자들의 유익을 위해 일하고 계신다는 사실을 압니다.

그러나 하나님께서 '어떠한 방식'으로 구체적으로 우리의 유익을 위해 일하시는지, 하나님의 생각이 어떠한 방식으로 구체적으로 우리에게 유익을 주시는지, 우리는 모릅니다. 우리는 결코 하나님의 생각을 읽을 수 없습니다. 우리가 할 수 있는 일은 오직 그분을 믿고 따르고 의지하는 것뿐입니다. 그러므로 이 말의 뜻은, 우리는 언제나 하나님에 의해 우리의 기도를 기꺼이 교정받을 준비가 되어 있어야 한다는 것입니다. 이런 관점에서 보면 원칙적으로 응답받지 못하는 기도는 없습니다. 하나님은 우리의 참 필요를 채워 주심으로써 우리가 올린 요청에 담긴 의도를 이루시기 때문입니다.

예수님은 우리에게 그것을 위해 기도하라고 가르치셨습니다.

복음은 반드시 길을 찾는다

구하라 그리하면 너희에게 주실 것이요

찾으라 그리하면 찾아낼 것이요

문을 두드리라 그리하면 너희에게 열릴 것이니 …

너희 중에 누가 아들이 떡을 달라 하는데 돌을 주며

생선을 달라 하는데 뱀을 줄 사람이 있겠느냐

너희가 악한 자라도 좋은 것으로 자식에게 줄 줄 알거든

하물며 하늘에 계신 너희 아버지께서 구하는 자에게

좋은 것으로 주시지 않겠느냐(마 7:7-11).

하나님은 우리의 기도에 대한 대답으로 '좋은 것'을 주실 것입니다. 그러나 그 좋은 선물이 무엇인지를 결정하는 분은 하나님이십니다. 따라서 우리에게 할 일이 있다면, 그분을 믿고 따르고 신뢰하는 일입니다.

어떤 종류의 신뢰입니까? 하나님께서 우리 유익을 위해 우리의 기도에 대답하시는 방법은 한 가지가 아니라 수천 가지일 수 있으므로 그에 대해 모두 한결같이 신뢰하라는 것입니다. 이것이 본문이 우리에게 말씀하는 첫 번째 가르침입니다.

기도의 신비(2): 영혼의 깊이

우리가 기도할 줄 모르는 두 번째 이유가 있습니다. 우리는 똑바로 기도해야 하지만 그렇게 할 줄 모르기 때문입니다. 우리는 자신의 궁핍이 얼마나 깊은지에 무지할 뿐 아니라, 자기 영혼의 깊이에 대해서도 무지합니다. 우리는 자기 마

음의 깊이를 모릅니다. 오직 하나님만 그것을 아시고 찾아 들어갈 수 있습니다. 오직 하나님만 당신의 측량줄로 우리 마음과 영혼의 깊이를 재십니다.

우리는 자기 영혼에 대해 아는 게 거의 없습니다. 예를 들어, 기껏해야 영혼은 마치 빙산의 일각과 같다는 것 정도를 압니다. 물 위로 솟아난 빙산의 극히 일부분만 보고 있다는 사실을 압니다. 겉으로 보이는 부분에 해당하는 영혼의 '의식 세계'만을 알 뿐입니다. 그러나 나머지 부분, 즉 의식의 문지방 아래는 볼 수 없습니다. 영혼의 잠재의식 부분이 얼마나 거친 세계라는 것을 잘 모릅니다. 그 세계는 격정과 열망, 본능과 충동들로 가득 찬 거친 세계로, 우리가 의식하는 삶, 즉 우리가 행동하고 생각하고 느끼는 일들에 지대한 영향을 끼친다는 정도만 압니다.

영혼의 깊은 세계는 마치 용암이 들끓는 태고의 세계와도 같습니다. 원초적 열망들과 격정적인 본능, 욕망들이 끓어오르고 분출하는 세계입니다. 이런 것은 실제로 우리의 의식 세계나, 우리가 선택하고 결정하고 사는 방식, 우리가 느끼고 생각하는 일에 엄청난 영향을 미친다는 것 또한 우리는 잘 압니다.

우리 영혼의 지하실 속에는 거친 것, 다듬어지지 않은 것이 무척 많습니다. 들짐승, 무서운 맹수들이 배회하기도 하고 질주하기도 합니다. 여기에 모두 마구를 채우거나 길들여야 합니다. 길들이지 않거나 마구가 제대로 채워지지 않은 이러한 들짐승들 때문에, 기도는 인간적으로 불가능한 것입니다. 우리가 의식하는 부분은 우리 영혼 전체에서 지극히 작은 부분을 차지합니다.

그에 비하면 잠재의식 세계는 더 크고 넓고 거칩니다. 이것이 사실이라면 누가 우리 영혼 전체를 하나님 앞에 이끌어 갈 수 있겠습니까? 오직 하나님의 영(성령)만이 하실 수 있습니다. 하나님의 영은 우리 영혼의 의식 세계뿐 아니라 잠재의식 세계에도 거하시기 때문입니다.

이것은 바울의 새로운 통찰력이 아닙니다. 바울은 이 사실을 시편 시인들로부터 배웠습니다. 예를 들어 시편 139편을 보십시오.

> 주님, 주님께서 나를 샅샅이 살펴보셨으니,
> 나를 환히 알고 계십니다.
> 내가 앉아 있거나 서 있거나
> 주님께서는 다 아십니다.
> 멀리서도 내 생각을 다 알고 계십니다.
> 내가 길을 가거나 누워 있거나,
> 주님께서는 다 살피고 계시니,
> 내 모든 행실을 다 알고 계십니다(시 139:1-3, 새번역).

시인에 의하면, 하나님은 우리 내면과 바깥을 모두 아십니다. 하나님은 우리 의식과 잠재의식을 다 아십니다. 하나님은 우리 영혼의 어두운 지하실을 알고 계십니다. 하나님께서 이런 것을 알고 계시므로, 하나님의 영은 우리가 연약할 때 우리를 도우십니다. 하나님의 영은 우리를 이끌어 하나님 앞에 우리의 존재 전체—의식 세계든 잠재의식 세계든—를, 즉 우리 영혼의 전모를 드러내 보입니다. 그리고 거기에서 하나님의 최선을 위해 구합니다.

우리의 탄식과 한숨을 사용하시는 성령

우리는 기도할 때 언어를 사용합니다. 언어는 우리의 잠재의식 세계가 아니라 의식 세계와 함께 일합니다. 우리가 기도할 때 우리가 의식하는 삶은 언어를 통해 하나님과 소통합니다.

그러나 성령께서 우리 안에서 기도하실 때, 그분은 한숨과 탄식을 사용하십니다. 성령께서 우리 안에서 기도하실 때, 언어를 초월한 그 무엇이 일어납니다. 가령 잠재의식 영역은 어떠합니까? 우리의 잠재의식 세계는 어떻게 하나님과 소통합니까? 잠재의식은 기도 시에 어떻게 하나님 앞에 나아갑니까?

바울의 통찰은 이렇습니다. 우리 가운데 계신 성령이 그 문제를 다 해결하고 다루십니다. 우리 가운데 계신 성령이 우리를 위해 '한숨'과 '탄식'으로 중보 기도를 드리십니다. 우리 가운데 계신 성령이 말로 담을 수 없는 우리의 열망, 본성을 표현하십니다. 이것이야말로 좋은 소식입니다. 해방의 소식입니다.

우리는 영적으로 메말라 있다는 생각이 들 때가 있습니다. 이런 때는 아무리 기도해도 자기 기도가 천장을 넘어가지 않는 듯 보입니다. 입속에서 말이 맴돌 뿐입니다. 정말로 답답하여 어쩔 줄 몰라 합니다. 우리 마음이 얼음처럼 차갑다는 것을 느낍니다. 그런데도 마음을 따스하게 할 만한 에너지도 없습니다. 무기력한 자신이 원망스러울 뿐입니다. 정신이 사납고 혼란스럽습니다. 기도할 단어조차 머리에 떠오르지 않습니다.

여러분이 이런 상황이라면, 바울이 26절에서 말하는 바를 기억하십시오. 연약함 가운데 있는 우리를, 성령이 지금 돕고 계신다는 사실을 기억하십시오. 성령께서 '탄식'과 '한숨'을 지시면서 우리를 위해 중보하고 계신다는 사실을 기억하십시오. 우리가 가장 연약할 때 우리가 영적 무능력 상태에 이르렀을 때 성령은 우리를 도우러 오시어 말로는 표현할 수 없는 탄식과 고민과 열망들을 하나님 아버지께로 가져다가 그분의 귀에 들려주십니다.

우리의 기도에는 목발이 필요합니다. 즉, 성령의 '한숨'과 '탄식'이라는 목발이 필수입니다. 이러한 목발들이 없다면, 우리의 기도는 무너져 내립니다. 이러한 목발이 있으면, 우리의 기도는 설 수 있습니다. 이 사실을 인식할 때 기도에는 비로소 진정한 해방의 기쁨이 올 것입니다.

기도할 줄 몰라도 괜찮은 이유

로마서 8:26-27; 누가복음 22:31-32

하늘에 닿지 않는 기도들

한국 교회의 교회력敎會曆에는 잊힌 날이 있습니다. 바로 승천일昇天日, Ascension Day입니다. 우리는 승천일에 그리스도께서 하늘로 올라가신 사건을 축하하며 기뻐합니다. 그런데 대체 승천일이 그리스도인에게는 무슨 의미가 있는 절기일까요?

하이델베르크 신앙교육서는 승천에 대해 다음과 같이 말합니다. 승천하신 그리스도는 "하늘에서 우리를 위하여 하나님 아버지 바로 앞에서 간구하십니다"('주의 날' 18, 질문과 응답 49번). 한 가지 분명한 의미는, 그리스도께서 우리의 기도들을 하늘 아버지께 드리기 전에 먼저 그것을 깨끗하게 씻어 정결하게 하시고 똑바른 기도가 되도록 하신다는 것입니다.

여러분과 나는 종종 많은 기도를 드립니다. 아침에 일어나서, 저녁에 잠자리에 들면서, 식사하면서, 아니면 이런저런 일 때문에 늘 기도합니다. 그러면서도 우리는 때때로 이 수많은 기도가 어떻게 될 것인가, 어디로 가는 것일까, 어떤 결과를 가져올 것인가 궁금해합니다.

어느 날 교회당에 들어서면서 깜짝 놀란 일이 있습니다. 수많은 풍선이 교회당 천장에 대롱대롱 매달려 있는 것을 보았기 때문이었습니다. 그것을 보며 우리가 드렸던 수많은 기도가 떠올랐습니다. 우리가 드렸던 기도들이 천장에 걸린 풍선들처럼 교회당 천장 너머로 올라가지 못하는 것처럼 느껴졌기 때문입니다. 바람이 빠져서 바닥으로 내려온 풍선도 보였습니다.

나는 궁금했습니다. 우리는 수많은 기도가 저 천장 너머로 올라간다는 믿음으로 기도하는가? 이 모든 기도가 하나님 귀에 들릴 것인가? 하나님께서 수많은 기도를 일일이 들으시는가? 그분은 우리의 모든 기도를 기억하시는가? 우리가 드리는 수많은, 온갖 종류의 기도가 하나님께 전부 전달될 것인가?

한 가지는 확신합니다. 우리가 드리는 모든 기도는 반드시 하나님께 전달될 것을 믿습니다. 하나님은 그 모든 기도를 일일이 들으실 것입니다. 그러나 그렇게 되기 전에 거쳐야 하는 과정이 있습니다. 그리스도께서 그 기도들을 모두 거두어 추스르고 다듬은 다음에야 하나님 앞에 올라간다는 말입니다. 우리는 마땅히 기도할 바를 알지 못하기 때문입니다. 다시 말해 우리는 기도를 올바로 드릴 줄 모르기 때문입니다. 그러므로 잘못되고, 초점이 안 맞고 삐뚤어진 기도들을 교정하고 누군가가 다듬고 깨끗하게 해서 하나님께 드려야 합니다.

복음은 반드시 길을 찾는다

그렇습니다. 우리는 하나님 뜻에 맞추어 기도할 줄 모릅니다. 이런 이유로 성령은 깊이 한숨 지으면서 우리가 해야 할 말을 찾아 대신 중보자中保者의 기도를 드리십니다.

"내가 널 위해 기도했다"

성경은 우리에게 기도할 줄 모른다고 하면서, 동시에 기도하라고 합니다. 어느 곳에서는 쉬지 말고 기도하라고 하시면서(살전 5:17), 또 다른 곳에서는 마땅히 기도할 바를 알지 못한다고 하십니다(롬 8:26). 도대체 어찌 된 것입니까? 기도를 하라는 것입니까, 하지 말라는 것입니까?

복음서에서도 비슷한 이야기를 들려줍니다. 베드로가 예수를 부인하기 직전에 예수께서 베드로와 하신 대화입니다. 베드로가 예수께 말했습니다. "주님! 내가 주님과 함께 기꺼이 감옥에도, 죽는 데도 가기를 준비했습니다." 그러자 예수께서 대답하십니다. "시몬아, 시몬아, 보아라. 사탄이 밀 까부르듯 하려고 너희를 요청하였으나 내가 너를 위하여 네 믿음이 떨어지지 않기를 기도했다"(눅 22:31-32].

예수님은 이런 의미로 말씀하신 것입니다. "사탄이 너를 체 속에 넣어 흔들기를 원하는구나. 체질을 심하게 하여 곡식알을 바깥으로 떨어뜨려 겨 외에는 아무것도 남지 못하게 하려는구나. 베드로야, 내게 네게 경고하건대, 너는 결코 사탄의 상대가 될 수 없다. 만일 사탄이 마음먹고 너를 잡으려 한다면, 너는 그를 당해내지 못할 뿐만 아니라, 겨처럼 날아갈 수밖에 없다. 그러니 조심하여라!"

한 차례 더 들어가자면 의미는 더 깊어집니다. "나와 함께 고난을 받겠다는 의지나 결심만으로는 되지 않는다. 믿음은 그 이상이다. 너의 믿음은 스스로 충분하지 않고 나의 중보가 필요하다. 그래서 네 믿음이 실패하지 않기 위하여 내가 너를 위해 기도해온 것이다." 베드로가 예수님을 저버리지 않도록 지탱해준 원동력은 예수님을 향한 베드로의 충성심이나 지조 때문이 아닙니다. 바로 베드로를 향한 예수님의 변함없는 성실과 애정 때문이었던 것입니다.

우리 믿음이 붕괴되지 않은 이유

베드로 인생에 있어 영원한 버팀목은 예수님의 중보 기도였습니다. 인생의 뒷배에는 예수님의 중보 기도가 있었던 것입니다. 예수님의 지속적인 중보 기도가 있었기 때문에 베드로는 견고하게 설 수 있었습니다. 우리는 베드로가 얼마나 변덕스럽고, 겁쟁이였고, 변절자였는가를 압니다. 자기 주인을 저주하고 부인하는 비열한 인간이지 않았습니까?

그러나 이것이 베드로의 전부는 아니었습니다. 그의 이야기 전체가 아니었다는 의미입니다. 다시 말해 베드로의 실패와 연약함, 약점과 오점은 심지어 베드로의 이야기 전체에서 중요한 부분도 아닙니다. 뒷면에서 무슨 일이 일어나고 있었는가가 더 중요합니다. 이면裏面에서 일어나는 사건, 즉 그리스도께서 베드로를 굳건히 붙잡고 있다는 사실이 더 중요했습니다. 이것이 베드로라는 사람의 전체 이야기입니다. 우리가 놓쳐서는 안 될 중요한 이면裏面입니다.

만일 이러한 인생 뒷면에 대해 전혀 모른다면, 우리는 매우 피상적으로 살아가고 있는 것입니다. 우리 삶을 안정되게 하고, 인생이 흔들리지 않게 중심을 잡아주고, 믿음이 붕괴하지 않도록 지탱하는 구심점은 바로 그리스도의 중보 기도입니다. 우리 믿음이 아직도 살아 있다면, 그것은 우리가 예수님께 충성하거나 변절치 않고 그를 붙잡기 때문이 아닙니다. 우리 믿음이 아직도 살아 있는 절대적인 이유는 예수께서 우리를 향해 변함없이 신실하시기 때문입니다. 우리의 신앙이 유지되는 것은 우리가 그분을 붙잡았기 때문이 아니라, 그분이 우리를 붙잡고 있기 때문입니다. 베드로가 넘어지지 않는 이유는 예수님을 향한 베드로의 충성심 때문이 아니라, 베드로를 향한 예수님의 신실하심 때문입니다. 예수님은 말씀하십니다. "베드로야, 네가 지금도 믿는 이유가 있다면, 그것은 내가 너를 위해 기도하고 있기 때문이다."

예수님께서 말씀하시는 것은 여러분이 아기에게 걷는 법을 가르치는 경우와 흡사합니다. 아기가 넘어지지 않도록, 여러분은 먼저 아기의 손을 붙잡습니다. 아기가 걸을 수 있는 것은 아기가 여러분의 손을 잡고 있기 때문이 아니라, 여러분이 아이의 손을 굳세게 잡고 있기 때문이지 않습니까? 그리스도와 우리 사이의 관계도 다르지 않습니다. 그리스도께서 우리의 약하고 힘없는 믿음을 붙잡으시고, 그분의 중보를 통해 우리의 신앙을 굳세게 잡고 계십니다.

베드로에게 하신 예수님의 말씀은 로마서에 기록한 바울의 말에 밝은 빛을 던져줍니다. 베드로가 넘어지지 않은 것은 예수께서 그를 위해 기도하셨기 때문입니다. 이처럼 우리가 기도할 때 성령께서 우리를 위하여 대신 기도하고 계시므로 우리의 믿음 역시 넘어지지 않습니다.

바울은 어떻게 기도해야 하는지 모른다고 했습니다. 그것은 상황의 심각성을 모르기 때문이라고 할 수 있습니다. 다시 말해, 우리는 처한 상황이 얼마나 심각하고 위중한가를 모른다는 말입니다. 우리는 마치 베드로와 같습니다. 베드로는 사탄이 곡식 까부르듯이 자신을 체질하려 한다는 사실을 까맣게 몰랐습니다.

우리를 위해 중보하신다는 의미

그리스도의 영은 우리의 의식 세계나 무의식 세계 혹은 잠재의식 세계를 모두 알고 계십니다. 환한 불빛으로 밝혀져 있는 거실이나 우리의 어두운 지하실까지도 모두 알고 계시는 분입니다. 성령께서 우리 영혼의 모습 전체를 알고 계시므로, 그분은 영혼의 가장 어두운 부분 속에 있는 것마저도 하나님 앞에 내놓으며, 우리를 대신해 도움을 청하실 수 있습니다.

이것이야말로 '좋은 소식'good news입니다. 종종 우리는 영적인 고갈과 메마름을 경험합니다. 피부가 마를 때, 소위 건성乾性 정도가 심해질 때 우리는 통증을 느낍니다. 이처럼 때때로 우리의 영적 피부가 너무도 메마른 상태임을 경험할 때가 있습니다. 하늘을 향해 아무리 부르짖어도 한 방울의 비도 내 입술을 적시지 않는다는 것을 경험할 때입니다. 가물어 메마른 심령에 단비를 갈구하여도 공허한 메아리만 돌아올 때가 있습니다. 영적으로 너무 메말라, 기도하면서도 그 기도가 천장 너머로 올라가고 있을까 의심하기도 합니다. 아니면 종종 혼란스럽고 산만하여 기도를 올바로 드릴 수 없을 때도 있습니다. 자신이 시작한 기도가 어디로 가는지도 모르는 지경으로

복음은 반드시 길을 찾는다

영혼이 혼돈과 혼란 속에서 헤맬 때가 있습니다. 아니면 어떻게 기도해야 할지를 몰라 당황하여 입에서 기도가 나오지 않기도 합니다.

어느 경우든지, 반드시 기억해야 할 사실이 있습니다. 성령님은 우리가 연약함 가운데 있을 때 우리를 돕고 계신다는 사실입니다. 우리가 너무 연약하여 삶이 바닥을 치고 있을 때, 인생의 등반 길에서 추락했을 때, 영적 침체가 너무 심해 더 이상 내려갈 데가 없을 정도가 되었을 때 성령님은 우리의 갈망과 영혼의 고민스러운 바람—이것은 말로 표현하기 힘든 것입니다—을 가져다가 하나님 아버지의 귀에 해석하고 번역해서 들려드리는 분이십니다.

이것이 그리스도께서 우리를 위하여 중보하고 계신다는 의미입니다. 주님께서 우리를 위하여 천상에서 중보 기도를 드린다는 것은 그리스도께서 우리 손을 놓지 않고 꼭 붙들고 계신다는 의미입니다. 그리스도께서 우리를 위해 기도하시므로, 우리의 믿음은 결코 망가지거나 쓰러지지 않을 것이라는 의미입니다. 그리스도께서 우리의 기도 속에서 우리와 함께, 대신 기도하시며, 그 기도들이 하나님께 받아들여질 수 있도록 하신다는 의미입니다. 우리 믿음이 쓰러지지 않고 견고히 설 수 있는 것은 우리가 그리스도께 충실하기 때문이 아니라 그리스도께서 우리를 향해 신실하시기faithful 때문입니다.

모든 것 안에 계시는 하나님

로마서 8:28-30

스포츠 명예의 전당

"명예의 전당"Hall of Fame이란 것이 있습니다. 미국에서 생긴 제도인데 한국에서도 종종 볼 수 있지요. 스포츠 각 분야에서 커다란 발자취를 남긴 유명 선수들을 기념하고 그들의 위대한 기록을 후세에 알리기 위해 만든 건물입니다. 2007년에는 여성 골퍼 박세리 선수가 미국 여자프로골프협회LPGA "골프 명예의 전당"에 들어가는 영예를 누렸습니다.

사실 영어 문구Hall of Fame를 자구적으로 번역하자면 "명성名聲의 전당", "유명有名의 전당"입니다. 이름을 날렸던 사람들의 전성기 활동 기록물을 수집·보관해서 일반인에게 보여주는 곳입니다. 한국어로는 "명예의 전당"인데, 영어 명칭이 좀 더 실제적이고 솔직해 보입니다. 그 전당 안에 입적하게 된 사람들은 대중에게 잘 알려진 '유명한' 사람들이란 뜻이지, 그 유명세가 반드시 그들의 인격이나 도덕성과 관련 있다는 뜻은 아니기 때문입니다. 한편 우리나라는 도덕적으로 윤리적으로 고상하거나 품위 있다는 뜻을 내포하는 '명예'라는 단어를 사용하여 "명예의 전당"으로 부릅니다. 그러나 거기 들어간 사람들이 그저 유명하기만 한 사람들인지 아니면 명예로운 사람들인지는 구분하지 않습니다. 때론 어떤 사람들은 그 '명예'가 '멍에'로 바뀌는 일도 있습니다.

성구 명예의 전당

성경 안에도 대표적인 신앙 위인들을 위한 "명예의 전당"이 있습니다. 히브리서 11장이 그런 곳입니다. 위대한 신앙의 사람들을 뽑아 그들을 기념하는 자리입니다. 교인들이 가장 많이 애송하거나 암송하는 구절을 모아 "성구 전당"을 차려보면 어떨까요? 어느 구절이 여기에 입성할 것 같습니까? 여러분의 입에서 자연스레 나오는 성경 구절들을 대보십시오.

"하나님이 세상을 이처럼 사랑하사…"(요 3:16). "너는 마음을 다하고 뜻을 다하고 힘을 다하여 네 하나님 여호와를 사랑하라"(신 6:5). "사람아 주께서 선한 것이 무엇임을 네게 보이셨나니 여호와께서 네게 구하시는 것은 오직 정의를 행하며 인자를 사랑하며 겸손하게 네 하나님과 함께 행하는 것이 아니냐"(미 6:8). "그러므로 너희는 가서 모든 민족을 제자로 삼아 아버지와 아들과 성령의 이름으로 세례를 베풀고"(마 28:19). "이러므로 우리에게 구름같이 둘러싼 허다한 증인들이 있으니 모든 무거운 것과 얽매이기 쉬운 죄를 벗어 버리고 인내로써 우리 앞에 당한 경주를 하며"(히 12:1). "너희는 마음에 근심하지 말라 하나님을 믿으니 또 나를 믿으라"(요 14:1). "내게 능력 주시는 자 안에서 내가 모든 것을 할 수 있느니라"(빌 4:13).

그리고 아마 지금 우리가 살필 구절도 여기에 들어갈 것이 틀림없습니다. "우리가 알거니와 하나님을 사랑하는 자 곧 그의 뜻대로 부르심을 입은 자들에게는 모든 것이 합력하여 선을 이루느니라"(롬 8:28). 우리가 보통 아는 대로 쉽게 풀어 말하자면, "하나님을 사랑하는 자들에게는 모든 일이 함께 잘 되어갈 것입니다". 그렇습니다. 암송하고 또 암송해야 할 귀중한 구절 중의 하나입니다.

잘못 사용되기 쉬운 구절

이 구절은 교회 홍보용 포스터에도, 교회 십 대 청소년 티셔츠에도, '긍정의 힘'을 선전하는 사람들의 입술에도, 기복신앙을 외쳐 대는 설교자의 입에서도, 밑줄 친 몇몇 구절 중의 하나로, 여름 성경학교 때 암송 구절로, 경건한 할머니 권사님의 권면 말씀에도 자주 등장합니다. "우리가 알거니와 하나님을 사랑하는 자…에게는 모든 것이 합력하여 선을 이루느니라."

처음에 저는 이 구절을 별로 좋아하지 않았습니다. 정말로 그랬습니다. 좀 심하기는 하지만 그래도 사실이었습니다. 그런데도 이 구절은 늘 제 머릿속을 맴돌고 있었습니다. 내 암송 구절 기록에 따르면, 이 구절 앞에는 별표(*)를 달아 놓았습니다. 이 구절은 좀 더 자세한 설명이 필요한 말씀이라는 표시였습니다. 아니면 경고 표시이기도 했습니다. 즉, 잘못 사용할 가능성이 많은 구절이라는 뜻이었습니다. 특정한 삶의 정황에 목회자로서 권면이나 위로를 해야 할 경우, 남용하거나 오용할 가능성이 많으니 조심해야 한다는 뜻이었습니다.

"하나님을 사랑하는 자들에게는 모든 일이 결국 좋게 됩니다." 누군가 너무 어려운 일을 당했거나, 고난이나 비참한 지경에 있을 때 뭐라고 위로해야 합니까? 차라리 "참 유감입니다. 무슨 말씀을 드려야 할지 떠오르지 않네요"라거나, 아니면 "저도 이해가 가지 않습니다"라고 말하거나, 그것도 아니면 "제가 얼마 동안이라도 곁에 있어도 될까요?"라고 하는 편이 훨씬 나을 것 같은데, 너무도 쉽게 "모든 것이 합력하여 선을 이룰 것입니다"라고 말하고 싶은 유혹에 빠진다는 것입니다.

궁극적인 좋음의 상태로 진행됨

본문에서 설명이 필요한 부분이 몇 군데 있습니다. 우선, 본문에 등장하는 '선'에 관한 이해입니다. 다시 말해 바울 사도가 "선을 이루다", "좋게 일이 되어간다"라고 했을 때 무슨 의미로, 무슨 뜻으로 했을 것 같습니까?

여기서 말하는 '선善'을 '지고의 선'이라고 생각해보십시오. '선', '좋음'을 '영원한 선', '영원한 좋음', '궁극적인 선함'을 말하는 것으로 이해하는 것이지요. 달리 말해 시간과 순간을 초월하여 있는 선, 오늘 지금 우리가 겪는 갈등과 고민을 넘어서 있는 '선'(좋음)을 말하는 것으로 이해합니다.

성경 저자들이 우리에게 권면하는 말씀 속에서 발견되는 선함입니다. "하나님의 선하심을 맛보라." "하나님은 선하시다." "하나님의 인자하심은 영원하고 하나님의 신실하심은 대대에 이르리로다." "나는 산자의 땅에서 하나님의 선하심을 보게 되리라고 믿습니다."

로마서 8장 28절은 모든 일이, 나와 여러분과 이 세상이 좋다고 생각하는 선(좋음)을 훨씬 뛰어넘는 최상의 선善을 위해 진행되어 간다는 것입니다. 모든 일이 최상의 선을 위하여 이바지한다는 말입니다. 이것이 바울이 말하는 '선'입니다. 그러므로 우리는 지금 종말론적 관점에서, 재림의 관점에서, 영원한 생명의 관점에서 "하나님을 사랑하는 자들에게 합력하여 선을 이루는 모든 일들"을 살피고 있습니다. 장차 있게 될 온전한 좋음, 최종적으로 도래할 궁극적인 선함의 상태가 있다는 확신입니다.

시궁창 같은 현실 속에서

그런데 문제는 지금입니다. 현실은 그렇지 않다는 것이 문제입니다. 여러분과 저는 지금 고단한 삶의 현실 한가운데를 지납니다. 이런저런 일, 예측 가능한 일뿐 아니라 예측할 수도 없는 일들이 여기저기서 터져 나오는 피곤한 삶 속을 통과하고 있습니다. 이럴 때, 누가 이 꿀떡 같은 약속의 말씀을 붙잡지 않겠습니까? 너무도 매력적이고 위안이 되는 말씀처럼 들리지 않습니까? "여러분이 예수님을 사랑한다면, 곧 모든 일이 잘될 겁니다"라는 식의 약속 말입니다. "여러분이 예수님을 사랑한다면, 오로지 좋은 일만 '지금 곧' 일어나게 됩니다"라는 식으로 읽히기도 합니다. 그러나 "모든 것이 잘될 거야"라는 식으로 본문을 이해하는 것은, 이 약속을 판촉 광고나 할인 판매 문구나 아니면 닳고 닳은 약장수의 유혹적인 선전 문구와 같은 수준으로 취급하는 것일 뿐입니다.

문제는 하나님 백성 대부분이 가진 집단적인 마음 저변에는 이런 유의 생각이 깔려 있다는 것입니다. 라디오 설교자들이나 기독교 텔레비전 방송을 청취하는 사람들, 싸구려 부흥회를 따라다니는 사람들, '적극적 사고방식'이나 '긍정의 힘'과 같은 값싼 심리적 치료와 확신에 마음을 두는 사람들은 말할 것도 없고, 보통의 선량하고 순진한 많은 크리스천이 점점 수위가 높아지며 마침내 떠내려가게 될지도 모르는 이런 위험천만한 다리 위에 서 있습니다.

저와 같은 장로교 목사들은 지난 수십 년 동안 윌리엄 바클레이 William Barclay 박사의 주석으로 도움을 받으면서 설교를 준비했습니다. 1950년대에 바클레이 박사는 이 구절에 관해 이렇게 썼습니다.

만일 사람이 하나님을 사랑하고 신뢰하고 의지하고 그분을 받아들인다면, 만일 사람이 하나님은 온전하게 지혜로우시고 항상 사랑하시는 아버지라는 확신이 있다면, 그 사람은 하나님께서 자기에게 보내시는 모든 것, 모든 일을 겸허하고 겸손하게 받아들일 수 있습니다. 예를 들어, 어떤 사람이 의사에게 갔다고 합시다. 의사가 진단한 후에 치료를 시작합니다. 그런데 치료 과정이 환자에게는 불편하고 심지어 괴롭고 고통스러울 수도 있습니다. 그렇다 해도 그 사람이 의사의 지혜와 신실함을 믿고 의지한다면, 그는 치료 과정에서 겪어야 하는 모든 일을 받아들이게 됩니다. 하나님을 사랑한다면, 우리도 마찬가지입니다. 하나님을 사랑하고 신뢰하고, 모든 일이 선하게 되리라고 믿는 사람에게만 그럴 것입니다. 그런 사람에게 모든 일은 완전한 지혜와 사

랑과 능력으로 최상을 위해 일하고 계시는 아버지에게서 오기 때문입니다.[21]

그렇습니다! 로마서 8장은 말합니다. "하늘 아버지가 제일 잘 아신다!" "아버지는 무엇이 좋은 것인지, 자기 자녀를 위해 가장 좋은 것은 무엇인지 아신다!" 하나님 아버지께서는 우리에게 이렇게 말씀하십니다. "너에게 무엇이 최상인지 나는 잘 알고 있어. 지금 고통스럽고 아프지? 네가 아픈 것 이상으로 나도 아파. 자, 어서 쭉 들이켜. 이제 괜찮을 거야!"(어린 자녀에게 쓴 약을 먹일 때 하는 말과 비슷합니다!)

온전한 이해를 위한 열쇠 구절

글쎄요, 이렇게 설명해드렸는데, 일반적으로 크리스천의 마음에 너무도 깊게 잘못 심긴 이 구절에 대한 대중적 이해가 쉽게 바뀔는지는 잘 모르겠습니다. 이런 이유로 저는 이 문제를 심각하게 다루고 있습니다. 얼마나 많은 사람이 "하나님을 사랑하면, 인생은 잘될 거야! 모든 일이 잘될 거야!"라는 식의 조건적 약속으로 알고 있는지요! 그렇게 알고 있다가 실제로 일이 그렇게 돌아가지 않을 때, 분노하거나 입술을 깨물거나 신앙의 침체에 빠지는 일이 얼마나 많은지요!

이 구절에 관한 약속의 말씀대로 모든 일이 쉽게 풀리는 건 아님을 깨달은 후에는 "될 대로 되겠지"라는 식의 체념이나 신앙적 무관심에 빠지는 경우가 많습니다. 이런 일로 상처를 입고 신앙에서 멀어져 가는 사람들도 있습니다. 좋은 의도로 자기에게 권면하는 사람들, 즉 "집사님이 하나님을 정말로 사랑한다면, 모든 것이 합력하여 좋게 될 것이에요!"라고 하는 사람에게 많은 상처를 입었거나 지금도 입고 있습니다. 이렇게 말하는 사람들은 이 구절로 삶의 신비와 고통과 고난들과 심지어 죽음까지도 쉽게 설명해버리려는 잘못을 범합니다.

많은 크리스천이 투표해서 암송 구절들을 선정했다고 합시다. 그리고 그 구절들을 모아 "암송 구절 명예의 전당"에 헌당했습니다. 그런데 저는 그 명예의 전당에서 이 구절을 넣는 것을 잘 생각해보라고 권합니다(물론 정말로 제외시킬 의사는 없습니다). 그만큼 이 구절을 정신 차리고 똑바로 읽어야 한다는 것입니다. 그 구절 '전체'를 읽어야 한다는 말입니다. 부분이 아니라 전체를 읽어보십시오. 뭐라고 말씀하고 있습니까? "우리가 알거니와 하나님을 사랑하는 자 '곧 그의 뜻대로 부르심을 입은 자들에게는' 모든 것이 합력하여 선을 이루느니라."

모든 일 가운데서, 모든 일을 통해

여기서 존 칼빈은 "부르심을 입은 자들"이란 구절을 가리켜 '교정 틀' 혹은 '개선책'이라고 불렀습니다. 무슨 뜻입니까? 우리가 잘못 생각할 가능성을 교정하고 고쳐주기 위해 덧붙여진 구절이라는 뜻입니다. 설명하자면, 우리가 혹시라도 "우리가 하나님을 사랑한다면, 달리 말해 우리가 애쓰고 힘써 하나님을 사랑한다면, 그런 신앙적 노력과 공로 때문에, 우리는 고난을 통해 익은 열매들을 마땅히 받을 자격이 주어진다!"라고 잘못 생각할까 봐, 그런 잘못된 생각을 교정하기 위해 "하나님의 뜻대로 부르심을 받은 자들"이라고 말한다는 것입니다. 즉, 하나님이 먼저 우리를 사랑하심이 있은 다음에 우리가 하나님을 사랑하게 된다는 것입니다.

그러므로 "선을 이루다"라는 구절은 우리를 향한 하나님의 부르심과, 사랑과 선택이란 긴 문맥 안에서 이해되어야 합니다. 달리 말해, 하나님께서 우리를 구출하시는 '구원 이야기', 즉 "또 미리 정하신 그들을 또한 부르시고, 부르신 그들을 또한 의롭다 하시고, 의롭다 하신 그들을 또한 영화롭게 하셨느니라"(8:30)라는 구원의 여정을 논하는 바울의 핵심 논지와 연결하여 이 구절("선을 이루다")을 생각해야 한다는 것입니다. 즉, '예정-부르심-의롭다 하심-영화롭게 하심'이라는 맥락에서 벗어나선 안 됩니다.

하나님께서는 저와 여러분의 삶에서 이런 '선'을 이루기 위해 지금도 일하십니다. 그래서 "모든 것이 합력하여 선을 이루다"라는 현재 본문 대신에 고대의 다른 사본에는 "하나님은 모든 것을 합하여 선을 이루신다", "하나님은 모든 일 가운데서, 모든 것을 통해 우리를 위한 선을 이루신다"라고 말한 부분도 있습니다. 매우 적절한 의미 파악입니다. "하나님이 모든 것을 합하여 선을 이루신다!" 이는 곧 하나님 섭리에 관한 말씀입니다.

하이델베르크 신앙교육서는 하나님 섭리에 대해 이렇게 고백합니다(주님의 날 10주일).

하나님의 섭리란, 전능하시고 항상 존재하는 하나님의 능력입니다. 이 능력으로 하나님은 마치 자신의 손으로 하시듯, 하늘과 땅과 모든 피조물을 붙들며 다스리십니다. 이렇게 하심으로써 나무의 잎들과 풀들, 비와 가뭄, 풍년과 흉년, 먹을 것과 마실 것, 건강과 병고, 부유함과 가난함, 이 모든 것이 우연에 의해 일어나는 것이 아니라 하나님 아버지의 돌보시는 손길로부터 우리에게 온다는 것을 알게 하십니다.

섭리의 목적: 하나님 아들의 형상

한 걸음 더 나아가, 우리가 덮어 놓고 인용하고 암송하는 이 구절은 이어 나오는 "그 아들의 형상을 본받게 하기 위하여"(29)와 분리해서 생각해서는 안 됩니다. 하나님 아들의 형상에 관한 말씀은 바울 메시지의 중심부에 해당합니다.

"그 아들의 형상을 본받게 하기 위하여"는, "우리는 예수님처럼 행동해야 한다, 그분처럼 보여야 한다"라는 말이 아닙니다. 여기서 말하는 '하나님 아들'은 십자가에 달리신 그리스도와 부활하신 그리스도입니다. 즉, 하나님 아들의 형상(모습)은 예수의 십자가와 부활을 가리키는 말입니다. 십자가에 달리신 그리스도와 부활하신 그리스도가 하나님 아들의 형상이며 모습입니다.

그렇다면 하나님께서 여러분과 저를 부르신 후에는, 그리스도의 죽으심과 부활하심을 통해 만들어져 가고 형성되고 빚어지고 마침내 영광스럽게 됩니다. 이 상태가 "모든 것이 합력하여 선을 이루다"라고 말할 때의 '선'(좋음)입니다. 최상의 선(좋음)이 무엇인지 새롭게 규정되는 순간입니다. 그리스도의 죽음과 부활의 각인과 흔적을 모델로 삼아 우리도 그와 같이 되어 간다는 것입니다. 바로 이렇게 되어 가는 것이 선을 이룬다는 뜻입니다.

복음은 반드시 길을 찾는다

이렇게 되기 위해 모든 일이 필요한 것입니다. 지금의 나쁜 일과 좋은 일들, 괴로운 일과 즐거운 일들, 안 되는 일과 잘되는 일들 모두를 통해 우리는 죽음과 부활을 경험하면서, 궁극적으로 영화롭게, 명예롭게, 빛나게 되어간다는 것입니다. 이것이 모든 일을 통해 선을 이루신다는 의미입니다.

이렇듯 우리를 위한 '선'을 이루어가시는 분은 우리가 아니라 하나님입니다. 그분께서 우리를 먼저 부르시고 사랑하시고 택하시고 더러움을 씻어주시고 "괜찮아!"라고 선언하시고, 흙덩어리로 토기를 빚듯 그렇게 우리를 빚으시고 그리스도의 형상을 닮은 명품으로 만들어가신다는 것입니다. 여러분과 제 삶을 시작하신 분이 그분이고, 우리 삶을 지탱하고 유지하는 분도 그분이고, 우리 삶을 만들고 교정하시는 분도 그분이고, 마침내 최상의 상태로 명품으로 완성하실 분도 그분입니다. 그것을 믿으라는 것입니다.

하나님께서 누구의 형상에 따라 우리를 만들어가십니까? 십자가와 부활로 뚜렷하게 새겨진, 하나님 아들의 형상입니다. 하나님의 아들이 누구십니까? 우리가 모델 삼아 빼닮아가야 하는 예수 그리스도는 누구십니까? 예수 그리스도는 하나님의 구원 이야기를 요람 삼아 그 안에서 태어나신 분입니다. 그분은 미리 정하신 바 되고, 부르심을 입었고, 의롭다 칭함을 받았고, 마침내 영화롭게 되신 분이십니다. 그분은 하나님 은혜와 사랑의 포대기에 감싸졌습니다.

우리를 명품으로 만들어가시는 하나님

바로 이런 방식으로 하나님

은 우리를 '구원 이야기' 속에 태어나게 하시고, 우리 이름을 부르시고, 우리에게 은혜를 먼저 베푸시고 사랑을 주셨습니다. 그러므로 그런 하나님께 응답하고 사는 사람들, 그리고 그 하나님을 간절하게 사랑하고 높이고 섬기는 사람들, 그들 모두는 하나님께서 모든 일을 통해, 모든 일 가운데서 선을 이루기 위해 일하고 계심을 압니다. 이 것이 신앙고백입니다. 이것이 뿌리 깊은 확신입니다.

더 이상 덮어놓고 이 구절을 암송하지 않기를 바랍니다. 이 구절을 기억하거나 암송할 때마다 샘물 곁에서 암송하듯 하십시오. 즉, 세례의 물그릇 옆에서 세례를 기억하면서 암송하라는 의미입니다. 우리 삶과 죽음의 마지막 한 치까지도 하나님 아들의 흔적이 있음을 기억하십시오. 우리는 하나님의 것으로 점찍힌 사람들입니다. 하나님의 것으로 표시된 사람들입니다. 구원 이야기를 요람 삼아 우리를 그 안에 넣어 기르시고, 하나님의 사랑이란 손으로 우리를 처음 안으셨습니다. 모든 일 안에서, 모든 것 안에서 우리는 하나님께 속한 존재들입니다. 즉, 하나님은 모든 것 안에 계신 분입니다. 그리하여 우리는 "하나님을 사랑하는 자, 곧 하나님의 목적에 따라 부르심을 받은 자들에게는 모든 일이 함께 어울려 선을 이룬다는 것을 압니다!"라고 고백합니다.

그렇습니다. 신앙은 우리가 하나님을 사랑하는 것이 아니라, 하나님이 우리를 먼저 뽑아주시고(선택하시고), 부르시고 사랑하시고, 우리의 비천한 모습에도 불구하고 "괜찮아!"라고 말씀하시고, 모든 일을 통해 우리를 그리스도의 형상을 모델 삼아 빚어가시고, 마침내 "내가 보기에 좋다!"(창 1장)라고 하실 명품으로 만드실 것을 확신하는 힘입니다.[22] 이것이 뿌리 깊은 확신이며 참믿음입니다.

삶의 주도권을 우리가 아니라 하나님이 잡고 있다는 확신을 놓치지 않기를 바랍니다. 우리 삶의 운전사는 우리가 아니라 하나님이십니다. 항해의 선장은 우리가 아니라 하나님이십니다. 우리 비행의 조종사는 우리가 아니라 하나님이십니다. 이것을 마음에 간직하십시오. 그러면 로마서 8장 28절이 새롭게 들릴 것입니다. "하나님은 모든 일 가운데 계셔서, 그 일을 통해 자기가 미리 뽑아 선택하고 불러내고 사랑하신 우리를 위해 최상의 선을 이루실 것입니다." 이것이 이 본문에 따른 우리의 신앙고백입니다.

하나님이 우리와 동행하시는 방식

세례식을 생각해보십시오. 세례식 때 우리는 무엇을 기억합니까? 하나님께서 당신을 얼마나 사랑하시는지를 기억합니다. 하나님 사랑은 우리가 그 사랑을 요청하기 전에, 우리가 그 사랑을 받기 위해 노력하고 애쓰기 전에 먼저 우리에게 쏟아 부어졌다는 사실을 기억합니다. 세례식 때 머리 위로 떨어지는 물은 오늘과 내일과 미래에 주어지는 하나님의 용서를 말합니다. 그 물은 예수님과 그분의 십자가와 부활을 기억하게 합니다. 그 물은 우리가 설명할 수 없지만 성령께서 지금 여기에 임재하신다는 것을 알게 해줍니다. 그 물은 우리 일상에서 하나님이 우리와 동행하시는 방식임을 기억하게 합니다.

그렇습니다. 세례의 흔적은 그 어떤 것으로도 지울 수도, 변하게 할 수도, 떼어 갈 수도 없습니다. 여러분은 하나님 아들의 형상으로 영원하게 각인된 사람들이기 때문입니다.

세례식 물그릇 옆에서 우리는 기억합니다. "우리는 하나님 아들의 형상으로 영원히 각인된 사람들이다. 우리는 예수 그리스도의 십자가와 부활로 도장이 새겨진 사람들이다. 우리는 하나님의 구원 이야기라는 요람 안에서 영원히 보살핌을 받는 사람들이다. 우리는 미리 뽑히고(예정), 부르심을 받고(소명), 괜찮다는 말(칭의)을 듣고, 영화롭게 되어가는 사람들이다." 그렇습니다. 우리는 하나님을 사랑하는 자들, 곧 하나님의 목적에 따라 부르심을 받은 자들에게는 모든 것이 합력하여 선을 이루는 줄 압니다.

우리는 너끈히 이겼습니다

로마서 8:31-39

사람들이 삼삼오오 이리저리 둘러서 있습니다. 서로에게 기대기도 하고 눈물을 닦는 모습도 보였고, 어깨를 쓰다듬는 모습도 눈에 들어옵니다. 모인 사람들은 대부분 가족과 친지들입니다. 기껏해야 15에서 18명 정도인 것 같습니다. 목사 한 분이 그들에게 성경 구절 하나를 소리 내어 읽고 있습니다. 그들 모두에게 익숙한 구절이었고 오늘따라 뼛속까지 파고드는 말씀이었습니다. "만일 하나님이 우리를 위하시면 누가 우리를 대적하리요? 누가 감히 고발하리오? 누가 능히 정죄하리오? 죽으실 뿐 아니라 다시 살아나신 이는 그리스도 예수시니 그는 하나님 우편에 계신 자요. 우리를 위하여 간구하시는 자시니라"[롬 8:31-34]. 둘러서 있던 사람들은 목사가 봉독하는 구절이 어떻게 이어지는지를 잘 알고 있었습니다.

지금 말씀드리는 장면은 묘지 근처에서 볼 수 있는 모습입니다.

조금 있으면 화장한 뼈를 담은 납골 항아리를 작은 무덤에 넣기 위해 가족이 모였습니다. 이날 따라 바람이 많이 불고 추웠습니다. 주위에는 수많은 비석이 둘러싸고 있습니다. 모인 사람들 옆에는 파놓은 흙더미가 있었고 그 위에는 꽃들이 가지런히 놓여 있었는데, 조금 있으면 참석한 사람들이 고인과 마지막 인사를 하기 위해 한 송이씩 집어 들 것입니다.

"그런즉 이 일들에 대하여 우리가 무슨 말 하겠습니까?" 이 말씀으로 목사가 장례식을 시작합니다. 그러고는 잠시 멈춥니다. 적막이 흐릅니다. 사람들의 감정에 호소하기 위한 침묵의 시간이 아닙니다. 참석자들의 마음에 감동을 자아내려고 일부러 멈추는 연출도 아닙니다. 신학교 시절, 장례식에서 그렇게 하라고 배웠기 때문도 아닙니다. 하관식을 하며 "그런즉 이 일들에 대하여 우리가 무슨 말 하겠습니까?"라는 질문을 했을 때 자연스럽게 나올 수밖에 없는 그런 멈춤입니다. 목사, 가족, 친척과 친구들, 심지어 저만치 나무 밑에서 삽을 들고 예식이 끝나기를 기다리고 서 있는 인부들, 각자 모두가 '이 일들'에 대해 두리번거리며 둘러보고 있습니다.

로마서 8장을 한 바퀴 돌고 나면

"그런즉 이 일들에 대하여 우리가 무슨 말을 하겠습니까?" 목사, 교인들, 교회, 여러분과 저, 우리 모두 '죽음'에 대해 생각합니다. "누가 우리를 그리스도의 사랑에서 끊으리오?" "그러나 이 모든 일에 우리는 넉넉히 이기느니라." "내가 확신하노니 사망이나 생명이나…."

복음은 반드시 길을 찾는다

로마서 8장의 끝입니다. 8장 전체를 쭉 훑어보면, 이런 말씀들이 있습니다. "그러므로 예수 그리스도 안에 있는 자들에게는 정죄함이 없다." "육에 마음을 두는 것은 죽음이요, 성령에 마음을 두는 것은 생명이요 평강이라." "죽은 자들로부터 그리스도를 살리신 분이 여러분 안에 거주하시는 하나님의 영을 통해 죽을 수밖에 없는 여러분의 몸들에 생명을 주실 것입니다." "우리가 '아버지, 아버지!'라고 외칠 때, 바로 그 성령이 우리 영과 함께 우리가 하나님의 자녀라는 사실을 증거 합니다." "소망 안에서 우리가 구원을 받았습니다." "성령은 우리의 연약함을 도우십니다. 어떻게 돕느냐고요? 우리는 똑바로 기도해야 하는 방식을 알지 못합니다. 그런데 바로 그 성령께서 사람의 말과 언어로 표현하기에는 너무 깊은 사정을 하나님께 탄식하시면서 중보하십니다." "우리는 모든 일이 하나님을 사랑하는 자, 곧 하나님의 목적에 따라 부르심을 받은 자들에게 합력하여 선을 이루게 될 줄을 압니다." "하나님께서는 미리 택하신 자를 또한, 부르시고, 부르신 자들을 또한, 의롭다 하시고, 의롭다 하신 자들을 또한, 영화롭게 하십니다."

마치 야구 선수가 홈런을 치면 주루를 끝내고 홈으로 돌아오는 것처럼, 로마서 8장을 한 바퀴 다 돌고 나서, "그런즉 이 일들에 대하여 우리가 무슨 말을 하겠습니까?"라고 묻는 바울의 질문을 듣게 되면, 멈추어 서서 "가만있자, 이 '모든 일들'이라? 그게 뭐지?" 하며 생각을 시작하게 됩니다.

그때 여러분의 마음속에 공동묘지가 떠오릅니까? 그런 것은 아니지요. 주루를 끝낸 홈런 타자처럼 로마서 8장을 다 돌고 난 소감은 하나님께서 우리를 "택하시고, 부르시고, 의롭다 하시고, 영화롭게 하셨다"라는 장엄한 구원 역사salvation history가 새삼 다가옵니다. 그뿐 아니라 피조물들의 신음과 탄식 소리, 우리와 성령님의 탄식과 신음, "우리는 하나님의 자녀다!"라는 외침 소리가 들릴 것입니다. 바울에게는 이것이 "이런 일"입니다. 단순히 죽음에 대한 것이 아니라는 말씀입니다.

넉넉한 승리자

　　　　목사로 임직한 지 수십 년 동안, 장례식에서 로마서 8장을 종종 봉독했지만 36절만은 감히 읽을 수가 없었습니다. "기록된 바 우리가 종일 주를 위하여 죽임을 당하게 되며 도살당할 양같이 여김을 받았나이다 함과 같으니라." 너무 극단적이고 끔찍했습니다. 장례식에서 읽기가 적합하지 않다는 생각이었습니다. 그래서 본문을 선택적으로 읽었습니다. "누가 우리를 그리스도의 사랑에서 끊으리요 환난이나 곤고나 박해나 기근이나 적신이나 위험이나 칼이랴 … 그러나 이 모든 일에 우리를 사랑하시는 이로 말미암아 우리가 넉넉히 이기느니라"(8:35, 37).

사실 36절은 바울이 로마서 8장을 써 내려가면서 다른 본문을 인용한 유일한 구절입니다. 자기의 논지를 전개해 나가면서 꼭 필요하다고 느껴져 인용했는데, 일종의 각주와 같습니다. 시편 44장 22절을 인용한 것인데 시편 44장은 그저 "죽임당한다, 도살당하는 양이다"만을 말하는 본문이 아닙니다. 시인은 "하나님, 당신이 저희를 버리셨습니다"라고 말합니다. 직접 그의 말을 들어보십시오.

이제는 주께서 우리를 버려 욕을 당하게 하시고,

우리 군대와 함께 나아가지 아니하시나이다.

주께서 우리로 하여금 이웃에게 욕을 당하게 하시니,

그들이 우리를 둘러싸고 조소하고 조롱하나이다.

주께서 우리를 뭇 백성 중에 이야기 거리가 되게 하시며,

민족 중에서 머리 흔듦을 당하게 하셨나이다.

나의 능욕이 종일 내 앞에 있으며 수치가 내 얼굴을 덮었으니,

나를 비방하고 욕하는 소리 때문이요,

나의 원수와 나의 복수자 때문이니이다.

[오, 하나님, 당신 때문에]

우리가 종일 주를 위하여 죽임을 당하게 되며,

도살할 양같이 여김을 받았나이다(시 44:9, 13~16, 22).

지나가면서 슬쩍 언급하는 구절이 아닙니다. 단순히 죽임을 당하게 되었거나 도살장 양처럼 되었다고 말하는 것이 아닙니다. 이 구절은 자기 백성에게 등을 돌려대고 외면하시는 하나님을 향해 고함치고 소리 지르고 탄식하고 부르짖는 구절입니다. 입술을 깨물며 이를 갈면서 주먹을 불끈 쥐고 소리 지르는 외침입니다. 사라져버린 하나님을 불러내고 외치는 절규입니다.

그런데 사도 바울은 이 구절을 인용하면서 "그렇지 않다!", "아니야!", "그렇지 않아!"라고 말합니다. "환난이나 곤고나 박해나 기근이나 적신이나 위험이나 칼이랴?" "아니다!" "하나님에게 버림받았다고 생각되는 상황이 우리를 정말로 그리스도의 사랑에서 끊을 수 있겠느냐?" "아니다! 아니다!"라는 것입니다!

그는 확신에 차서 이렇게 말합니다. "'이 모든 일에' 우리는 넉넉히 이깁니다. 우리를 사랑하시는 그분을 통해 우리는 넉넉한 승리자입니다. '넉넉한 정복자'입니다. 넉넉하게 극복합니다. 넉넉하게 이깁니다." 넉넉하게 승리합니다. 간신히 극복한다, 간신히 이긴다, 간신히 정복한다는 것이 아닙니다. 헬라어 뉘앙스로 말한다면, 우리는 완전하게 승리했다는 것입니다.

전쟁은 하나님께 속했다

왜 우리는 넉넉하게 이길 수 있습니까? 왜 우리는 넉넉한 정복자입니까? 성령의 삶과 육신의 삶 사이의 전투, 삶과 죽음 사이의 전투, 의로운 자의 길과 악한 자의 길 사이의 전투, 이 모든 전투는 궁극적으로 '하나님의 전투'이기 때문입니다. 하나님의 친히 나서는 전쟁이기 때문입니다.

여러분과 저는 오직 믿음을 통해 은혜로 이미 구원을 받았습니다. 이 전투는 우리가 하는 전쟁이 아닙니다. 우리가 해서 이기는 전쟁이었더라면, 우리는 뽐내거나 교만해질 것입니다. 우리가 넉넉한 승리자요 넉넉한 정복자인 것은, 하나님의 핵심 전투가 이미 십자가와 부활에서 끝났기 때문입니다. 그 전쟁은 이미 승리로 끝난 전쟁입니다. 예수님의 죽음과 부활을 통해 단 한 번에 모든 것을 끝냈기 때문입니다. 승리는 우리의 것입니다. 완전한 승리입니다. 우리 주 예수 그리스도를 통해 승리를 주신 하나님께 감사를 드립니다. '이 모든 일'에 관한 한 게임은 끝난 것입니다. 간신히 이겨 기진맥진한 승리자가 아닙니다. 우리는 넉넉히 이긴 정복자들입니다.

주위를 돌아보십시오. 이 세상과 시대정신을 읽어보십시오. 무슨 일이 일어나고 있습니까? 반기독교 정서가 걷잡을 수 없이 난무합니다. 교회와 기독교는 조롱거리가 되고 있습니다. 누구도 당당하게 자신이 그리스도의 군사임을 자랑스럽게 나타내지 못합니다. 대화와 배려와 관용이라는 이름으로 점점 늘어나는 종교 다원주의 세력들, 새로운 종류의 무신론이 득실거리고 있습니다. 기독교 신앙은 점점 위축되어 가고, 후기 기독교 시대에 돌입했습니다. 한편 맥이 풀린 민초들을 자극하고 동기를 유발하기 위해, 군대의 사기를 높이기 위해, 교인 수를 늘리기 위해 이곳저곳에 전선戰線을 구축합니다. 그러나 우리는 두려움 혹은 선동에 이끌려 전쟁에 출정하는 군사들이 아닙니다. 우리는 이미 넉넉하게 승리한 자들입니다.

왜 그렇습니까? 전쟁은 하나님께 속했기 때문입니다. 전쟁은 하나님의 것이기 때문입니다. 그리고 이미 십자가와 부활에서 승리했기 때문입니다. 바울이 시편 44편을 인용할 때, 그는 하나님의 약속이 군사적 승리와 세력과 힘으로 온다는 생각에 심각하게 의문을 품었습니다.

환난과 곤고함, 박해와 기근과 벗음赤身과 위험과 칼 혹은 하나님 부재와 침묵 가운데서, 교회가 발을 쿵쿵 구르면서 행진하길 바라는 것이 아닙니다. 우리는 넉넉히 이긴 자들입니다. 아등바등하면서 근근이 사는 자들이 아닙니다. 아무것도 하나님 사랑에서 우리를 끊을 것이 없습니다. 구원의 소망은 이미 하나님께서 우리를 위해 모든 것을 십자가와 부활을 통해 이겨놓으셨기 때문에 우리는 넉넉한 승리자요 정복자라는 확신에서 나옵니다.

그리스도 예수 안에 있는 하나님의 사랑

바울은 우리에게 "하나님의 전신 갑주를 입어라" 하고 말하지는 않습니다. "선한 싸움을 싸운다"라고 하지도 않습니다. 그렇다고 고별 설교에서처럼, "내가 선한 싸움을 싸우고 달려갈 경주를 마치고 내 신앙을 지켰다"[딤후 4:7]라고 하는 것도 아닙니다. 그는 이렇게 말합니다.

> 내가 확신하노니 사망이나 생명이나 천사들이나 권세자들이나 현재 일이나 장래 일이나 능력이나 높음이나 깊음이나 다른 어떤 피조물이라도 우리를 우리 주 그리스도 예수 안에 있는 하나님의 사랑에서 끊을 수 없으리라(롬 8:38-39).

"이 모든 일에" 우리를 위해 우리와 함께하시며, 우리에게 온전한 승리, 넉넉한 승리를 주십니다. 아무것도, 어떤 것도, 죽는 일이나 사는 일이나, 하늘의 천사들이나 땅의 수많은 통치자나, 시간의 흐름이나, 강력한 세력이나, 피난처나, 세상의 어느 것이나 아무것도… 하나님의 사랑 줄에서 우리를 끊어 내지 못합니다.

직장을 잃은 것도, 깨어진 관계도, 터무니없이 적은 월급도, 어떤 유의 중독도, 학대하는 애인도, 그 어느 것이나 아무것도… 하나님 사랑의 줄에서 우리를 끊어내지 못합니다. 엘리트 코스로 올라가는 길도, 궁극적인 권력도, 가장 좋은 교육도, 크고 넓은 아파트도, 망가지는 경제지표도, 은퇴도, 대학 등록금도, 그 어느 것이든 아무것도… 하나님 사랑의 끈에서 우리를 끊어내지 못합니다.

암에 걸렸다는 통보도, 우울증과의 반복되는 싸움도, 안정적인

복음은 반드시 길을 찾는다

직장도, 정년을 보장받은 교수직도, 잠 못 이루는 밤도, 그 어느 것도… 하나님의 사랑의 끈에서 우리를 끊어내지 못합니다.

대통령도, 대법원도, 건강보험도, 잘못된 투자도, 아무것도, 무관심도, 이리저리 눈을 돌리는 일도, 말로 표현할 수 없는 슬픔도, 걷잡을 수 없는 기쁨도, 심지어 여러분 자신도, 그 어느 것이든 아무것도… 우리를 그리스도 예수 안에 있는 하나님의 사랑에서 끊을 수 없습니다.

그리스도의 몸인 여러분, 우리는 승리한 자들입니다. 온전히 이긴 자들입니다. 우리 주 예수 그리스도의 은혜와 하나님의 사랑과 성령의 교제하심이 여러분과 함께 영원히 거하기를 기원합니다.

바울이 로마서를 쓴 목적

로마서 8:31-9:5

로마서 8장의 마지막 절과 9장의 첫 절은 아주 이상하게 연결되어 있습니다. 8장에서 9장으로 넘어가면서 분위기가 확 바뀌고 있습니다. 기쁨과 환희가 슬픔의 어조로 달라집니다.

'그리스도의 사랑'이라는 핵우산

로마서 8장의 마지막 구절들에는 기쁨과 환호가 물씬 풍깁니다. 세상 어느 것도 우리를 하나님 사랑에서 갈라놓을 수 없다고 확신 있게 외칩니다. 하지만 로마서 9장 2-3절에는 슬픔이 깊숙이 묻어 있습니다.

저에게 큰 근심이 있습니다. 마음에 그치지 않는 고통이 있습니다. 이 사실을 제 양심이 성령 안에서 나와 더불어 증언합니다. 유대인이 구원받는 일이라면, 저는 기꺼이 하나님의 사랑에서 끊어지겠습니다. 제가 하나님께 버림받는 일이 있더라도 유대인이 구원받을 수만 있다면 저는 기꺼이 그 길을 택하겠습니다.

이 말은 그저 듣기 좋은 말로 하는 것이 아닙니다. 값싼 수사법도 아닙니다. 정말 가슴이 깨어지는 듯한 심경으로 한 고백입니다. 1절에서 "저는 그리스도 안에서 참말을 하고 거짓말을 하지 않습니다!"라고 강하게 말합니다.

유대인이 구원받을 수만 있다면 바울은 자신이 하나님의 사랑에서 제외되어도 좋다고 말합니다. 8장 후반부와 9장 전반부가 얼마나 대조적인지가 보이십니까? 로마서 8장에서 바울은 세상 그 어떤 것도 우리를 하나님 사랑에서 떼어낼 수 없다고 외칩니다. 그런데 9장은 이런 격정을 갑작스레 꺾는 어조를 담고 있습니다.

로마인에게 보낸 서신의 절정은 로마서 8장처럼 보입니다. 8장에 사용되는 고양된 언어와 문체가 이 사실을 증언합니다. 8장에는 순수한 시어詩語가 쏟아져 나옵니다. 정말 아름답고 가슴 뭉클한 시라서 설교하기도 망설여질 정도입니다. "누가 우리를 그리스도의 사랑에서 끊을 수 있겠습니까? 고난, 불행, 심적 압박, 박해와 핍박, 기근과 배고픔, 벌거벗음, 비참과 불행, 칼이 우리를 그리스도의 사랑에서 떼어놓을 수 있단 말입니까? 아닙니다. 절대 그럴 수 없습니다. 우리는 이 모든 일에서 우리를 사랑하시는 그분을 힘입어 충분히 이기고도 남습니다. 우리는 이 모든 것을 넉넉히 이겨내고 극복할 수 있는 정복자들입니다."

이보다 더 아름다운 시가 어디 있습니까? 이보다 더 강력하고 확신에 찬 고백이 어디 있습니까? 이 고백은 우리 속 깊은 곳에 들어 있는 정서와 감정들을 흔들어댑니다. 우리 영혼의 깊은 곳에 울려 퍼지는 애수에 찬 확신의 노래입니다.

우리 대부분의 경험으로 볼 때, 이런 고백의 말들은 장례식에서 흘리는 눈물보다 더 강력합니다. 전쟁터의 폭탄보다 더 강력합니다. 우리가 견뎌내는 그 어떤 비극적 상실보다 더 강력합니다.

'그리스도의 사랑'이라는 핵우산 밑에 사는 사람들이 지금 이미 도래한 새 시대를 살아갑니다. 그리스도 안에 이미 '새것'이 도래했기 때문입니다. 새 계명이, 새 언어와 새 입술이, 새 노래와 찬양이, 새 창조 세계가 도래했습니다. 새것이 도래한 곳에는 어디든지, 우리를 쥐어 잡는 옛것의 통제력이 사라졌습니다. 우리를 통제하고 휘어잡는 옛것은 그 힘을 상실했습니다. 옛것은 사라졌고, 남아 있더라도 맥도 못 추는 약한 세력입니다.

그렇습니다. '그리스도의 영'이 가장 강력한 힘입니다. 그리스도의 영이 지금 우리를 통제하고, 우리 안에 거주하시며, 우리로 그리스도의 형상을 따라 닮아가게 하십니다. 그리고 그렇게 닮아가게 하는 과정에서 하나님은 모든 것을 사용하십니다. 좋은 것이든 나쁜 것이든, 박해와 핍박도 사용하셔서, 그리스도를 향한 우리의 충성심을 강하게 하십니다. 하나님은 기근과 배고픔을 사용하셔서, 우리가 일용할 양식을 위해 그분에게만 의존하도록 하십니다. 하나님은 위험과 칼을 사용하셔서, 우리가 그분을 피난처 삼도록 하십니다. 이것이 모든 것을 통해 '선善'을 이루어가신다는 뜻입니다.

자, 이렇게 우리 유익을 위해 모든 것을 사용하시는 하나님이 우리를 위하신다면, 도대체 누가 무엇이 우리를 대적할 수 있단 말입니까? 감히 누가, 무엇이 우리를 하나님 사랑에서 끊을 수 있단 말입니까? 이것이 로마서 8장의 문맥입니다. 얼마나 힘차고 확신에 찬 고백이며 외침입니까?

확신에서 비애(悲哀)로

로마서가 이렇게 완벽한 승리의 확신으로 둘러쌓여 여기서 끝났더라면 얼마나 좋았을까요? 사실 이렇게 끝나야 하지 않겠습니까? 여기에 덧붙일 것이 무엇이 있겠습니까? 그런데 왜 바울은 8장에서 로마서를 끝맺지 않은 것일까요? 바울은 왜 9장을 계속 쓰는 것일까요? 왜 바울은 로마서 9장에서 유대인과 이방인 이야기를 하는 것일까요?

바울은 왜 다소 힘 빠진 어조로 호소하는 것일까요? "나는 그리스도 안에서 참말을 합니다. 거짓말을 하는 것이 아닙니다. 내 양심이 이 사실을 증언하고 있으며 성령께서도 확증하고 계십니다. 제 마음속에는 큰 슬픔과 그치지 않는 고통이 있습니다. 그 이유는 내 민족, 내 혈육과 내 친척들을 위해서라면, 나는 기꺼이 저주를 받아 그리스도에게서 잘려 나가겠습니다."

로마서 9장에서, 바울의 논증을 들으며 많은 크리스천이 충격을 받습니다. 지금까지의 집요한 흐름에서 바울 스스로 빗나가는 것 아닌가 하는 생각도 듭니다. 로마서 나머지 장들은 일종의 각주같이 보이기도 합니다. 이런 이유로, 저명한 신약 성경 번역자 필립스는 로마서 9장을 바울 복음의 "옥의 티"(향유에 빠진 파리)와 같다고 표현하기도 했습니다.

로마서의 절정은 칭의가 아니다

그러나 이런 평가는 정당하지 못합니다. 로마서 전체를 유심히 살펴보면 오히려 로마서 9장과 10장과 11장이 바울 복음의 절정이요, 로마서에서 바울이 말해야만 하는 모든 내용의 절정이라는 것을 알게 됩니다.[23]

그렇다면 도대체 로마서는 무엇을 말씀하는 서신입니까? 로마서의 핵심 메시지는 무엇입니까? 로마서는 '온 인류'를 구원하시려는 하나님의 계획에 관한 것입니다. 로마서는 유대인과 이방인 '모두를' 구원하시려는 하나님의 계획을 그립니다. 로마서는 유대인을 도구로 사용하여 이방 나라와 민족들을 구원하시려는 하나님의 계획에 관한 것입니다.

바울 당시 교회는 이방인들로 점점 가득히 채워져 가고 있었습니다. 교회에 이방인은 점점 많아지는데, 유대인은 점점 줄어들고 있었습니다. 바울은 이런 일을 두 눈으로 목격했습니다. 이스라엘이 독자적으로 자기 길로 가는 것도 봅니다. 즉, 온 세상을 구원하기 위해 자기 민족 가운데 태어난 그리스도를 배척하고 거절했습니다. 바울은 당시에 하나님께서 이스라엘에 주신 사명, 즉 "이방 나라에 빛이 되어라" 하신 사명으로부터 이스라엘이 점점 멀어지는 것을 확인하고 있었습니다. 이런 참담한 현실을 바라보던 바울의 가슴은 찢어질 듯 아프고 고통스러웠습니다.

바울은 말합니다. "유대인, 그들은 모든 것을 다 소유한 민족이 아닌가? 가족, 영광, 언약, 계시, 예배, 약속 등 모든 것을 다 가진 하나님 백성이 아닌가? 더욱이 그리스도라 불리는 메시아를 배출한 민족 아닌가? 그런데 어찌하여 이 선택받은 이스라엘이, 하나님의 호의와 배려와 혜택을 더 많이 받은 이스라엘이 어찌하여 그리스도를 믿지 않는단 말인가? 어떻게 이스라엘은 그들에게 위임된 역사적 사명의 길에서 벗어날 수 있단 말인가? 이방인에게 빛이 되라는 부르심을 받은 이스라엘이 어떻게 그 사명에서 떠날 수 있단 말인가? 도무지 이해되지 않는다!" 가슴 아픈 일이 아닐 수 없었습니다.

자, 정말 만에 하나라도 하나님이 주신 사명에서 벗어나 이스라엘이 곁길로 갔다고 가정해봅시다. 이것이 무슨 뜻입니까? 이스라엘이 자기 운명과 미래에 대한 주도권을 쥐고 있다는 말입니다. 최종적인 결과를 가져오는 주체는 하나님이 아니라 이스라엘이라는 의미입니다.

그러나 바울은 큰소리로 외칩니다. "이스라엘에게 최종적인 결정권이 있는 게 아니다. 이스라엘은 자기 마음대로 하나님께 받은 사명에서 벗어나지 못한다. 그 사명, 이방인의 빛이 되라는 사명은 결코 무효가 되거나 철회될 수 없다. 세상 끝날까지 어떤 일이 있어도 결코 효력이 정지되지 않는다. 그러므로 이스라엘이 그리스도를 배척하고 거절했다고 해서 하나님 계획이 무산되는 것은 아니다. 이스라엘과 이방 나라를 모두 구원하시려는 계획이 수포가 되는 것은 아니다."

바울은 그리스도를 배척한 이스라엘의 행위가 하나님 계획의 일부라고 말합니다. 이스라엘이 그리스도를 배척한 일에는 '비밀'이 있고, 이 비밀은 하나님께서 주도하고 이끌어가신다는 것입니다.

바울이 로마서에서 쓰는 것이 바로 이 비밀과 신비에 관한 것입니다. 로마 교인들에게 쓴 편지 전체가 바로 이 신비와 비밀에 관한 것입니다. 그리고 이 절정이 로마서 9장, 10장, 11장입니다. 바울은 이 신비와 비밀에 대해 고민하고 괴로워했습니다. 어떻게 하나님의 언약 백성인 이스라엘이 그들의 혈통에서 태어난 예수 그리스도를 믿지 않고 배척한단 말인가? 이 수수께끼 같은 현실에 깊이 고민합니다. 바울 자신의 말을 직접 들어보십시오.

저는 제 가슴속에 항상 큰 슬픔을 간직하고 다닙니다. 너무도 심한 고통이 내 속에 있습니다. 한 번도 이 슬픔과 고통에서 벗어난 적이 없습니다. 저는 지금 과장하는 것이 아닙니다. 제가 할 수 있는 길이 있다면 저는 기꺼이 그리스도의 저주를 받겠습니다. 제가 저주를 받아서라도 내 동족 이스라엘이 그리스도께 복을 받을 수만 있다면 그렇게 하겠습니다. 즉시 그렇게 하겠습니다. 그들은 제 가족이며 혈육들입니다. 저는 그들과 함께 자랐습니다[9:1-3].

바울이 경험하던 고민을 교회들이 계속 이어갔더라면 얼마나 좋았겠습니까? 불행하게도 그의 고통은 바울만의 것으로 끝나버렸습니다. 기원후 70년경, 바울이 세상을 떠난 지 약 5년이 지났을 때, 예루살렘은 로마 군대에 무참히 파괴되었습니다. 그리고 유대인은 서서히 온 세상에 흩어졌습니다. 항상 따돌림받는 민족이 되었습니다. 경멸받고 조롱거리가 되었습니다. 어디서든지 환영받지 못했습니다. 배척과 소외의 대상이 되었습니다.

중세기에 유대인은 영국과 스페인에서 추방되었습니다. 수없이

학살당했습니다. 늘 쫓겨다녔고 박해와 핍박은 우리 시대에까지 계속되었습니다. 소위 '대학살'holocaust이라 불리는 인류 최대의 비극적 사건 말입니다. 옛적부터 내려온 '유대인 문제'에 대한 '마지막 해결'the final solution, 즉 '조직적 말살'이 나치에 의해 실행되었습니다. 600만 명이나 되는 유대인이 포로수용소에서 독가스실에서 죽어갔던 것입니다.

바울이 경험했던 고통과 슬픔이 그 후 시대들과 세기들에도 계속되었더라면! 그러나 불행하게도 그 고통과 슬픔은 바울의 것으로만 남았습니다. 아, 정말로 통탄할 일입니다.

탕자 비유 속 진실

우리가 유대인을 위한 바울의 고통과 슬픔 속으로 같이 들어가 그것을 경험한다는 것은 결코 쉬운 일이 아닙니다. 그렇게 할 수 있는 가장 좋은 길이 있다면, 예수님의 '탕자 비유' 안에 들어가 비유 속 아버지가 경험했던 고통과 슬픔을 묵상해보는 것입니다.

이 비유 안에서 아버지는 성부 하나님이십니다. 두 아들은 이스라엘과 이방인입니다. 유대인과 이방인은 하나님의 두 아들입니다. 큰아들은 이스라엘이고 작은아들은 이방인입니다. 큰아들은 자기 동생, 즉 이방인을 받아들이라는 도전을 받습니다. 큰아들은 이방인을 자기 동생으로 받아들여 같은 집에서 살라는 도전을 받습니다. 작은아들 역시 큰 형님에게 감사하고 그에게 배우라는 도전을 받습니다.

복음은 반드시 길을 찾는다

예수님의 비유에서, 우리는 하나님이 두 아들 모두를 얼마나 동일하게 사랑하는지를 봅니다. 이 비유에서 우리는 아버지가 두 아들을 한 지붕 밑에서 살게 하시려고 얼마나 애쓰고 계신지 봅니다. 두 아들의 행동이나 태도를 보면 아버지가 얼마나 고통받고 계신지를 느낍니다. 하나님은 작은아들 때문에 고통받으셨을 뿐 아니라, 큰아들 때문에 괴로워하고 고통하십니다.

그러나 여러분은, "하나님은 전능하신 분 아닙니까? 무엇인들 못 하시겠습니까? 하나님께서 작은아들에게 '네가 달라는 유산을 못 주겠다! 네게 재산을 나누어 주지 않을 거다! 네가 집을 떠나는 것도 허락하지 않는다!'라고 말하면 쉬운 일 아닙니까?"라고 할지도 모릅니다. 물론 하나님께서 강하게 말씀하실 수 있고, 또 그렇게 만들 수도 있습니다.

그러나 하나님은 그렇게 하지 않으십니다. 그가 아들을 강하게 반대하고 나선다면 그 아들을 '잃을 수도 있다'는 것을 잘 알고 계셨기 때문입니다. 그래서 아들을 말리지 못한 것입니다. 전능하신 아버지 하나님도 이 일에선 아무런 힘을 쓰지 못했습니다. 그저 무력하게 지켜보아야만 했습니다. 자기 아들을 사랑하기로 하셨기 때문입니다.

그러므로 그분이 할 수 있는 일이라곤 단 한 가지밖에 없었습니다. 작은아들이 집 나간다고 했을 때 그저 가게 하는 것이었습니다. 그 작은아들이 자기의 자유 의지로 돌아올 날을 기다리는 것이었습니다. 이것이 하나님께서 이방인을 다루시는 방식입니다.

작은아들이 돌아오자, 하나님은 이방인인 우리를 위해 큰 잔치를 준비하셨습니다. "자, 우리 함께 먹고 축하하자. 이 나의 아들은 한때는 죽었지만 이제 다시 살았기 때문이다. 그는 한때 잃어버린 자였지만, 이제는 찾은 사람이 되었다." 이렇게 해서 파티는 시작되었고 오늘날까지 그 잔치는 계속되고 있습니다.

그렇다면 이스라엘은 어찌 된 것입니까? 큰아들은 어떻게 된 것입니까? 비유의 끝부분을 보면, 큰아들은 집 밖에 서 있습니다. 집에 들어가 잔치에 참여하길 거절합니다. 이방인의 귀향을 결코 받아들일 수 없다면서 분노합니다. 어떻게 그렇게 못된 자식을 받아들일 수 있느냐는 것입니다.

한편 아버지는 어디에 계십니까? 집 안에서 진행 중인 잔치에 앉아 계십니까? 아닙니다! 아버지는 바깥 어두움 속에 서 계십니다. 분노와 질투로 부글부글 하고 있는 큰아들이 바깥 어둑한 곳에 서 있기 때문입니다. 그를 참아내며 기다리고 계십니다.

아버지는 전능하신 분입니다. 그러니 큰아들을 강압적으로 끌어다가 잔치에 앉게 하라고 하실 수 있습니다. 그러나 아버지는 그렇게 하지 않으십니다. 작은아들을 사랑하던 똑같은 방식으로 아버지는 큰아들을 사랑하기 때문입니다. 어둠 가운데서 큰아들이 들어가기를 기다리고 계신 것입니다.

그러므로 이 비유는 로마서 9-11장이 끝나는 방식으로 끝납니다. 즉, 작은아들은 먹고 마시고 춤추고 즐기는 동안, 전능하신 아버지는 바깥 어둠 속에서 큰아들이 집으로 들어가 세상 어느 것으로도 바꿀 수 없는 귀중한 동생과 함께 잔치의 즐거움에 참여하기를 기다리십니다. 아버지는 어느 아들에게도 그들이 하고 싶지 않은 일을 강요하지 않으십니다. 그렇지만 인내하는 사랑으로 아버지는 두 아들을 자기에게로 이끄십니다. 유대인과 이방인을 함께 자기에게로 이끄십니다.

이방인이 한때 하나님께 불순종했지만, 이제는 이스라엘의 불순종 때문에 하나님의 긍휼과 자비를 받았던 것처럼, 이스라엘이 지금은 불순종하지만, 이방인에게 베푸신 똑같은 긍휼과 자비로 이스라엘도 하나님의 긍휼과 자비를 얻게 하실 것입니다. 하나님이 모든 사람을 불순종 안에 가둬 두신 것은, 마침내 모두에게 끝없는 자비와 긍휼을 베풀기 위해서입니다.

> 너희가 전에는 하나님께 순종하지 아니하더니 이스라엘이 순종하지 아니함으로 이제 긍휼을 입었는지라 이와 같이 이 사람들이 순종하지 아니하니 이는 너희에게 베푸시는 긍휼로 이제 그들도 긍휼을 얻게 하려 하심이라(롬 11:30-31).

은혜가 오는 세 가지 길

로마서 10:11-15; 고린도전서 11:23-26; 사도행전 2:36-39

이제는 일상화되었지만, 외국에 살면서 경험한 문명의 이기 중에 '3단 전구'Three-Way Light Bulb가 있습니다. 하나의 전구 속에 세 가지 기능이 있는 전구입니다. 일반 전구는 한 번 돌리면 켜지고 다시 돌리면 꺼집니다. 그런데 이 전구는 한 번 돌리면 60W로, 다시 돌리면 100W로, 또다시 돌리면 120W로 달라집니다. 다시 돌리면 그제야 꺼집니다. 불의 밝기를 세 가지로 조절할 수 있다는 뜻입니다.

하나님 은혜도 3단 전구와 비슷합니다. 은혜가 우리에게 오는 세 가지 길이 있다는 말입니다. 이것을 전통적으로 '은혜의 방편' means of grace이라고 부르는데, 세례, 성찬 그리고 설교가 있습니다.[24]

이 세 가지의 공통점이 무엇이겠습니까? 비유하자면 그리스도의 생명이 우리에게로 흘러오는 수로水路입니다. 그리스도 안에 있는 생명력이 우리에게로 전달되는 채널이 된다고 이해하면 됩니다.

그리스도의 생명이 흘러드는 세 가지 길들

　　　　　　　　　　　　　　새로운 종류의 생명이 그리스도 안에 나타났습니다. 그리고 하나님은 이 새 생명을 우리 안에 집어넣기를 원하십니다. 어떻게 이것이 가능할까요? 하나님은 어떤 방식으로 이런 일을 하실까요? 어떤 도구와 방편을 사용하실 까요? 세 가지 방편이 있습니다. 즉, 말씀 선포preaching, 성찬을 통한 하나님과 사람 사이의 교통communion, 세례baptism입니다. 이 세 가지 가 그리스도의 생명을 우리에게 가져옵니다.

　　무엇이 우리를 그리스도인으로 만드는가? 어떻게 해서 우리가 그리스도인이 되는가? 무엇 때문에 우리는 비기독교인과 다른가? 이 질문들에 대한 대답은 다양한 각도에서 가능합니다. 그러나 우리 를 비기독교인과 근본적으로 차이 나게 하는 것은, "그리스도께서 우리 안에 사신다"라는 것입니다. 그리스도의 영이 우리 안에 거주 하신다는 것입니다. 그리스도와 그리스도의 영이 우리 안에 살고 계 시므로 우리는 비기독교인과 근본적으로 다릅니다. 크리스천이 되 었다는 것은 그리스도의 영이 우리 안에 사신다는 것을 뜻합니다. 크리스천이 되었다는 것은 그리스도의 영이 거주하시는 성전이 되 었음을 의미합니다.

　　사도 바울은 로마서 8장에서 이렇게 말합니다. "크리스천으로 서 우리는 우리의 죄 된 성품sinful nature에 지배를 받지 않고, 그리스 도의 영에 지배를 받습니다. 여러분 안에 그리스도의 영이 없으면, 여러분은 그리스도에게 속하지 않은 사람들이며, 따라서 크리스천 이 아닙니다!"[8:8-9] 이처럼 크리스천이란 그리스도의 생명을 소유 하는 사람들입니다.

그러나 이 그리스도의 생명은 다시 잃어버릴 수 있으므로 조심해야 합니다. 이 생명을 지키고 간직하려면, 그리스도와 지속적인 연락 관계를 맺고 있어야 합니다. 그리스도와 온라인 상태로 연결되어 있어야 합니다. 이 생명을 계속 소유하려면, 지속해서 복음을 들어야 하며, 성찬을 통한 하나님과의 교제를 계속해야 하며, 세례에 참여하여야 합니다.

그런데 가끔 이런 질문이 떠오를 때가 있습니다. "왜 하나님은 이 세 가지 방식을 택하셨을까? 너무 일반적이고 평범하지 않은가?" 그렇지 않습니까? 말하는 것처럼 평범하고 일상적인 것이 어디 있습니까?(설교) 물을 붓는 일처럼 평범한 일이 어디 있습니까?(세례) 빵을 함께 먹고 떡을 나누는 일보다 더 일상적인 일이 또 어디 있을까요?(성찬)

그렇지만 하나님은 어떤 신비로운 이유로 이 세 가지를 선택하셨습니다. 말하는 행위, 물 붓는 행위, 빵을 잘라 나누는 행위. 하나님은 이 행위들을 선택하여, 그리스도의 생명을 우리에게 쏟아붓는 채널이 되게 하셨습니다.

하이델베르크 신앙교육서는 31주일 질문과 대답에서 이 세 가지에 대해 각각 이렇게 말합니다. 설교는 하나님이 우리 죄들을 용서하신다는 것을 믿는 모든 자에게 하늘나라를 열어줍니다. 그러나 동시에 설교는 이 사실을 믿는 것을 거절하는 모든 자에게 하늘나라를 닫습니다.

세례와 성찬은 이 사실을 우리에게 좀 더 분명하게 이해시켜줍니다. 즉, 복음의 핵심 약속을, 우리에게 좀 더 분명하게 이해시킵니다. 달리 말해 하나님께서 우리 죄들을 용서하시고, 십자가 위에서 그리스도가 종결하신 단 한 번의 희생 덕분에 오직 은혜로만 그리스도의 생명을 우리에게 주신다는 복음의 핵심 약속을, 우리에게 좀 더 분명하게 이해하도록 하는 것이 세례와 성찬입니다.

설교, 성찬과 세례, 이것은 하나님께서 택하신 세 가지 '은혜의 방편들'이며, 그리스도의 생명을 우리 안에 시공하고 시행하시는 하나님의 방식들입니다.

설교: 우리의 진정한 집을 잊지 않게 하는 도구

이제 세 가지를 하나씩 살펴보겠습니다. 먼저 설교입니다. 설교가 시행될 때 무슨 일이 일어납니까? 설교를 통해 어떤 일이 일어납니까? 왜 설교가 기독교 전통에서 중심일까요? 설교 없는 기독교와 예배를 상상할 수 있겠습니까?

처음에 교회 예배는 유대인의 회당 예배를 모델로 삼았습니다. 그리고 회당 예배는 주로 성경을 해석하는 형태였습니다. 회당 제도는 주전 587년 예루살렘 성전이 파괴된 후인 바벨론 포로기에 시작되었습니다. 성전 파괴와 유대인의 바벨론 강제 이주 때문에 새로운 형태의 예배가 필요했습니다. 회당 제도는 이런 필요에 부응하기 위해 시작되었습니다. 회당 제도는 이방 땅에 살게 된 포로민의 긴박한 요구에 대답하기 위해 시작된 제도입니다. 이국땅에서 포로민들이 무엇을 했습니까? 그들은 고국을 기억했습니다. 많은 무리와 함께 하나님의 집에 다니던 기억을 떠올렸습니다. 그래서 그들은 이렇게 노래했습니다.

오, 예루살렘아, 내가 너를 잊었다면,

차라리 내 오른손이 중풍에 걸려 시들어버렸을 것이야! [시 137:5]

포로민들은 자기 고향이 어딘지 잊지 않기 위해, 자녀들에게 이야기를 들려주었습니다. 그렇게 하면서 자녀들에게 자기가 누구인지 알게 했습니다. 그들은 옛 노래들을 불렀으며, 옛 신조와 신앙고백을 낭송하고 암송했습니다.

이와 같은 일들을 우리도 교회에서 합니다. 3,000년도 더 지난 오래된 노래들도 부릅니다. 여러 세기나 지난 신조들과 신앙고백서를 암송하고 되뇝니다. 성경의 해석을 듣습니다. 우리가 이렇게 하는 이유는 우리의 진정한 집이 어디인지를 잊지 않기 위해서입니다. 우리 고향이 어디에 있는지 또렷이 기억하기 위함입니다. 자녀들에게 정체성을 알려주기 위함입니다. 우리 자녀들에게 그들이 진정 누구인지, 어디서 왔는지를 기억하게 하기 위함입니다.

앞선 세대 우리의 자녀들은 평균 네다섯 시간 이상을 매일 텔레비전 앞에서 보냈습니다. 그러나 지금은 스마트폰을 24시간 품고 삽니다. 각종 게임이나 영상을 즐기려는 것만이 아닙니다. 어린 세대들은 복음의 가치와 대부분 상충하거나 충돌하는 이 세상의 가치체계에 무방비로 노출됩니다. 그들이 보고 듣고 생각하고 열망하는 것이 복음의 가치체계에 얼마나 이질적인 줄 아십니까? 예를 들어, 물질적 성공주의, 외모지상주의, 향락주의, 무도덕과 이기주의 등 다양한 세속주의 가치체계가 아찔한 속도로 우리와 자녀들의 무의식 세계 속으로 깊숙이 침공하여 자리를 잡고 있습니다.

우리가 자녀들에게 그들이 누구인지, 정체성이 무엇인지 가르치지 않는데, 어떻게 그들이 신앙을 가질 수 있겠습니까? 우리가 유대인 포로민들이 했던 것, 즉 성경을 귀담아듣는 일, 새 하늘과 새 땅에 대한 환상과 비전에 충격을 받는 일 등과 같은 수고를 하지 않는다면, 어떻게 우리 자녀들이 신앙을 유지할 수 있겠습니까? 정기적으로 성경에 귀를 기울이지 않는다면, 우리의 영적 시력은 점점 더 흐릿해집니다. 자기가 보고 싶은 것만 보게 됩니다. 우리가 가능하다고 생각하는 것만 생각하게 됩니다.

그러나 우리가 성경에 귀 기울이고 말씀을 듣는다면, 우리 눈에 낀 안개 같은 것이 사라지고, 사물들을 새롭고 신선하게 볼 시력을 얻을 것입니다. 그렇습니다. 성경을 잘 해석하고 설교할 때 그리스도의 생명이 우리 안에 침공해 들어올 것입니다. 그리스도께서 하신 일 때문에 하나님께서 우리의 모든 죄를 용서하신다는 놀라운 약속에 맞부딪힐 것입니다.

그러므로 우리가 믿지 못하는 그분을, 어떻게 부를 수 있겠습니까? 우리가 들어보지도 못한 그분을, 어떻게 믿을 수 있겠습니까? 누군가 우리에게 설교하지 않는데, 어떻게 들을 수 있겠습니까? 이것이 사도 바울이 로마서 10장에서 던지는 수사학적 질문입니다. 수사학적 질문에 대한 답은 언제나 분명합니다. "맞습니다! 누군가가 우리에게 말씀을 선포하고 설교해야 복음을 들을 수 있습니다! 복음을 들어야 하나님을 믿을 수 있습니다! 믿는 그분이 있기에 소리 내어 부를 수 있습니다!" 그렇습니다. 설교는 가장 중요한 은혜의 방편입니다. 설교는 그리스도의 생명을 전달하는 하나님의 통로입니다.

세례: 주도권은 하나님께 있다는 고백

세례도 이와 같습니다. 세례가 무엇입니까? 세례가 하는 일이 무엇입니까? 1세기로 돌아가 당신이 세례식에 참여한다고 가정해봅시다. 새 크리스천이 세례의 물 속에서 올라오기 시작할 때 다른 동료 크리스천은 이렇게 노래하곤 했습니다.

일어나라, 오, 잠자는 자여,

죽은 자들 가운데서 일어나라.

그리스도께서 너에게 빛을 주실 것이다[엡 5:14].

세례는 우리를 죽음에서 해방합니다. 세례는 죽음의 물속에서 나오는 것입니다. 세례는 은혜를 선물로 가져옵니다. 그리고 은혜는 전혀 다른 세상에서 오는 실체입니다. 은혜는 예기치 않은 다른 쪽에서 오는 선물입니다. 은혜는 항상 우리가 이해하는 최상의 경계선 너머에 있습니다.

이 은혜에 손을 대려고 할 때마다 사람들은 항상 여러 조건을 붙이려는 습성이 있습니다. 예를 들어, 이렇게 말합니다. "은혜를 받으려면, 먼저 부도덕한 삶을 깨끗이 청소하고 나와야 한다. 나는 전혀 쓸모없고 형편없는 폐물과 같다고 생각해야 은혜를 받을 수 있다. 이런 일이 있어야만 하나님께서 은혜를 주실 거야."

그러나 이렇게 말하는 것은 기아를 거꾸로 집어넣는 것과 같습니다. 하나님 은혜를 아주 잘못 이해한 것입니다. 이런 생각이 잘못된 이유는 무엇입니까? 무엇이 문제입니까? 마땅히 해야 할 것을 항상 할 수 없다는 것이 우리 문제입니다. 갇혀 있다는 것입니다. 즉, 나사로가 무덤 속에 갇혀 있었던 것처럼 우리도 갇혀 있다는 것이 문제입니다.

그러므로 이 함정에서 벗어나려면 그리스도께서 먼저 움직이셔야 합니다. 그분이 먼저 주도권을 잡으셔야 합니다. 그리스도께서 우리가 갇혀 있는 무덤 바깥에서 "나오라!" 하고 소리치셔야 한다는 것입니다.

이것이 복음의 절대적 순서입니다. 하나님이 먼저 움직이셔야 모든 것이 풀린다는 것입니다. 우리가 하나님을 위해 무엇인가를 하는 것이 아니라—사실상 할 수도 없습니다!— 하나님께서 우리를 위해 무엇인가 하셔야 합니다.

하나님과의 관계에 있어서 우리는 다 죽은 자들이요, 아무런 힘이 없는 자들이요, 따라서 하나님께 의존적일 수밖에 없는 존재들이라는 사실을 세례는 기억하게 합니다. 우리가 스스로 할 수 없는 것을 하나님께서 우리를 위해 해주신다는 사실에 의존할 수밖에 없는 우리입니다.

그러므로 아무것도 모른 채 그저 하나님께서 내리신 은혜 언약을 받는 아이의 세례식이야말로 복음의 핵심, 즉 "하나님 은혜는 값 없이 주어진 선물입니다!"라는 진리를 가장 강력하게 웅변합니다. 즉, 주도권은 전적으로 하나님 편에 있습니다. 아이가 아직 무력하고 아무것도 스스로 할 수 없을 때, 그리스도께서 이미 그를 위해 죽으셨습니다. 영아(유아)들도 세례를 받아야 하느냐는 질문에 하이델베르크 신앙교육서는 큰소리로 "그렇습니다!"라고 대답합니다.

복음은 반드시 길을 찾는다

그렇습니다. 어른들 못지않게 유아들에게도
그리스도의 피에 의한 죄의 용서가 약속되었기 때문입니다.

이에 덧붙여 말하자면,

그렇습니다. 어른들 못지않게 유아도 무덤 속에 있는 죽은 나사로
와 닮았습니다. 그러므로 주도권은 전적으로 하나님 쪽에서 나와야
합니다.

성찬: 찢긴 빵으로 드러나는 주님의 현현

설교는 은혜의 방편이며
그리스도의 생명을 전달하는 채널입니다. 세례가 그렇고, 성찬 역시
그렇습니다. "주 예수께서 배반당하시던 날 밤에, 빵을 들어 감사하
신 후에, 떼어 주시며 이렇게 말씀하셨습니다. '이것은 너희를 위해
찢는 내 몸이다. 이것을 행하여 나를 기억하여라.' 저녁 식사 후에,
잔을 들어 감사하시며 이렇게 말씀하셨습니다. '이 잔은 나의 피, 너
희와 맺는 새 언약이다. 너희는 이 잔을 마실 때마다 나를 기억하여
라'"[고전 11:23-24].

성찬을 시행하면서 축하할 때마다 그리스도는 빵을 나눠 떼는
행위 가운데서 자기 자신을 우리에게 내어주십니다. 성찬의 핵심은
빵이 아닙니다. 빵은 그리스도의 몸으로 변화하지 않기 때문입니다.
성찬의 핵심은 빵을 '찢는 것'입니다. 빵을 찢어 나누는 행위에 있습
니다. 성찬에서 우리가 받아 드는 것은 온전한 빵이 아니라 '찢어진

빵'입니다. 찢어진 빵은 그리스도의 찢어진 몸을 상징합니다. 우리가 찢어진 빵을 먹는 것은 우리가 그리스도에 동화되어가는 방식을 상징합니다.

즉, 우리가 성찬에 참여할 때, 그리스도께서 우리에게 이렇게 말씀하십니다. "이것은 너희를 위해 '찢긴' 내 몸이다. 내 몸은 너희를 위해 찢어져야만 했다. 이 빵을 통째로 먹어서는 안 된다. 이 빵은 먼저 작은 조각들로 찢어져야 한다. 그래야만 너희에게 소용이 있다." 그리스도는 계속해서 말씀하십니다. "이처럼 나를 너희에게 주기 전에 나는 먼저 찢어져야 했다. 나는 반드시 죽어야만 했다. 나는 죽으러 태어났다. 죽는 일이 처음부터 내 혈관 속에 들어 있었다. 만일 너희가 내 찢어진 몸을 먹지 않으면, 나는 아무런 소용없이 찢기는 것이다. 찢어지고 조각난 상태로 너희 삶 속에 온전하게 섞이지 않는다면, 나는 헛되이 찢어지는 것이다."

그리스도를 우리에게 오시도록 하는 길

그리스도는 세례의 길, 성찬의 길, 설교의 길, 이 세 개의 도로를 따라 우리에게 오십니다. 16세기에 시작된 종교개혁운동은 사실상 세 개의 도로에 대한 보수 작업이었습니다. 그리스도께서 자기 백성에게 오시는 도로에 떨어져 있는 수많은 장애물을 제거하는 작업이었습니다. 그리스도께서 우리에게 잘 오실 수 있도록 그가 오시는 도로를 수리하고 보수한 것이 종교개혁운동이었습니다.

세 도로 중에 주요 도로가 설교입니다. 종교개혁운동은 설교의 부흥 시대로 이해하는 것이 가장 적합합니다. 설교는 그리스도께서 우리에게 오시는 중앙 도로이기 때문입니다. 교회는 설교에 살고, 하나님 말씀을 들음으로써 생명을 유지해 갑니다.

교회의 삶에 있어 그 밖에 다른 것은 모두 이차적인 것입니다. 설교와 하나님 말씀을 듣는 일 없이는 교회의 어떤 프로그램도 중요하지 않습니다. 믿지 않는 그분을, 어떻게 부를 수 있겠습니까? 믿지 않는 그분에게, 어떻게 도움을 요청할 수 있습니까? 듣지 못한 그분을, 어떻게 믿을 수 있겠습니까? 누군가 그들에게 설교하지 않았는데, 어떻게 그들이 들을 수 있겠습니까? 보냄받은 일이 없는데, 어떻게 그들이 설교할 수 있겠습니까?

거꾸로 말하자면, 보냄받은 자가 있어야 설교할 것이고, 설교해야 사람들이 들을 것이고, 들어야 하나님을 믿을 것이고, 하나님을 믿어야 그분에게 도움을 요청할 것 아니겠습니까?

존 칼빈은 이 구절에 대해 이렇게 말합니다. 설교(말씀 선포)는 교회를 위한 하나님의 뜻입니다. 설교는 하나님의 뜻에 뿌리 박고 있습니다. 하나님은 설교를 통해 자기 목소리가 들려지기를 바랍니다. 설교는 하나님의 목소리를 전달하는 방편입니다.

종교개혁 당시에 그랬던 것처럼, 오늘날도 설교는 매우 위태로운 상태에 놓여 있습니다. 대부분 목회자와 교인들은 설교를 가볍게 여깁니다. 오죽하면 누군가 잔소리를 하면, "설교하고 있네!"라며 빈정댑니다. 사람들은 교회에 와서도 즐겁고 재미있기를 원하지, 개종하고 회개하려 들지 않습니다.

영상과 멀티미디어에 잠식된 문화에서 사람들은 삶의 의미를 재미있고 즐기는 일에서 찾습니다. 텔레비전은 정보를 그저 예능으로 받길 원하는 청중을 만들어냈습니다. 여흥과 오락이 삶의 초점이 된 지 오래입니다. 그러다 보니 이런 청중은 점점 더 설교가 오락적이고 감성적이고 느낌이 좋길 기대합니다. 그렇게 경험하길 바랍니다. 그리고 이런 경험을 하면 '은혜'받았다고 말하기까지 합니다.

그러나 기억하십시오. 설교에는 전혀 다른 목적이 있습니다. 설교의 유일한 목적은 그리스도를 우리에게 오시도록 하는 것입니다. 그리스도가 우리에게 오는 도로가 곧 설교입니다. "그리스도 외에 아무것도 설교해서는 안 됩니다." 마르틴 루터의 말입니다. 그리스도는 우리를 즐겁게 해주지 않습니다. 그리스도는 우리의 오락을 위해 자기 매력을 발산하는 연예인이 아닙니다. 그리스도는 우리에게 요구하시는 분입니다. 그리스도는 우리에게 자신을 부인하고 십자가를 지고 자신을 따르라고 요구하시는 분입니다.

그렇습니다. 설교는 그리스도를 우리에게 오시게 합니다. 성찬도 마찬가지입니다. 세례도 마찬가지입니다. 그리고 그리스도께서 우리에게 오실 때, 그분은 우리를 즐겁게 해주시지 않습니다. 그분은 우리 안에 들어와 거주하십니다. 그분은 이 시대의 문화가 조장하는 가치관들을 뒤엎습니다. 뿌리를 뽑고 허물고 부숩니다. 파괴하고 뒤엎습니다. 그 후에 세우며 심습니다. 그는 우리를 당신의 모습으로 만들어가십니다. 우리를 새 피조물이 되게 하십니다. 그분은 우리가 새 창조 세계에서 잘 살도록 준비시키십니다.

유대인의 비밀, 하나님의 신비

로마서 11:25-36

로마인들을 위한 바울의 편지는 어디에서 절정에 이를까요? 순수한 시심詩心으로 환희를 분출시키며 "누가 우리를 그리스도의 사랑에서 끊으리오?"라고 환희를 발하는 로마서 8장일까요? 성경에서 이보다 더 아름다운 확신을 찾기도 쉽지 않지요.

보는 관점에 따라 달라지겠지만, 로마서의 절정은 9장에서 11장 안에 있지 않을까 생각합니다. 이 안에서 바울은 지상 교회가 새 시대에 접어들면서 계속 생각해야 할 문제를 다루고 있습니다.

바울은 당대에 그리스도의 교회가 이방인으로 가득 차 가는 것을 목격했습니다. 이런 현상으로 바울의 고민이 깊었을 것입니다. '유대인과 이방인을 하나로 묶는 시간이 도래한다는 의미일까, 유대인은 점점 줄고 이방인으로만 교회가 채워진다는 것은 무슨 의미일까, 유대인(이스라엘)은 하나님의 영원한 계획 속에서 제외된 민족일

까, 이스라엘은 선택의 길에서 제외된 민족이란 말인가?'

이스라엘이 하나님의 계획에서 제외되었다고 가정해봅시다. 아니면 이방인을 빛으로 인도하라는 부르심에서 벗어나 곁길로 나갔다고 해봅시다. 그렇다면 이 말은 하나님이 아니라 이스라엘이 자기 운명과 미래를 결정한다는 의미이지 않습니까? 이 말은 이스라엘이 하나님과 맺은 언약을 일방적으로 종결지을 수 있다는 의미이지 않습니까?

그러나 우리가 알고 있듯, 이스라엘에는 그러한 선택의 여지나 결정권이 없습니다. 이스라엘과 맺은 언약은 영원한 언약이기 때문입니다. 이스라엘을 향한 하나님의 선택은 항상 유효합니다. 여기서 바울의 논점은, 이스라엘이 메시아 예수님을 배척하고 거절했다고 해서 이스라엘이 하나님의 계획에서 떨어져 나갔다는 의미는 아니라는 것입니다. 이스라엘이 예수님을 배척한 것 자체도 오히려 하나님 계획의 일부라는 것입니다. 하나님께서 이스라엘의 마음을 굳어지게 하여 예수님을 배척하게 한 것도 특별한 목적이 있어서 그랬다는 것입니다.

무슨 목적이란 말입니까? 복음이 이스라엘로부터 이방인에게로 전해지게 하기 위해서였습니다. 이스라엘의 마음은 언제까지 강퍅해질 것입니까? 이방인의 충만한 수가 하나님 나라에 들어갈 때까지만 그렇습니다. 그렇게 될 때 "모든 이스라엘은 구원을 얻게 됩니다"[롬 11:26].

하나님께서 이스라엘 민족과 내내 함께하신다는 사실에 대해서는 의심할 여지가 없습니다. 하나님의 부르심은 일단 선포되기만 하면 사라지지 않습니다. 비록 이스라엘이 눈이 멀게 되더라도 하나님의 부르심은 소멸하지 않습니다. 하나님의 약속은 일단 맺어지기만 하면 전혀 헛되지 않습니다. 비록 이스라엘이 메시아 예수님을 배척하거나 버렸을지라도 하나님의 약속은 무효가 되지 않습니다. 하나님은 지금 이스라엘을 버리지 않고, 앞으로도 버리지 않으십니다.

만약 하나님이 이스라엘을 버리셨다면, 여러분과 나는 심각한 문제에 봉착할 수밖에 없습니다. 하나님께서 아브라함과 사라와 그의 자손들에게 신실하지 않은 분이라면, 그 하나님이 우리에게도 신실하리라 확신할 수 있겠습니까? 하나님께서 이스라엘을 던져버리실 수 있다면, 우리에게도 그럴 수 있습니다. 이스라엘 전체를 향한 하나님의 자비는, 우리를 예수 그리스도 안에 있는 하나님의 사랑에서 그 무엇도 끊을 수 없다는 고백의 근거가 됩니다.

이스라엘이 메시아 예수를 배척했다는 사실은 사실상 '신비'입니다. 그러나 이러한 신비는 좀 더 깊은 신비에 둘러싸여 있습니다. '이스라엘을 향한 하나님의 신실하심'이라는 신비가 그러합니다. 모든 백성을 불순종에 가두어 놓음으로써 모든 사람—유대인과 이방인 모두—에게 자비를 베푸시는 것이 하나님의 신비입니다. 유진 피터슨의 말을 빌리자면,

불과 얼마 전까지만 해도 여러분은 하나님께 바깥사람이었습니다. 그러나 유대인들이 하나님께 등을 돌렸고, 여러분에게는 문이 열렸습니다. 이제 그들이 하나님께 바깥사람이 된 것입니다. 그런데 여러분에게 문이 활짝 열린 것으로 인해, 그들에게도 다시 들어올 수 있는 길이 열렸습니다. 이렇게 혹은 저렇게, 하나님께서는 우리 모두로 하여금 한 번씩 다 바깥에 처해보는 경험을 하게 하셨습니다. 이것은 그분

께서 친히 문을 여시고, 우리를 다시 안으로 받아들이시기 위해서입니다(롬 11:30-32, 메시지).

바울은 이것을 가리켜 '그리스도의 신비'라고 부릅니다. 이것이야말로 온 우주에 있는 신비들 가운데 가장 위대한 신비입니다. 그리스도를 통해 유대인과 이방인을 사랑의 팔로 감싸 안으시는 하나님의 신비보다 더 위대한 신비는 이 세상에 없습니다.

때때로 내가 하나님이었더라면, 어떻게 했을까 생각해보았습니다. 일찌감치 인류를 없애버렸을지 모릅니다. 우리처럼 참을성 없는 인간이 하나님이었더라면, 세상에 남아 있을 인간이 어디 있겠습니까? 이기심과 편견으로 가득 찬 인간은 이미 지상에서 멸절당했을 것입니다. 그리고 감사와 사랑으로 충만한 사람들을 창조하기로 작정하고요. 물론 하나님은 그렇게 하지 않으셨습니다. 하나님은 우리를 없애버리지 않으셨습니다. 오히려 우리가 이해할 수 없는 이유로, 하나님은 우리를 너무도 사랑하시어 하나밖에 없는 독생자를 주셨습니다.

불행한 일은 우리가 이 사실에 너무도 친숙한 나머지 무감각하다는 것입니다. 이러한 경이로움이 모두 안개처럼 증발해버렸다는 사실입니다. 유대인과 이방인을 함께 포용하시는 이러한 하나님의 사랑은 우리 신앙에 날마다 신선한 충격과 의미로 다가와야 합니다. 우리가 그분의 신비한 사랑의 계획을 묵상하고 생각할수록 새로운 경이감을 느껴야 합니다. 유대인과 이방인을 향한 그분의 무궁한 사랑, 그리고 온 인류를 향한 그분의 연민은 우리의 찬양과 탄성의 이유가 되어야 합니다.

"하나님의 부유하심은 어찌 그리 크십니까? 하나님의 지혜와 지식은 어찌 그리 깊고 깊으십니까? 어느 누가 하나님의 판단을 헤아려 알 수 있으며, 그 어느 누가 하나님의 길을 더듬어 찾아낼 수 있겠습니까? … 그에게 영광이 세세토록 있을지어다"[롬 11:33, 36].

탈바꿈 경험

로마서 12:1-2

미국에서 살 때였습니다. 어느 날 가게에서 물건을 사고 돈을 내려고 계산대로 갔습니다. 내 앞에 서 있던 중년 부인이 점원에게 100달러 지폐를 내밀면서 말을 건넵니다. "죄송한데요, (거스름돈으로) 바꿔야 할 것 같은데요"(I think I'll have to make 'change'). 그러자 점원이 재치 있게 대답했습니다. "그렇지요. 바꿔야죠. 바꾸는 것을 싫어할 사람이 어디 있겠어요"(Who doesn't like to 'change' things up?). 변화를 싫어하는 사람이 어디 있겠느냐는 뜻이었습니다. 흥미로운 순간이었습니다.

살면서 변화가 필요하다고 생각이 들 때가 있습니다. 여러분은 어떠십니까? 무엇이 변했으면 좋겠다고 생각합니까? 어떻게 변했으면 합니까? 다르게 보이길 바랍니까? 날씬하게? 젊게? 모든 게 잘 정돈되었으면 합니까? 재정 상태가 좋아졌으면 합니까? 자존감이 더 있었으면 합니까? 덜 두려워하고 덜 아팠으면 합니까?

세상 모든 회사의 마케팅 부서가 하는 일이 뭔지 아십니까? 방금 여러분에게 말씀드린 다양한 변화를 우리가 간절히 바란다는 것을 알고, 원하는 변화를 가져다줄 기막힌 제품과 서비스들을 자신이 갖고 있다고 떠벌립니다. 이것을 '마케팅'이라고 합니다.

텔레비전이나 스마트폰, 광고판이나 심지어 카톡을 보십시오. 온갖 광고와 스팸메일로 우리를 융단폭격하고 있지 않습니까? 그 내용이 무엇입니까? 우리에게 새로운 변화를 약속하는 내용입니다. '이 약을 먹으면 머리가 납니다. 지금 이 자동차를 사면 10년 무상으로 고장을 수리해줍니다. 우리 학교에 자녀를 보내면 인생이 달라집니다. 이 쌍둥이 칼을 사용하면 기막힌 요리가 나옵니다.' …

홈쇼핑이나 광고홍보는 엄청난 이윤을 남기는 사업입니다. 그만큼 사람들은 광고를 철석같이 믿습니다. 요즘은 재테크나 자기계발Self-Help 서적들이 대박 나는 경우가 많습니다. 스팸메일을 열면 그럴듯한 약속이 넘쳐납니다. "집에 앉아서도 부자가 될 수 있습니다." "원치 않는 복부 비만을 금방 녹여줍니다." "목사 안수, 한 달만에 가능합니다." 어떤 제품이 우리 삶을 근본적으로 바꾸어놓는다는 광고가 얼마나 신화적인지를 우리 대부분은 인생 경험을 통해 충분히 배우지 않았나요?

변화를 위해 사람들은 다른 직업을 시도해보기도 합니다. 대학원에 다시 들어갑니다. 헬스클럽에도 다시 등록합니다. 하지만 인생에 약간의 변화를 주는 데 성공했더라도 매일 아침 거울에 비치는 사람은 자기의 옛 자아 그대로입니다!

가장 강력한 변화의 시작점

우리는 인류 역사상 어느 때보다 가장 많은 자유를 누리는 시대에 살고 있습니다. 그런데도 우리는 자기 자신에게 꼼짝 못 하고 어쩔 줄 몰라 합니다. 우리는 변화를 만들 줄도, 변화를 줄 줄도 모릅니다. 심지어 우리가 그렇게 바뀔 수 있는지조차 확신하지 못합니다.

실제로, 삶에서 변화를 만들어내기도 어렵고, 삶을 고칠 수도 없다며 자포자기하는 사람이 많습니다. "다 부모를 잘못 만나서지"(각종 수저 타령이 여기서 나옵니다). "좋지 않은 동네에서 자라서 그래." "친구 잘못 만나서 이렇게 됐어." "내가 여자(남자)로 태어난 게 죄야." "피부색 때문이야"(미국은 특히 그렇습니다). 그래서 발전하고 고쳐나가는 대신에, 피해자 의식으로 가득한 사람들이 많습니다.

"내가 피해자야!"라고 주장하는 사람들은 대부분 자기 문제들을 먼저 내보입니다. 남이 당하는 피해에는 뒷전입니다. "(노숙자, 가난하고 배고프다는 어린애들에 대해) 이젠 그만 좀 했으면. 나도 힘든 일이 있거든! 내 아버지도 나한테 친절하지 않으셨거든!"

여러분이 피해를 당한 적이 없었다는 것은 아닙니다. 다만, 복음은 여러분에게 그저 피해자로 남아 있어서는 안 된다고 한다는 것입니다. 복음은 여러분에게 삶의 변화를 위한 자기계발에 그쳐서도 안 된다고 말씀합니다. 자기를 혐오하거나 자기 비참함이나 불행, 권태에 빠져서도 안 됩니다. 강력한 사명 의식 없는 삶에 안주해서도 안 됩니다. 그리고 너무 심하게 일한 나머지 집에 들어갈 때 삶이 망가질 것 같은 위기감을 느낄 정도가 되어서도 안 됩니다. 그건 일 중독입니다.

오늘 본문은 이렇게 시작합니다. "형제자매 여러분, 내가 여러분에게 하나님의 자비로 호소합니다." 성경에서 은혜와 긍휼(자비)을 말할 때, 하나님께서 여러분의 삶 속에 다가와서 일하고 있고 부단히 들쑤시고 있다는 것을 의미합니다. 그분은 여러분 홀로 두지 않습니다. 오히려 그분은 간섭하시고 중간에 개입하고 가로막기도 하며, 결국 우리 삶을 이리저리 흔드십니다. 가라앉아 이끼가 끼거나 물이 고여 썩거나 냄새나지 않도록 말입니다. 하나님은 우리 삶에 몇 가지 변화가 일어나는 정도로는 만족하실 분이 아닙니다.

시대정신에 달라붙어 자신을 끼워 맞추지 말라

하나님은 보다 본질적인 계획을 갖고 우리를 다루십니다. 우리가 자신에 대해 지닌 몇 가지 이미지로 고수하려 하거나 거기에 맞춰 적당히 살아가려는 의지를 흔들어 뒤집으려 하십니다. 바울은 이렇게 말했습니다. "여러분의 몸을 살아 있는 희생 제물, 거룩한 희생 제물, 하나님께 받으실 만한 제물로 드리시오."

"이 세상을(세대를) 본받지 말라!" "세상이 말하는 시대정신에 착 달라붙어 그대로 따라 하지 말라!" 이렇게 사도가 말씀합니다. 그리고 이어서 "변화를 받아라", "변혁적으로 되라"라고 말합니다.

여기서 "본받는다"conform라는 단어를 먼저 보겠습니다. 영어 단어 conform은 Con + Form의 합성어로, "본받음, 본 따름, 순응, 동조, 일치, 부합" 등을 가리킵니다. 사회가 제시하는 가치나 세계관 모델 속으로 자신을 끼워 맞추지 말라는 것입니다. 쑤셔 넣어 맞추

복음은 반드시 길을 찾는다

지 말라는 것입니다. 여러분의 삶과 인생을 SNS의 그럴듯한 이미지 속에 넣어 주형鑄型하지 말라는 것입니다. 회사가 주는 이미지, 학력과 학벌이 주는 이미지, 심지어 종교가 주는 이미지를 본받지 말라는 것입니다.

그런 것이 여러분이 원하는 변화라면, 그러한 본받음, 본 따름, 순응, 동조, 일치 등을 희생 제물로 바쳐야 합니다. 그래야 하나님이 여러분을 '탈바꿈'하게 할 수 있습니다(여기서 변형, 변혁, 탈바꿈은 수동 태입니다).

사도 바울이 여기서 사용하는 헬라어는 메타몰푸metamorphou인데, 이 헬라어에서 유래된 영어가 메타몰포시스metamorphosis로 이 단어는 탈바꿈, 변형, 변태變態 등으로 옮길 수 있습니다. 이 단어는 원래 아리스토텔레스가 사용했는데, 어떤 사물의 참된 본질을 묘사할 때 썼습니다. 무엇인가 탈바꿈(메타몰포시스) 과정을 겪게 되면, 본래 상태로 변화한다는 뜻입니다. 즉, 본질적인 실체로의 변화가 일어난다는 말입니다. 올챙이는 오로지 개구리가 될 수 있습니다. 애벌레는 오로지 나비가 될 수 있습니다. 아무리 개구리가 멋지다 해도 애벌레는 개구리가 될 수 없습니다. 없는데 왜 그렇게 되려고 애쓴단 말입니까?

이처럼, 바울의 말을 풀어 말하자면, "우리 사회가 소중하게 생각하는 형상(이미지)을 따라 그렇게 되려고 애쓰지 마시오. 하나님이 여러분을 창조하신 그 원형대로 자신을 바꾸려고 하십시오. 탈바꿈 하십시오. 원래 형태대로 말입니다." 미켈란젤로가 했다는 유명한 말이 있지요? 조각가는 돌 속에 들어 있는 원 형상을 생각하면서 이 물질異物質을 정으로 찍어내는 사람이라고 했습니다.

탈바꿈 경험을 하려면

몽골고원에서 촬영한 자연 다큐멘터리를 보면 대평원 어딘가에 있는 고원의 높은 산 위에 독수리들이 나는 모습이 나옵니다. 때론 하늘 정상을 향해 비상하기도 하도 천천히 날갯짓하면서 대평원을 납니다. 그런데 새끼 독수리들을 보신 일이 있나요? 애처롭기 그지없습니다. 갓 부화한 모습을 보면 "저게 어떻게 공중의 제왕일까?" 하는 생각이 듭니다. 솜털이 북슬북슬한데 큰 입만 삐쭉 달린 것 같습니다. 약간 덩치가 큰 병아리 같습니다. 갓 난 독수리 새끼를 지붕에서 "날아 봐!"라고 던진다면, 여러분은 그다음을 차마 눈 뜨고 보지 못하겠지요.

새끼 독수리가 날려면 그전에 '탈바꿈 경험'이 있어야 합니다. 애벌레가 나비가 되듯, 올챙이가 개구리가 되듯, 새끼 독수리는 어떤 과정을 거쳐 독수리가 되어야만 합니다.

그러나 여기에는 시간이 걸립니다. 그렇다면 하나님께서 디자인하신 운명destiny을 어떻게 물려받을 수 있습니까? 사도 바울에 따르면, 마음을 새롭게 하여—마음을 다시 감는다re-mind, 다시 생각한다re-think는 뜻입니다— 변화(탈바꿈)하게 되고, 탈바꿈하고 변화를 받으면, 우리는 하나님의 뜻이 무엇인지 분별하게 된다고 말합니다. 그렇게 되면 좋은 것, 받아들여지는 것, 온전한 것을 분별하게 된다는 것입니다.

달리 말해 우리 스스로가 생각하는 변화에 대해서는 멈춰야 합니다. 남이 이렇게 바뀌었으면 좋겠다는 변화에 대해서도 생각을 멈춰야 합니다. 그렇게 해야 우리 생각과 마음을 "선한 것", "받을 만한 것", "온전한 것"에 초점 맞출 수 있게 됩니다.

나의 '이마고 데이'Imago Dei 개념을 점검하라

마지막으로, 요점은 이것입니다. 우리 삶에서 어떤 변화를 경험하려면 먼저 우리가 가진 하나님의 형상에 대한 관점을 바꾸고 다시 생각re-mind해야 한다는 것입니다.

우리는 하나님의 형상(이미지)으로 창조되었습니다. 그 형상의 본체이신 하나님을 알기 전까지는 우리는 자신에 대해 결코 알지 못합니다. 자신에 대한 잘못된 이미지를 갖고 있다면, 그것은 우리가 잘못된 하나님 이미지 개념을 갖고 있기 때문입니다.

하나님의 이미지 개념은 당신의 자아 이미지를 결정합니다. 우리 중 남을 판단하고 평가하는 습관 때문에 고민하는 사람들은 그들에게 결코 만족을 느끼지 못하시는 하나님을 예배합니다. 다른 사람을 사랑하는 일이 힘겨운 사람은 "너는 나에게 사랑받고 있어!"라는 하늘의 소리를 들어보지 못했을 것입니다. 다른 사람을 용서할 수 없는 사람은 자신이 온전히 용서받았다는 사실을 실제로 믿지 않는 자들입니다. 모든 변화는 자기 발전에 관한 것이라고 생각한다면 한 번도 그리스도의 십자가에 계시 된 하나님 형상을 생각해보지 않은 사람들입니다. 하나님의 형상을 제대로 알기 전까지는 우리는 자기 정체성을 회복할 수 없습니다.

이런 이유로 존 칼빈은 《기독교강요》를 "모든 지혜는 하나님에 대한 지식과 우리 자신의 지식과 함께 시작된다!"라는 진술로 시작합니다. 하나님을 아는 일과 우리 자신을 아는 일에서 모든 지혜가 시작된다는 말입니다. 여기서도 순서를 잘 생각해보십시오. 하나님에 대한 지식 없이는 우리 자신에 대한 지식도 없습니다.

이것은 신비로운 과정도, 특별하게 복잡한 것도 아닙니다. 그저 하나님을 알아가는 문제일 뿐입니다. 이런 이유로, 즉 하나님을 알아가기 위해 우리는 예배하러 나오는 것입니다. 매일 성경을 읽고 경건 생활을 합니다. 교회에서 하는 신앙교육 프로그램에 참석합니다. 남을 돌보고 선교에 자원봉사로 나섭니다. 이 모든 일은 결국 하나님을 아는 길이며 그런 과정에서 우리 자신을 발견합니다.

인생과 삶 속에서 행하시는 하나님의 탈바꿈이 모두 어디로 향하는지 알기를 원한다면, 예수 그리스도를 바라보십시오. 육체가 된 하나님의 형상이신 예수 그리스도 말입니다.

몸으로 드리는 예배

로마서 12:1-8

"우리도 좀 평범할 순 없나요?"

게리슨 케일로^{Garrison Keillor}가 쓴
『워비건 호수 시절』에서 저자는 자신이 지내왔던 신앙의 길을 회고
하면서 이렇게 말합니다.[25]

> 우리는 거룩한 형제단^{Sanctified Brethren}의 일원이었습니다. 이 교파는
> 아주 작아서 우리와 하나님 외에는 아무도 아는 사람이 없었습니다.
> 다른 사람들에게 우리가 누구인지, 무엇을 하는 사람들인지 설명하려
> 면 한참 걸릴 것입니다. 그래서 차라리 여러분이 그냥 궁금증을 갖고
> 계신 것이 더 편할지 모르겠습니다.
> 상당한 기간 우리 가족은 현재 사는 곳에서 약 32마일 정도 떨어진
> 세인트 클라우드^{St. Cloud}에 있는 교회에 다녔습니다. 어느 주일에 우

리 가족은 한 친구가 추천하는 세인트 클라우드에 있는 괜찮은 레스토랑에 갔습니다.

들어가자마자 웨이트리스가 아버지 옆에 와 섰습니다. 음식 주문을 받기 위해서였습니다. "먼저 어떤 술로 시작하시겠습니까?"라고 물었습니다.

그러자 아버지의 얼굴이 붉어지기 시작했습니다. 기분이 몹시 상하셨던 모양입니다. 거룩한 형제단 교인들은 알코올은 한 방울도 입에 대지 않는 사람들이었는데, 웨이트리스는 아버지가 마치 술꾼처럼 보였던 모양이었습니다.

"아뇨!" 도무지 믿어지지 않는다는 표시로 고개를 절레절레 흔들었습니다. 마치 그녀가 식탁 위에 벌거벗고 올라가 같이 춤이라도 추자고 제안한 듯 아버지의 기분이 그랬던 것 같았습니다.

"여사님? 어떤 술로 식사를 시작하시겠습니까?" 이번에는 어머니에게 물었습니다. 어머니 역시 도무지 믿어지지 않는다는 표정으로 그녀를 쳐다보았습니다.

그 순간 갑자기 레스토랑이 달라져 보였습니다. 웨이트리스는 악마처럼 보였습니다. 건너편 옆자리에 앉은 여자는 이상야릇한 웃음을 지었습니다. 그녀와 함께 있던 남자는 담배에 불을 붙이더니 공중을 향해 연기를 내뿜었습니다. 식당 부엌에서는 온갖 추잡한 말과 음담패설이 마치 독가스처럼 흘러나왔습니다. 주님의 날에 우리가 그런 장소에 있다는 사실, 그런 곳에 우리 모습을 드러냈다는 사실을 견딜 수 없었습니다. 도대체 우리가 무슨 짓을 하는 것인가?

어머니는 의자에서 일어났습니다. 곧이어 아버지가 웨이트리스에게 말합니다. "그만 일어나 나가겠소이다. 미안합니다!" 우리 모두 일어

복음은 반드시 길을 찾는다

나 자리를 떴습니다. 지저분한 흰 셔츠에 머리가 벗어진 왜소한 사람이 부엌에서 나오더니, "뭐 잘못된 것이라도 있습니까?"라고 묻는 것이었습니다. "아마 우리가 잘못 찾아온 것 같습니다." 어머니가 그에게 대답했습니다.

우린 레스토랑에서 나와 도보에 섰습니다. 나는 이렇게 부모님에게 소리쳤습니다. "정말 창피해서 어쩔 줄 모르겠어요. 마치 문둥병자나 된 기분이에요. 꼭 이렇게 해야 해요? 우리는 매번 문제를 크게 만든단 말이에요! 우리도 좀 다른 사람들처럼 그렇게 평범할 수는 없나요? 너무 유별나게 사는 것 아니에요?"

그러자 어머니는 내 어깨에 손을 얹으시더니, "이 세대를 본받지 말라!"라고 하셨습니다. 나는 어머니가 하시는 말씀, 그 나머지 부분은 잘 알고 있었습니다. "오직 마음을 새롭게 함으로 변화를 받아 하나님의 선하시고 기뻐하시고 온전하신 뜻이 무엇인지 분별하도록 하라!"

이 이야기를 들으면서 질문이 생깁니다. 도대체 무엇이 착한 행위일까요? 무엇이 하나님께서 기뻐하실 행위일까요? 무엇이 온전한 행위일까요?

누가 이걸 실천한단 말인가?

술 파는 레스토랑에서 그처럼 거침없이 나오는 것이 아니라면 착하고 온전한 행위란 대체 무엇이란 말입니까? 착하고 온전한 행위가 (앞 세대 부모나 조부모들이 고개를 절레절레 흔들었던) 극장 가는 것, 화투 치는 것, 디스코텍 가는 것…을 하지 않는 게 아니라면 대체 무엇이란 말입니까?

바울이 묻습니다. "여러분은 무엇이 착하고, 받아들일 만하며, 완전한 행실인 줄 아십니까?" 그리고 대답까지 제시합니다. 우리의 몸을 산 희생 제물로 드리는 것입니다. 상호 간의 깊은 애정으로 서로 사랑하고, 상대방을 존중하고 명예롭게 하는 일, 열정적이고 힘찬 기상spirit을 지니고 사는 일입니다. 고난 가운데도 인내하고 참아내는 것입니다. 기도하면서 견디는 것입니다. 성도들의 궁핍을 채워주고 필요를 공급하는 것입니다. 서로 화목하고 평화롭게 지내는 것입니다. 낮은 곳에 있는 사람들과 연대하는 일입니다. 복수하거나 앙갚음하지 않는 마음입니다. 선으로 악을 이기는 것입니다.

그런데 문제는, 누가 이 모든 것을 할 수 있단 말입니까? 누가 이처럼 사랑하고 기도하고 베풀며 살고 용서하고 살 수 있단 말입니까? 누가 이 모든 것을 거침없이 넉넉하게 할 수 있단 말입니까? 아무리 보아도 이런 것은 우리 능력 너머에 있어 보입니다. 우리가 가진 재능이나 능력으로는 도무지 이 모든 일을 감당할 수 없습니다. 현실과는 너무도 동떨어진 이야기 같습니다. 너무 이상적인 것 같습니다.

하나님의 자비, 우리의 시은소

그러나 바울 사도가 앞서 말한 것으로 돌아가 읽어보면, 이것이 결코 불가능하거나 추상적인 일이 아님을 알 수 있습니다. 다시 말해 바울 사도가 로마서 9, 10, 11장에서 말하는 것을 잘 이해하면, 이런 일이 결코 현실과 동떨어진 이야기가 아님을 이해합니다.

로마서 9-11장에서 바울이 고민하던 문제가 무엇이었습니까? '왜 유대인은 예수가 메시아임을 받아들이지 않는가? 왜 유대인은 나사렛 예수라는 분을 통해 성육신하신 하나님의 긍휼과 자비를 거절했는가?' 바울은 이런 문제를 깊이 고뇌하고 있었습니다. 즉, 하나님의 신실하심이 중대한 쟁점이 되었습니다.

바울은 묻습니다. "하나님께서 유대인을 버리셨는가? 자기 백성 이스라엘을 버리셨는가? 하나님께서 이스라엘을 더는 자신의 언약 상대자로 생각하지 않는다는 말인가? 이스라엘을 버리신 대신 이방인을 자기의 새 언약 상대자로 선택했는가?" 그리고 바울은 스스로 대답합니다. "그러나 이것은 말이 안 돼! 그럴 수가 없어!" 왜 이렇게 답할 수 있는 것입니까? "하나님은 이스라엘에 하신 자신의 약속들에 영원히 신실하시기 때문이다!"

그렇습니다. 예언자 예레미야는 오래전에 이렇게 말했습니다.

위에 있는 하늘을 측량할 수 있으며
밑에 있는 땅의 기초를 탐지할 수 있다면
내가 이스라엘 자손이 행한 모든 일로 말미암아
그들을 다 버리리라 여호와의 말씀이니라(렘 31:37).

이것이 무슨 뜻입니까? 누가 하늘을 잴 수 있으며, 누가 땅속에 내려가 기초를 측량할 수 있겠습니까? 아무도 없습니다. 불가능한 일입니다. 그처럼 하나님께서도 이스라엘 자손이 저지른 일이 아무리 크고 추하다 해도 그들을 절대로 버리지 않겠다는 말씀입니다.

놀랍고 기가 막힌 은혜의 말씀입니다. 하나님께서는 일단 약속하시면, 그 약속들은 절대 파기되지 않는다는 것입니다. 심지어 이스라엘이 메시아이신 예수님을 배척하고 받아들이지 않는다고 해도, 하나님은 자신이 하신 약속을 다르게 고치거나 파기하지 않으신다는 것입니다.

자기 백성 이스라엘을 향한 하나님의 신실하심은 하늘 끝에 이르고, 자기의 영원한 자녀 이스라엘을 향한 하나님의 성실하심은 바다 뿌리까지 내려갑니다. 아무리 이스라엘이 예수님에 대해 눈이 멀더라도, 이스라엘을 향한 하나님의 약속들은 영원히 유효합니다. 하나님께서 이스라엘에 대해 영원히 신실하시다는 단 한 가지 이유로, 한국인이든 일본인이든 서양인이든 모든 이방인 크리스천은 하나님께서 우리에게도 영원히 신실하시다고 확신할 수 있습니다.

왜 이렇게 확신한단 말입니까? 이유는 이렇습니다. 만에 하나라도 하나님께서 이스라엘에 대해 불성실하시다면, 만에 하나라도 그들을 외면하시고 버리신다면, 그 하나님은 우리에 대해서도 그러실 것이기 때문입니다.

로마서 11장 끝 무렵에 가면, 바울은 이방인 독자들에게 돌아서면서 이러한 뜻으로 말합니다. "여러분의 관점에서, 유대인은 하나님의 원수처럼 보일 것입니다. 그러나 하나님이 취하시는 긴 관점에서 보면, 유대인은 지금도 하나님이 사랑하시는 가장 친한 친구로 남아 있습니다. 유대인을 향한 하나님의 신실하심은 100% 보장된 약속입니다. 절대 취소되거나 철회되지 않습니다."

계속해서 사도 바울이 말합니다. "이방인 여러분도 하나님과 아무런 관계가 없던 외인^{外人}들이었던 때가 있었습니다. 바로 그때 유대인은 하나님에 대해 문을 세차게 닫아버렸습니다. 그러자 모든 일이 여러분을 위해 열리기 시작했습니다. 자, 이제 유대인은 바깥에 있습니다. 그러나 여러분을 위해 활짝 열렸던 문으로 그들이 다시 들어올 길이 생기게 되었습니다."

바울이 말을 이어갑니다. "이런저런 방식으로, 하나님은 우리 모두—유대인이나 이방인 모두—가 바깥에 있다는 것이 무엇을 의미하는지 경험하게 하셨으며, 또한 우리 모두 하나님께서 친히 문을 여시고 우리를 다시 받아들여 환영하시는 것이 무엇인지를 경험하게 하셨습니다. … 여러분은 세상 어디에서 이러한 하나님의 엄청난 자비와 긍휼을, 이처럼 깊고 깊은 지혜를 만날 수 있겠습니까? 우리 머리와 상상과 이해를 넘어서는 놀라운 일입니다. 도무지 이해할 수 없는 일입니다."

그러고는 큰소리로 이렇게 외칩니다. "우리 주위에 하나님을 설명할 수 있는 사람이 있으면 한번 나와 보시오! 하나님께 '이렇게 하시오, 저렇게 하시오'라고 말할 수 있을 만큼 똑똑한 사람이 있으면 나와 보시오! 누가 하나님께 충고할 정도로 똑똑한 사람이 있으면 나와 보시오. 하나님께 큰 호의를 베풀었던 사람이 있다면 한번 나와 보시오!"

마침내 바울의 입에서 송영誦詠, doxology이 터져 나옵니다. "이는 만물이 주에게서 나오고, 주로 말미암고, 주에게로 돌아감이라. 그에게 영광이 세세에 있을지어다. 아멘."

모든 것이 그에게서 나옵니다.
모든 것이 그를 통해 이루어집니다.

모든 것이 그분 안에서 마치게 됩니다.

그러므로 영광이 영원히 그에게 있을지어다. 아멘.

바울은 이렇게 로마서 11장을 끝냅니다. 그리고 바울이 한 다음 말이, 지금 읽는 본문입니다. 12장의 첫 마디를 바울은 이렇게 열었습니다. "그러므로 형제들아 내가 하나님의 모든 자비하심으로 너희를 권하노니…"(12:1).

그러므로 형제자매들이여, 제가 하나님의 자비를 생각하면서,
유대인과 이방인을 향하신 하나님의 자비를 생각하면서,
전 인류를 향하신 하나님의 자비를 생각하면서 여러분에게 권합니다.
여러분의 몸을 살아 있는 희생 제물로, 하나님에 대해
거룩하고 기쁘시게 할 만한 희생 제물로 바치십시오.

바울이 말하는 바는, 우리의 행위와 행동은 하나님의 자비와 긍휼에 대한 반응이어야 한다는 것입니다. 하나님의 자비에서 동력動力을 받아야 한다는 것입니다. 하나님의 성실하심이 우리 마음을 움직여 행동에 이르게 해야 한다는 것입니다. 하나님의 긍휼은 마치 연료와 같아 우리가 앞으로 나가도록 한다는 것입니다. 우리 행동의 동력은 하나님의 자비에 있다는 것입니다. 우리는 스스로 그런 동력을 만들어낼 수 없다는 것입니다. 예수님은 다음과 같이 비유로 설명하셨습니다.

내 안에 거하라 나도 너희 안에 거하리라 가지가 포도나무에 붙어 있

지 아니하면 스스로 열매를 맺을 수 없음 같이 너희도 내 안에 있지 아니하면 그러하리라 나는 포도나무요 너희는 가지라 그가 내 안에, 내가 그 안에 거하면 사람이 열매를 많이 맺나니 나를 떠나서는 너희가 아무것도 할 수 없음이라(요 15:4-5).

우리는 날마다 그리스도의 생명에서 물을 길어야 합니다. 건기든 우기든 마르지 않는 생명의 깊은 우물에서 두레박질해야 합니다. 매일같이 하나님의 은혜 보좌 앞으로 나아가야 합니다. 그때마다 우리의 궁핍을 채우고 도우시는 시은소(施恩所, mercy seat, 은혜 베푸시는 장소)로 나아가야 합니다. 하나님의 자비야말로 우리의 가장 깊고 깊은 우물이요 심연(深淵)이기 때문입니다. 우리 안에는 이런 깊음이 있습니다. 우리 마음에 속한 깊음이 아니라, 그보다 훨씬 더 깊은 깊음입니다.

하나님께서 우리를 향해 이런 깊은 자비를 보여주셨습니다. 즉, 우리가 아직도 죄인이었을 때 그리스도께서 우리를 위해 죽으신 일입니다. 그리스도께서 우리를 위해 자신을 희생하신 일입니다. 자신을 희생 제물로 바치신 일입니다.

하나님의 자비에 응답하는 예배

이런 하나님의 자비에 고마운 마음으로 응답하는 방식이, 바로 희생입니다. 이것이 희생 제물로 바친다는 의미입니다. '희생'이란 단어는 아주 값비싼 용어입니다. 돌로 된 제단 앞에 비명을 지르는 짐승, 이 가축들의 멱을 따려고 준비하는 제사장의 번뜩거리는 칼을 연상해보십시오. 이것이 기독교인에게 삶의 핵심이라고 바울은 말합니다. '자기 목숨을 간직하려고 하나님께로 나아오는 자는 없다! 하나님의 제단에 자신을 드리지 않으면서 하나님께로 나아오는 자는 없다!"

막연하고 추상적으로 들릴지도 모릅니다. 그렇다면 로마서 12장 나머지 부분을 통해 이 추상이 구체적으로 무엇을 가리키는지를 설명해보겠습니다. 하나님의 자비(긍휼, 신실하심)에 대답하고 산다는 것은, 자신에게 있는 은사와 선물이 무엇이든 그리스도께 바친다는 것입니다. 각종 은사와 재능들을 그리스도의 몸(교회)이라는 제단에 바친다는 것입니다.

가지는 포도나무에 붙어 있을 때만 존재 의미가 있듯, 크리스천도 그리스도의 몸의 지체로 기능하면서 존재 의미를 가집니다. 그리스도의 몸(교회)에 드려야 할 우리 재능과 은사들을 드리지 않을 때, 하나님 자비에 대답하면서 살지 않을 때, 하나님 제단에 우리 은사와 재능을 바치지 않을 때, 우리는 마치 잘려나간 손가락이나 떨어져 나간 발톱과 같이 됩니다.

그러므로 하나님의 자비하심을 기억하면서, 봉사하는 것이 당신의 은사라면, 열정적으로 봉사하십시오. 가르치는 것이 은사라면, 그 일을 끝까지 하십시오. 병든 사람이나 노인을 찾아다니는 것이 당신의 은사라면, 우아하고 멋지게 하십시오. 다른 사람을 격려하고 안내하는 일이 적성에 맞다면, 뽐내거나 잘난 체하지 않도록 조심하십시오. 어떤 일에 책임을 맡았다면, 사람들을 통제하거나 주물럭거리지 마십시오. 혹시 신체적 약자나 장애인과 함께 일해야 한다면, 그들 때문에 신경이 날카로워지거나 낙심하지 마십시오.

복음은 반드시 길을 찾는다

언제나 하나님의 자비하심에서 감동과 영감을 받으십시오. 낙담하거나 소진되지 마십시오. 계속해서 연료를 공급받고 불길을 살려 가십시오. 어렵고 힘든 시간이라고 해서 그만두거나 포기하지 마십시오. 그때 좀 더 강하고 세게 기도하십시오. 원수들을 축복하십시오. 절대로 저주를 내뱉지 마십시오. 친구들이 행복할 때 그들과 함께 웃으십시오. 친구들이 낙담하고 힘들어할 때 그들의 눈물에 동참하십시오. 외톨이처럼 살지 마십시오. 별 볼 일 없는 사람들, 무명의 사람들과 친구가 되십시오. 홀로 유명해지지 마십시오. 혼자 잘난 체하지 마십시오. 하나님의 자비하심의 빛이 모든 사람에게 비치도록 하십시오. 심지어 원수에게도 비치도록 하십시오. 만일 이런 일이 도무지 불가능하다고 생각되거든 그리스도의 행동을 기억하십시오.

자기를 미워했던 사람을 사랑하시고,
자기를 저주했던 사람을 축복하시고,
자기를 죽였던 사람을 위해 기도하신 그분을.

미움을 미움으로 갚는 것은 우리에게 보이신 하나님의 자비를 잊는 일입니다. 그러나 미움을 사랑으로 답하는 것은 하나님의 자비를 기억하는 것입니다. 이것이 몸으로 드리는 예배이며, 일상의 예배이며, 멋지게 사는 크리스천의 삶입니다. 이것이 본문에서 말하는 '몸 예배'Body Worship의 진정한 의미입니다.

그리스도, 우리의 근본 요소

로마서 14:1-9

필수 구성 요소

　　물고기에게 물은 필수 요소입니다. 물속에 있을
때만 물고기는 움직이며 살아갑니다. 물을 떠나면 죽습니다. 나무
에게 땅은 필수 요소입니다. 나무는 땅에 뿌리를 내리고 삽니다. 땅
에서 뽑아내면 나무는 죽습니다. 동물에게 공기는 필수 요소입니다.
공기를 들이마시고 삽니다. 숨을 쉴 수 없으면 죽습니다.

　사도 바울은 그리스도인에게 그리스도는 '필수 요소'라고 말합
니다. 그분은 우리의 원자요 분자이십니다. 우리를 구성하는 근본
요소입니다. 우리가 그리스도 안에 있으면 살지만, 그리스도 밖에
있으면 죽는다는 것입니다. 그리스도 없는 그리스도인을 상상할 수
있겠습니까? "누구든지 그리스도 안에 있으면 새로운 피조물이라.
새로운 창조가 도래한 것이라. 옛것은 모두 지나갔다. 보라, 모든 것

이 새것이 되었도다"[고후 5:17].

그리스도 안에 있으면, 우리는 모든 것을 새로운 눈으로 바라보게 됩니다. 심지어 죽음도 새로운 눈으로 바라봅니다. 죽음에 대해 말하기를 두려워하거나 꺼리는 사람들과는 다릅니다.

죽음, '위대한 평등가'

죽음은 '위대한 평등가'great equalizer라고 불립니다. 궁극적으로 모든 것을 평등하게 만든다는 것입니다. 코헬렛(전도서의 화자話者)은 이렇게 말한 적이 있습니다.

> 인생이 당하는 일을 짐승도 당하나니 그들이 당하는 일이 일반이라 다 동일한 호흡이 있어서 짐승이 죽음 같이 사람도 죽으니 사람이 짐승보다 뛰어남이 없음은 모든 것이 헛됨이로다(3:19).

빈부귀천 가릴 것 없이 모든 사람은 죽습니다. 그래서 영어권에서는 사람을 가리켜 'mortal being'(필멸자)이란 용어를 사용합니다. 죽을 수밖에 없는 존재라는 뜻입니다. 모든 사람은 똑같은 공기를 호흡하며 숨을 쉽니다. 인간이라고 해서 다른 동물보다 더 나은 것도 없습니다. 모두가 먼지와 흙에서 나왔고, 먼지와 티끌로 돌아갑니다.

죽음은 모든 것을 평등하게 만드는 위대한 세력입니다. 죽음은 잘난 지위, 유명한 학력, 뽐내는 재물, 멋진 외모, 호령하는 권세 등 남다른 것을 모두 묘지 아래에 묻습니다. 죽음은 잘난 체하고 우쭐

대고 허세 부리고 젠체하는 우리의 모든 겉치레와 자부심을 조롱하고 비웃습니다. 죽음 앞에서 왕은 그의 왕관을 벗어야 하고, 장군들은 훈장을 다 떼야 하고, 박사들은 학위증을 던져야 하고, 연예계 스타들은 트로피들을 다른 사람에게 건네야 합니다. 죽음 앞에서 우리의 훈장과 상장과 상패들은 사소하고 하찮아집니다. 궁극적으로 그런 것은 휴지나 먼지에 불과합니다. 죽음 앞에는 지혜로운 자나 어리석은 자나, 부자나 빈자나, 힘없는 사람이나 세도가나 모두 똑같습니다(시 49장).

그러므로 '죽음'이라는 주제에 대해, 사회가 쉬쉬하며 입을 다물고 있고, 사람들은 죽음에 대해 말하기를 꺼린다는 사실은 결코 놀랍지 않습니다. 무덤은 우주 안에 있는 모든 것의 종착역이며 고향입니다. 세상의 모든 것(萬有, "존재하는 모든 것")은 죽음을 향한 여정으로 가는 동반자이며 친구이자 동행자입니다. 그들이 유명 스타이든 무명의 촌로村老든 상관없습니다. 그들이 은하계든지 아니면 미세한 세균이든지 상관없습니다. 그것은 모두 죽습니다.

그러나 그리스도 안에 있는 사람들은 그렇지 않습니다. 그들은 당당하게 죽음의 얼굴을 쳐다봅니다. 그들은 전혀 다른 새로운 시각에서 죽음을 바라봅니다. 그들은 희망을 창조하는 시각에서 죽음을 쳐다봅니다. 그들은 죽음을, 그리스도 안에서 모든 것을 하나로 모으는 과정(엡 1:10)으로 이끄는 걸음이라고 생각합니다.

죽음, 변혁의 과정

죽음은 보편적입니다. 모두에게 찾아오는 방문

객입니다. 그렇다면 왜 죽음은 보편적이고 우주적일까요? 온 우주가 변화와 변혁의 과정을 지나가고 있기 때문입니다. 예를 들어, 태양을 보십시오. 우리가 보고 있는 태양은 제1세대 별이 아닙니다. 아마도 제2세대 항성恒星일 것입니다. 즉, 태양을 구성하는 수많은 원자와 분자들은 과거에, 이제는 오래전에 사멸한 다른 별들 속에 있었습니다.

우리 몸 안에 있는 원자와 분자들 역시 마찬가지입니다. 이들 역시 다른 조직체 속에 있었던 요소입니다. 우리의 혈관 속에 있는 철분, 뼛속에 들어 있는 칼슘, 세포 조직 안에 들어 있는 탄소, 질소, 산소 등등 이 모든 것은 한때는 다른 조직체 속에 있었던 것입니다. 그렇습니다. 우주의 모든 것과 함께 우리 역시, 한 형태가 다른 형태로 변화해가는 과정 속에 있는 존재들입니다.

물리적 차원에서 물질이 없어진다는 것은 불가능합니다. 물리학 시간에 우리는 이렇게 배웠습니다. 물질은 파괴되거나 없어지지 않는다는 것입니다. 물질은 형태를 바꾸어 존재하며, 이를 '질량 보존의 법칙'이라고 합니다. 예를 들어보겠습니다. 아궁이에 장작을 때면 장작이 사라지는 것이 아니라 형태를 달리해서 계속 존재합니다. 나무에서 열과 연기와 재로 바뀝니다. 고양이가 쥐를 잡아먹었다고 합시다. 그러면 쥐가 없어집니까? 아닙니다. 쥐의 형태가 바뀝니다. 즉, 쥐는 고양이의 일부가 됩니다. 무엇인가 죽으면, 그것의 존재 형식이 바뀝니다. 생명의 순환 속에서 새 형태를 입습니다.

그렇게 해서 장차 모든 것이 그리스도 안에서 모입니다. 그렇습니다. 만유 가운데 그리스도와 관계없는 것은 하나도 없습니다. 물론 그분과 관계 맺는 양태와 방식은 다를 것입니다. 그분에 대항하여 있던지 아니면 그분 안에 있든지 둘 중 하나입니다. 중립지대란 없습니다.

죽음을 우주적인 관점에서 보기

만유가 그리스도 안에 모일 때, 그리스도인은 그분과 '연결'된 상태에 있습니다. 그렇다면 이 사실이 어찌 우리에게 중요하지 않겠습니까? 장작이 연기와 재로 변화된다는 것과 인간이 먼지와 티끌로 바뀌게 된다는 것을 알면, 우리는 인생에서 가장 중요한 것을 알고 있는 셈입니다. 타버린 후 장작에는 또 다른 생애가 있을까요? 사람이 죽은 후에 그에게 또 다른 삶이 있을까요? 여러분은 죽음 후에 삶이 있다는 것을 믿지 않는 사람들에게 말을 걸어야만 합니다. 그런 사람들은 마치 부화하지 않는 병아리와 같아서 달걀 껍데기 너머에 새 생명과 삶이 있다는 것을 믿지 않습니다. 사람은 창문 없는 개별적 창고들이 아닙니다. 우리 살갗이 인간 생명체의 바깥 경계선은 아닙니다. 우리는 열린 시스템입니다. 우리는 세상을 향해, 우주를 향해 열린 존재입니다. 우리는 변화 가능성을 지닌 존재입니다.

이것이 사실이라면, 사람이 죽은 후에 우주와 그 주인이신 그리스도와 새로운 관계를 맺게 된다는 사실이 그렇게 이상하단 말입니까? 죽음은 없어지는 것이 아니라 바뀌는 것, 즉 변화되는 상태로 존재하는 것이라고 하는 것이 그렇게도 이상하단 말입니까?

그렇게 말하고 믿는 것이야말로 정말로 우리에게 큰 해방의 기쁨을 줍니다. 정말로 속이 후련한 진리가 아닙니까? 이 진리를 알면 우리는 죽음을 한층 높은 차원에서 바라보게 됩니다. 즉, 죽음을 우주적인 관점에서 보게 된다는 것입니다. 죽음은 우리가 변혁되어 가는 과정에서 꼭 필요한 하나의 단계입니다. 죽음은 하나님의 손에 들려진 도구입니다. 이 도구를 사용하여 하나님은 우리를 한층 높고 풍요로운 생명의 행태로 들어 올리십니다. 우리의 죽음에서, 하나님은 우리를 변화하고 변혁시키십니다.

"들어보시오. 이제 내가 여러분에게 비밀을 말하겠습니다." 바울이 말하는 비밀이 무엇입니까? 무엇에 관한 비밀입니까? 그리스도 안에 있는 사람들은 장차 변화될 것이라는 비밀입니다. 현재 우리 몸은 하나님께서 우리를 위해 생각해두신 일에 적합하지 않기 때문입니다. 그러므로 이 몸은 한층 더 높은 상태의 몸으로 변화되어야 합니다.

우리는 영광을 향해 변화되어 가는 중

자, 이렇게 해서 우리는 로마서 14장 7-8절에 이르게 되었습니다.

> 우리 중에 누구든지 자기를 위하여 사는 자가 없고 자기를 위하여 죽는 자도 없도다 우리가 살아도 주를 위하여 살고 죽어도 주를 위하여 죽나니 그러므로 사나 죽으나 우리가 주의 것이로다.

아름다운 고백입니다. 이 고백은 음식과 음료와 거룩한 날들에 관한 문제를 놓고 논쟁을 벌이는 크리스천을 향한 것입니다. 논쟁과

복음은 반드시 길을 찾는다

다툼이 있는 곳에서 우리가 할 수 있는 일은 둘 중 하나입니다. 한쪽을 선택함으로써 논쟁에 말려들어 가던지, 그 대신에 양쪽의 위치보다 더 높은 곳에 올라 논쟁의 양쪽 면을 내려다보든지.

바울은 두 번째 전략을 취합니다. 사도 바울은 지금 로마 교회에서 벌어지는 소모적 논쟁을 그리스도의 '주되심'Lordship이란 관점에서, 달리 말해 삶과 죽음을 다스리고 계신 그리스도의 주되심 관점에서 바라봅니다. 죽음과 삶을 살펴보기에 이보다 더 좋은 전망대는 없습니다.

바울이 보기에, 이처럼 음식과 음료와 거룩한 날에 관한 문제를 놓고 격렬하게 싸우는 이유는, 이 이슈를 올바로 바라볼 수 있는 관점이 없기 때문입니다. 사납게 논쟁하는 이슈의 핵심을 잘 볼 수 있는 전망과 각도가 없습니다. 어느 날이 더 거룩한 날이냐고 다투지 마십시오. 성탄절과 부활절 중 어느 절기가 더 거룩하냐고 싸우지 마십시오. 일요일과 수요일 중 어느 날이 더 거룩하냐고 다투지 마십시오. 어떤 사람은 특정한 날을 거룩한 날로 구별해야 한다고 생각하고, 어떤 사람은 모든 날이 다 똑같다고 생각합니다. 양쪽 모두 나름의 이유가 있습니다. 각자 자유롭게 자기 양심의 신념을 따르면 됩니다. 고기 먹는 일이 그리스도를 명예롭게 한다면, 기꺼이 고기를 드십시오. 하나님 영광을 위해 그렇게 하십시오. 안심과 등심을 주신 하나님께 감사하십시오. 그러나 채식주의자가 되는 것이 그리스도께 영광을 돌리는 일이라고 생각되면, 하나님의 영광을 위해 채소를 드십시오. 샐러드와 김치와 시금치를 주신 하나님께 감사하십시오. 유진 피터슨의 메시지 번역으로 다시 읽습니다.

중요한 것은 이것입니다. 어떤 날을 거룩한 날로 지킨다면, 하나님을 위해 그렇게 하십시오. 고기를 먹는다면, 하나님의 영광을 위해 그렇게 하고 갈비를 주신 하나님께 감사드리십시오. 채식주의자라면, 하나님의 영광을 위해 채식을 하고 브로콜리를 주신 하나님께 감사드리십시오. 이런 문제에 있어서 자기 마음대로 행동해도 괜찮은 사람은 아무도 없습니다. 우리는 서로에게가 아니라 하나님께 답변할 책임이 있습니다.

여기서 중요한 것은 무엇을 먹느냐 무엇을 마시느냐가 아닙니다. 핵심은 먹든지 마시든지 무엇을 하든지 하나님께 감사하고 보은하는 것입니다. 무엇을 하든 그분 영광을 위해 하라는 것입니다. "오직 하나님께만 영광을!"Soli Deo Gloria 이것이 우리 삶의 최상 목적입니다.

장로 교인들이라면 마음으로 외우는 신앙고백이 있습니다.

질문: 사람의 제일 되는 목적이 무엇입니까?
대답: 하나님을 영화롭게 하고 그를 영원토록 즐거워하는 것입니다.

이처럼 문제가 가진 핵심을 정확하게 짚은 사도 바울은 마침내 고백합니다. 필립스의 번역으로 14장 7-9절을 읽겠습니다.

중요한 진실은, 우리는 독자적인 개체들로 살지도 죽지도 않는다는 것입니다. 우리가 이 방향 혹은 저 방향으로 돌아서고 움직이는 매 순간, 삶은 우리를 하나님께로 엮습니다. 우리를 하나님께로 연결 짓는다는 것입니다. 그리고 죽게 될 때, 우리는 그분의 얼굴을 직접 보게 됩니다. 삶과 죽음에 있어서, 우리는 하나님의 손안에 있습니다. 그리스도께서 사시고 죽으신 것은 삶과 죽음에 있어서 우리의 주님이 되시기 위해였습니다.

그렇습니다. 우리는 독자적인 개체로, 개별 단위로 살지도 않고 죽지도 않습니다. 우리는 열린 조직체입니다. 우리는 창조된 세상을 향해 열린 꼴로 존재합니다. 우리는 가장 먼 지평선 그 너머로 펼쳐지는 세상을 향해 열려 있는 존재입니다. 우리는 변화하고 변혁하는 과정에 있습니다. 우리는 그리스도의 지시 아래 그리스도를 향해 움직이는 세상 일부분입니다. 이런 사실을 믿으면 정말로 진정한 해방감을 누리게 됩니다. 얼마나 시원하고 탁 트인 인생관, 세계관입니까? 세상에서 아옹다옹하며 사는 일이 얼마나 유치하고 답답한지 깨닫지 않겠습니까?

어떤 신실한 중년 크리스천 여성이 있었습니다. 그녀는 불행하게도 희소 암에 걸렸습니다. 암 판명에 상당한 시간이 걸렸습니다. 암 진단이 나온 후 의사는 그녀에게 수술을 권했습니다. 물론 매우 어렵고 복잡한 수술인 데다가 성공할 가능성마저 낮은 수술이었습니다. 그가 이렇게 말했습니다. "수술하지 않으면 당신은 서서히 죽어가게 됩니다."

그러자 그녀가 이렇게 말했습니다. "선생님이 하신 말씀은 고맙지만, 수술은 사양하겠습니다. 차가운 병실에서 많은 기계에 선과 튜브로 연결된 상태로 죽고 싶지는 않습니다." 그러자 의사가 이렇게 대답합니다. "이건 당신의 생명이 걸린 문제입니다. 우리는 최선을 다해 생명을 살리려고 하는 중입니다. 일찍 죽도록 내버려둘 수 없습니다." 그러자 그녀가 대답합니다. "선생님! 용기와 격려를 해주셔서 감사합니다. 그러나 내 생명은 선생님의 것이 아닙니다. 살고 죽는 것은 선생님의 일이 아닙니다. 살든지 죽든지 저는 주님의 것입니다. 절단한 몸으로 살아내는 것 이상으로, 설레는 마음으로 기대하는 더 나은 무엇이 저에게는 있습니다."

우리가 살아야 한다면, 주님을 향해, 주님을 위해 사는 것입니다. 우리가 죽게 된다면, 주님을 향해, 주님을 위해 죽는 것입니다. 그러나 첫 번째 고백만 붙잡을 수는 없습니다. 두 번째 고백도 붙잡아야 합니다. 그리스도가 우리의 죽는 일에 '주님'이 아니시라면, 우리의 사는 일에도 '주님'이 아니시기 때문입니다. 그리스도가 모든 일에서 모든 것을 의미한다면, 그분은 양쪽 모두에 대해 주님이 되어야 합니다. 우리의 살고 죽는 일에 대해 주님이 되어야 합니다. 우리의 죽는 일, 우리의 사는 일은 한 조각이어야 합니다.

두 가지 형태의 묘지들

기회가 주어진다면 펜실베이니아 베들레헴에 있는 모라비안 교도들의 공동묘지와 뉴욕주 웨스트포인트에 있는 군인 묘지를 방문해보십시오.

모리비안 묘지에 가보면 지평선까지 죽 펼쳐진 묘지들이 한눈에 들어옵니다. 모든 비석을 다 평평하게 누여 놓았기 때문입니다. 모두 같은 크기의 비석들입니다. 서로 떨어진 거리도 모두 같습니다. 죽음에 있어 모든 모라비안 교도는 똑같습니다. 살아서도 그랬던 것처럼 말입니다. 그리스도의 주되심 아래 모두가 똑같았던 것처럼, 서로 섬김에 있어 모두가 똑같았던 것처럼 말입니다. 모든 비석이 같은 방향을 바라보며 누워 있습니다. 묻힌 사람은 그리스도께서 돌아오셔서 그들을 죽은 자 가운데서 일으키실 것을 간절히 기다리고 있습니다.

이와 대조적인 묘지가 있습니다. 미 육군사관학교인 웨스트포인트에 있는 묘지입니다. 이 묘지공원 안에는 개인의 자존감ego과 명예와 영광을 기념하기 위해 세워진 수많은 기념비, 피라미드, 추모관 들로 가득합니다.

사도 바울은 이렇게 말합니다. "교회 안에서는 그래서는 안 됩니다." 우리는 자신을 위해 살지 않습니다. 우리는 자신을 위해 죽지도 않습니다. 우리가 살아야 한다면 주님을 위해 사는 것이며, 우리가 죽어야 한다면 주님을 위해 죽는 것입니다. 그러므로 살든지 죽든지, 우리는 주님의 것입니다.

부르심은 날마다 새로 탄생한다

로마서 15:1-13

희망을 잃은 세상

일일 드라마의 세계는 희망이 보이지 않는 세계입니다. 등장인물들은 당면한 위기와 문제를 극복하지 못하고 언제나 허우적거립니다. 그들은 항상 위기 속 희생물이 됩니다. 드라마에 등장하는 인물은 대부분 패배자입니다. 그들은 자기 이익에 사로잡혀 행동하는 연약한 인간입니다. 그런데도 이런 드라마가 인기가 많은 이유는 시청하는 자신도 극중 인물들에게 감정 이입이 많이 되기 때문입니다.

이것을 좀 더 넓은 안목에서 바라보면 냉소주의와 비관주의가 팽배한 사회여서 그런 것 같습니다. 세상에 희망은 쉽게 오지 않고, 희망을 말하기에는 그다지 적합한 곳이 아닌 듯하니까요. 어떠한 결론도 나지 않고, 문제가 많은데도 결정적인 돌파구가 보이지 않습니다. 돌파구가 있어야 희망이 보일 텐데 그렇지 못할 때가 많습니다. 한 위기를 넘기면 또 다른 위기가 발생합니다.

누군가가 "세상만 보면 정말 우울해. 도대체 희망이라곤 보이지 않는 것 같아!"라고 말한다면, 여러분은 뭐라고 답하겠습니까?

희망을 발견할 장소

그런 사람들에게 희망의 주소지를 추천합니다. 우리가 읽은 본문은 그렇게 호소하는 사람들을 구약 성경으로 보내라고 권합니다. 그곳에 가면 희망의 목소리를 들을 수 있다고 추천합니다. 사도 바울은 로마서 15장 4절에서 이렇게 씁니다.

무엇이든지 전에 기록된 바는 우리의 교훈을 위하여 기록된 것이니 우리로 하여금 인내로 또는 [구약] 성경의 위로로 소망을 가지게 함이니라.

필립스 번역으로 읽어보면 좀 더 뜻이 분명합니다.

오래전에 기록된 이 모든 글은 오늘날 우리에게 [뭔가를] 가르치기 위해서입니다. 즉, 우리가 구약 성경에서 사람들의 견딤과 또한 하나님께서 그 당시에 그들에게 베푸신 모든 도움에 대해 읽을 때마다, 그것이 옛날만의 일이 아니라 지금에도 그 말씀이 우리에게 지속적인 희망을 품게 하신다는 것입니다.

이 구절에서 바울이 말하는 바는, 우리에게는 성경 말씀을 통해 희망이 온다는 것입니다. 그렇습니다. 성경 이야기를 통해 희망이 걸어 나옵니다. 희망이 오는 유일한 통로는 성경입니다.

보통 사람들에게 전해진 직접적인 말씀

성경 이야기 대부분은 원래는 기록될 의도가 없었습니다. 대부분 구두口頭로 전해 내려왔고, 그 이야기들은 직접 청중의 귀에 들린 것이었습니다. 그래서 매우 실제적이고 직접적이었습니다.

홍수, 살인, 전쟁, 노예살이, 염병, 기근과 같은 삶의 위기가 닥쳐왔다고 합시다. 그리고 그러한 재난 속에 있을 때 혹은 절망의 시기에 누군가 아프다고 외칩니다. 그러면 사람들은 하나님께서 재앙의 뜨거운 순간에 혹은 종말의 순간에 그들에게 직접 말씀하신다고 믿었습니다. 모세가 그랬습니다. 그는 애굽에서 노예 생활하고 있던 히브리인들에게 직접 말했습니다. 예언자들 역시 그랬습니다. 그들은 이방 땅, 낯선 나라에 강제 이주민이 된 히브리인들에게 직접 말했습니다. 예수님도 그랬습니다. 그분은 눈먼 자들과 병자들에게 직접 말씀하셨습니다.

성경에 기록된 내용은 이러한 위기를 만났던 시기에 말씀하신 것을 후대를 위해 모아둔 것입니다. 이 모든 위기에 주어진 말씀들은 원래 어떤 '특정 순간'에 전한 말씀이었으며, 그 당시의 긴박한 순간에 사람들에게 뜨거운 열정으로 말씀하신 것입니다. 그리고 이 말씀은 보통 사람들의 투박한 언어로 전달되었고 결코 환상적이거나 멋지거나 거룩한 언어가 아니었습니다.

성경 1,753페이지 뒤에는 위기에 처했던 '보통 사람들'이 있었으며, 그들은 주님에게서 오는 구원의 말씀을 간절하게 들으려는 사람들이었습니다. 따라서 하나님의 원 말씀, 즉 원래의 '희망의 말씀'을 들으려면 우리는 당시로 돌아가야 합니다. 하나님 말씀을 대신 전했던 예언자들이 사용하는 언어는 고색창연한 상아탑의 언어가 아니라 거리와 시장터와 부엌에서 사용되는 보통 언어였습니다.

이런 사실이 우리에게 희망을 줍니다! 거리와 시장과 학교와 부엌, 이런 곳이 우리가 사는 곳이고 발 딛는 곳이기 때문입니다.

성경은 만남의 이야기

우리에게 희망을 주는 또 다른 무엇이 있습니다. 원래 하나님께서 당신의 백성에게 말씀하시면서 사용하신 이 일상의 언어는 대화 형식을 따릅니다. 하나님께서 말씀하시고 백성은 대답합니다. 사람들이 말씀드리면 하나님께서 대답하십니다.

성경에는 매우 다양한 문학적 형식이 있습니다. 이야기체, 시, 드라마, 동화, 잠언, 비유, 편지 등과 같은 다양한 문예적 형식이 사용되고 있습니다. 그러나 이 모두는 대화 형식으로 되어 있습니다. 하나님께서 "아담아, 네가 어디 있느냐?"라고 묻습니다. 그러자 아담이 "내가 벗었으므로 두려워 숨었습니다"라고 대답합니다. 욥은 자기가 당하는 불행과 비참에 대해 하나님께 불평을 토로하며 원망합니다. 그러자 하나님께서 폭풍 가운데서 욥에게 큰 소리로 답하십니다. 예언자들은 역시 하나님 백성과 지속해서 대화를 나눕니다.

복음은 반드시 길을 찾는다

예수님도 이런저런 이야기를 많이 하셨습니다. 모두 하나님 나라 이야기였습니다. 그러고는 청중에게 "어떻게 생각하나요?" 하고 묻습니다. 바울도 답장을 기대하면서 편지들을 씁니다.

처음부터 끝까지, 창세기에서 계시록까지 하나님은 '대화 속'으로 들어오십니다. 성경의 모든 말씀은 하나님과 인간 사이에서 오가는 대화입니다. 따라서 성경은 우리와 하나님에 대해 일방적으로 선언하는 교황의 칙령 같은 것이 아닙니다. 성경은 우리가 어떻게 살아야 하는가에 관한 규정이나 지침서도 아닙니다. 성경은 백성과 하나님, 하나님과 백성 사이에 일어나는 생생한 만남입니다. 그리고 성경 안에서 발견하는 '삶을 위한 규정이나 선언'이 무엇이든 모두 이러한 하나님과 인간 사이에서 나누는 대화 속에 깊이 자리 잡고 있음을 기억해야 합니다.

바로 이런 사실이 우리에게 희망을 줍니다. 하나님께서는 우리가 있는 바로 그곳에 친히 걸어 들어오시어 우리에게 물으시고 우리 대답을 듣고 친히 답하시는 방식으로 말씀하신다는 것을 의미하기 때문입니다. 하나님은 우리를 강제로 밀어붙이거나 위협하거나 놀라게 하지 않으십니다. 하나님은 우리를 대화 상대자로 삼으신다는 것입니다. 이것보다 더 큰 위로와 고마운 일이 어디 있겠습니까?

그렇습니다. 성경에 기록된 모든 것은 여러분과 제가 희망을 품도록 기록되었습니다. 우리가 삶에 희망을 잃고 마치 일일 드라마 주인공처럼 되어갈 때 찾아오도록 하셨습니다. 매우 실제적이고 일상적이고 투박스러운 구약 이야기 모두는, 여러분과 제가 갈 곳이 없어 막막하여 발걸음을 멈추어 섰을 때 어서 오라고 기록되었습니다. 여러분과 제가 하나님을 잃어버렸을 때 하나님을 발견할 수 있도록 기록된 것입니다.

한나의 기도 없이는 사무엘도 없다

한나 이야기를 들어보십시오. 이 이야기 역시 우리가 희망을 품도록 기록된 것입니다. 한나는 사무엘의 어머니입니다. 사무엘은 이스라엘을 40년 동안 이끈 영적 지도자였습니다. 40년 동안 사무엘은, 이스라엘을 위해 하나님 앞에서 중보 역할을 했습니다. 40년 동안 하나님은, 사무엘을 통해 이스라엘에 큰 복을 주셨습니다. 사무엘은 이스라엘에게 놀라운 복덩이였습니다. 그는 하나님 백성에게 주어진 선물이었습니다.

그러나 만일 한나가 드린 간절한 기도가 없었더라면 어떻게 됐을까요? 사무엘은 세상에 없었을지도 모릅니다. 사무엘은 한나가 올린 수많은 기도에 대한 하나님의 대답이었습니다. 한나는 자식을 달라고 하나님께 끈질기게 기도했습니다(삼상 1-2장).

하나님께서 그녀에게 자녀를 주시자, 그녀는 아들을 자기에게 주신 그분께 다시 돌려드렸습니다. 실로 성전에서 하나님을 수종 드는 일에 귀하게 얻은 아들을 자발적으로 드린 것입니다. 한나의 행동을 통해 이스라엘 모두가 40년간 복을 받았습니다. 이것이 자녀들을 위해 간절히 기도하는 모든 부모에게 주는 위로와 격려가 아니면 무엇이겠습니까?

내가 드린 모든 기도가 무슨 소용이 있겠는가? 똑같은 기도를 언제까지 하나님께 드려야 하나? 똑같은 단조로운 기도로 왜 하나님을 성가시게 해야만 하는가? 기도하는 부모라면, 어찌 이런 생각이 들지 않겠습니까? 종종 이렇게 느낀다면, 한나를 기억하고 용기를 가지십시오. 한나 이야기가 성경 안에 기록되어 보존된 것은, 기도 가운데 인내하던 그녀의 모습에서 그 견딤과 참음을 읽으면서, 또한 하나님께서 기도를 듣고 응답하신 이야기를 읽으면서, 우리도 고단한 때를 만나더라도 희망을 품고 또한 격려받기 위해서입니다.

요셉, 선택과 부르심을 끝까지 새기다

요셉 이야기를 들어보십시오. 이 이야기 역시 우리가 낙망하지 않고 희망을 품도록 기록되었습니다. 요셉 이야기는 무엇을 말합니까? 초점과 핵심이 무엇입니까? 히브리서 11장 22절은 이렇게 설명합니다.

> 믿음으로 요셉은 임종 시에 이스라엘 자손들이 떠날 것을 말하고 또 자기 뼈를 위하여 명하였으며.

자기 뼈를 위하여 명하였다? 히브리서 저자는 요셉 이야기의 초점을 이상한 데 맞춘 게 아닐까요? 다른 번역으로 읽어보겠습니다.

> 믿음으로 요셉은 죽을 때에, 이스라엘 자손들이 이집트에서 나갈 일을 언급하고, 자기 뼈를 어떻게 할지를 지시하였습니다. (새번역)

어떻습니까? 우리는 신약 성경이 좀 더 깊이 있게 초점을 맞출 줄 기대했습니다. 예를 들어, "믿음으로 요셉은 보디발 아내의 유혹을 물리쳤다. 그가 그의 주인보다 하나님을 더 두려워했기 때문이었다." 혹은 "믿음으로 요셉은 바로의 꿈들을 해몽하였으며, 그로 인해 많은 사람을 기아에서 구원해내었다." 이건 어떻습니까? "믿음으로, 요셉은 그의 형제들에게 복수하려고 하지 않았다. 그는 그들의 악한 계획을 사용해 하나님께서 많은 사람을 살릴 것이라고 내다보았기 때문이었다."

이런 상상이 히브리서 11장의 해석보다 훨씬 더 멋진 진술로 보입니다. 그런데 정말 그럴까요?

어떤 이유로, 무엇 때문에 이 구절이 요셉을 위대한 신앙 영웅으로 만드는 것일까요? 우리는 그의 말 중 어디에서 거룩한 드라마를 발견할 수 있습니까? 그러기 위해 요셉이 무엇이라고 말하고 있는지 정확하게 조사해보십시오. 그는 이스라엘에게 그들의 '선택'을 상기시킵니다. 역사 속 그들의 '사명'을 기억하라고 합니다. 아브라함에게 주신 '하나님의 약속'을 상기시키고 있습니다.

하나님은 아브라함에게 세 가지 일을 약속하셨습니다(창 12:1-3). 첫째, 떠돌이와 같은 아브라함과 자손들에게 '땅'을 주시겠다는 약속. 둘째, 불임으로 손이 끊어질 지경에 있는 아브라함과 사라에게 바닷가의 모래처럼 자손이 많을 것이라는 '동화 같은' 약속. 셋째, 사명에 관한 약속, 즉 "너로 인하여 땅의 모든 민족이 복을 받게 될 것이라" 하는 이스라엘의 궁극적 사명을 약속하셨습니다.

역사 속에서 자기 사명을 성취하기 위해, 이스라엘은 현재 위치인 애굽에서 떠나 약속의 땅으로 가야만 했습니다. 이것이 요셉이 임종 시에 말했던바 핵심입니다. 정리하자면, 애굽에서 나오는 일(출애굽)이 있어야 한다, 즉 만일 이스라엘이 정말로 자신의 사명에 대해 진지하다면, 반드시 애굽을 떠나야 한다는 말이었습니다.

요셉이 두려워했던 것은 이스라엘이 애굽 땅에 그냥 눌러앉아 사는 것이었습니다. 이스라엘이 애굽인의 삶의 방식에 동화되어 사는 것이었습니다. 이스라엘이 애굽에서 사는 삶에 거북스럽거나 이상하다는 생각이 전혀 들지 않는 상태에 머무는 것이었습니다. 그리하여 이스라엘이 애굽인의 신들을 섬기는 것이었습니다. 야웨 하나님을 잊어버리는 것이었습니다. 이스라엘이 이 세상 모든 민족과 나라에 복이 되라는 사명을 망각하는 것이었습니다.

그러므로 믿음으로 요셉은 생애 마지막 순간에 출애굽을 언급한 것이었습니다. 마치 이렇게 말하는 것과 같았습니다. "네가 누구인지 잊지 마라. 네가 어디에서 왔는지를 잊지 마라. 하나님께서 지정하여 너에게 맡긴 사명이 무엇인지 망각하지 마라."

요셉 이야기가 성경에 기록된 것은 우리가 임종 시 유언을 읽을 때마다 우리도 우리에게 주어진 '선택받음'과 우리 '사명'을 기억하기 위해서입니다. 이처럼 과거에 기록된 모든 것은 우리가 희망을 품도록 기록된 것입니다.

이사야의 비전은 반복적으로 재탄생 된다

한 가지 예를 더 들어보겠습니다. 새 하늘과 새 땅에 대한 이사야의 환상입니다. 이사야 65장 17절에서 하나님은 말씀하십니다. "보라 내가 새 하늘과 새 땅을 창조하나니 이전 것은 기억되거나 마음에 생각나지 아니할 것이라." 구약 성경에서는 하늘과 땅에 관해 말할 때마다 항상 '이 세상'에 대해 말합니다.

우리가 사는 지금 이 세상, 맞습니다. 성경에서 말하는 희망은 항상 이 세상을 쳐다보고 말하는 희망입니다. 그 이유는, 하나님께서 창조하셨기 때문입니다. 하나님께서 자기 아들을 보내신 세상이기 때문입니다. 정죄함받지 않고 구원받기 위해, 또한 멸망받지 않고 변화되기 위해 하나님께서 자기 아들을 보내셨던 세상입니다. 하나님께서 이처럼 사랑하신 세상입니다(요 3:16). 그러므로 이 세상은 새로운 세상을 위한 재료입니다.

보라, 내가 새 하늘과 새 땅을 창조하나니,
이전 것은 기억되거나 마음에 생각나지 아니할 것이라.

이것이 성경에서 말하는 희망의 핵심입니다. 이것이 성경의 핵심 비전입니다. 크리스천이 된다는 것은 이러한 비전으로 산다는 것을 말합니다.

그러나 이 비전은 단숨에 태어나지 않습니다. 이 비전은 수많은 세기를 지나면서 점차 재탄생했습니다. 이 비전은 아브라함과 사라가 집도 없이 떠돌이로 방랑 생활하는 가운데서 잉태되었습니다. 이 비전은 애굽의 노예의 집에서 태어났습니다. 이 비전은 광야 유랑 기간을 통해 태어났습니다. 이 비전은 바벨론 유배 기간에 탄생했습니다.

이 모든 경험의 어두운 밤을 지나면서 이스라엘은 미래에 대해 어떻게 말해야 할지, 미래를 어떻게 그려내야 할지, 어떻게 미래를 꿈꾸어야 하는지를 배웠습니다. 고통스러운 희망이었습니다. 탄식하는 소망이었습니다. 아니, 희망했기 때문에 탄식하고 고통 했던 것입니다.

보라, 내가 새 하늘과 새 땅을 창조하나니,
이전 것은 기억되거나 마음에 생각나지 아니할 것이라.

이 약속이 이사야 65장에 기록된 것은 우리에게 희망을 품도록 하기 위함이었습니다. 구약의 다른 이야기들이 말하는 '희망의 약속'을 말하려면 끝이 없습니다. 그러나 한 가지 사실만은 분명합니다. 이 이야기들이 오래전에 기록되어 우리에게까지 전해진 이유는 오늘을 사는 우리를 위해서입니다. 즉, 고단한 순례 길을 걸어갈 때, 흔들리지 말고 잘 견디어 내고 또한 장차 올 하나님 나라와 미래를 희망하며 앞으로 나갈 수 있도록 격려하기 위함입니다.

반죽 덩어리보다 누룩으로 살기

로마서 15:4, 12-13

"하나님 나라는 무엇과 같을까? 천국을 무엇에 비유할 수 있을까?" 예수께서 제자들에게 던진 질문이었습니다. 그리고 예수님은 친히 이렇게 답하셨습니다. "하나님 나라는 마치 어떤 여자가 가루 서 말 속에 갖다 넣어 전부 부풀게 한 누룩yeast과 같다! 하늘나라는 많은 양의 밀가루 반죽을 부풀게 하는 적은 양의 효소와 같다"[눅 13:20-21].

겉으로 보기에는 아무것도 없어 보입니다. 처음에는 전혀 표시 나지 않습니다. 그러나 시간이 흐르면서 무엇인가 천천히 조금씩 일어나기 시작합니다. 반죽 전체가 속에서부터 부글부글하며 부풀어 오르기 시작합니다.

그렇습니다. 크리스천은 누룩yeast과 같습니다. 여러분과 나는 누룩과 같습니다. 우리가 해야 할 역할은 '크게 자라는 것'이 아닙니다. 우리가 해야 할 일은 '큰 것'(하나님 나라)을 발효되게 하는 것입니다. 우리는 서 말이나 되는 많은 양의 반죽 덩어리가 아니라 그 덩어리를 부풀어 오르게 하는 '누룩'이란 말입니다.

기독교 신앙은 대형 집회나 대형교회에 관한 것이 아닙니다. 수많은 청중과 교인들에 관한 것도 아닙니다. 기독교 신앙은 대중 광고나 홍보에 관한 것이 아닙니다. 이미지 구축에 관한 것도 아닙니다. 판매전략이나 고객 확보에 관한 것도 아닙니다.

기독교 신앙은 누룩에 관한 것입니다. 이미 있는 반죽을 부풀게 합니다. 영향을 미치는 것입니다. 감화를 주는 것입니다. 따라서 반죽을 부풀게 하려고 여러분이 거대할 필요는 없습니다.

그러므로 우리는 자신에게 끊임없이 질문을 던져야 합니다. 우리는 보이지 않는 '누룩'인가? 아니면 커다란 '반죽' 덩어리인가? 우리는 주님께 환상을 받은 '소수'의 사람들인가? 아니면 '다수'의 복지부동伏地不動과 같은 반죽 덩어리인가?

제자의 힘과 능력은 반죽 덩어리에 있지 않다

1989년 작으로 오래됐긴 하지만 〈간디〉라는 영화가 있습니다. 간디는 소위 대영제국이라 불리는 큰 반죽 속에 있었던 누룩과 같은 존재였습니다. 간디는 대영제국 전체를 상대로 '소수'minority에 불과했습니다. 그는 제국이 제시한 틀에 따라 싸우기를 거절했습니다. 그는 칼과 창으로 싸우지 않았던 것입니다. 그는 자신의 약정約定에 따라 싸웠습니다. 그는 대장부의 씩씩한 기상氣像, spirit으로 싸웠습니다. 우리는 그러한 싸움과

복음은 반드시 길을 찾는다

전쟁이 어떻게 끝났는가를 잘 압니다. 결국, 대영제국은 이 한 사람에게 굴복할 수밖에 없었습니다. 기독교인은 간디로부터 무엇인가 배울 수 있어야 합니다.

커다랗게 부풀어 오른 반죽은 미미해서 누구도 그 존재를 몰랐던 누룩으로부터 시작했다는 사실을 기억하십시오. 그렇습니다. 미래를 달라지게 할 새 시작들은 언제나 그렇듯 비천한 구유에서 태어납니다. 그리고 오로지 소수의 목자만이 이러한 새 출발의 중요성을, 새 시작의 중요성을 감지합니다. 주님의 오심을 기억하고 기대하는 강림절에 우리는 비천함으로 시작된 누룩 같은 예수를 기억합니다.

우리 시대가 철저하게 신봉하는 강력한 신화가 있다면 "큰 것이 힘"이라는 신화입니다. 그들은 메이저리그major league 선수들 이름을 줄줄 외우고 일거수일투족을 기록합니다. 그들에게 찬사를 보내고 존경심까지 갖습니다. 그러나 마이너리그minor league에서 뛰는 선수들에게는 전혀 관심도 없습니다.

불행하게도 대부분 크리스천도 이러한 현대적 신화를 철석같이 신봉합니다. 그들은 무엇이든 커야 힘이 된다고 믿습니다. 교회 공동체도 그러합니다. 돈이든, 건물이든, 교인 숫자든 크고 많을수록 힘이 된다는 생각으로 세례받은 지 상당히 오래된 것 같습니다.

그러나 예수님은 그렇지 않다고 말씀하십니다. "힘과 능력은 '누룩'에 거주한다! 힘과 능력은 반죽 덩어리 안에 있지 않다! 능력은 소수의 사람, 즉 하나님 나라에 대한 비전으로 불타오르는 소수 안에 있다."

창조적 소수자인 누룩들에게 희망을

기독교인이 되었다 함은, 그러한 소수자 중 한 부분이 되었다는 뜻입니다. 하나님 나라 환상에 지배를 받으며 사는 소수자가 되었다는 뜻입니다. 하나님이 다스리시는 세상에 대한 환상에 이끌려 사는 소수자 중 하나가 되었다는 뜻입니다. 여러분이 기독교인이 되었을 때, 소수자인 누룩yeast minority 의 한 지체가 된 것입니다. 우리가 해야 할 유일한 일은 반죽 덩어리 다수를 부풀어 오르게 하는 누룩의 역할입니다.

이러한 일은 사실상 너무도 위대하고 큰일이기 때문에, 누룩 소수자들은 많은 격려와 용기가 필요합니다. 본문이 말하려는 내용 중 하나가 격려와 용기에 관한 것입니다. 창조적 소수, 누룩들은 낙심하기 쉽습니다. 주변을 보면 더욱 그러합니다. 그래서 격려와 용기가 필요합니다.

4절에서 바울은 말합니다. "무엇이든지 전에 기록한 바는 우리를 가르치기 위해 기록된 것이니 우리에게 인내를 통해 또는 성경의 격려(안위)를 통해 소망을 가지게 함이니라"라고 하십니다.

희망은 공기(산소)와 같습니다. 산소를 빼앗아 보십시오. 사람들은 질식합니다. 희망을 빼앗아 보십시오. 사람들은 죽어갈 것입니다. 미래가 없는 곳에는 삶의 이유도 없기 때문입니다.

성경은 우리로 계속해서 숨을 쉬도록 해줍니다. 성경은 우리에게 격려와 용기를 주고 힘과 위안을 줍니다. 사도 바울께서 말씀하기를, 우리가 이 세상에서 희망을 품을 수 있다면 그 희망은 성경의 기록들을 통해 우리에게 온다는 것입니다.

기억하십시오. 세상에서 소망을 잃지 않은 채 살아 있으려면 우리에게는 성경 이야기들이 필요합니다. 성경 이야기들에 귀를 기울여야 합니다. 구약 성경에서 몇 가지 사례를 들어보겠습니다.

황당한 명령, 하나님의 소망

예레미야는 이스라엘이 배출한 가장 위대한 예언자였습니다. 그러나 그의 위대성은 비싼 값을 치른 대가로 얻어졌습니다! 처음부터 마지막까지, 예레미야의 인생은 마치 롤러코스터와 같았습니다. 올라갔다가도 곤두박질치고, 내려가다 다시 올라가기도 한 그런 삶이었습니다. 걷잡을 수 없이 요동치는 삶이었습니다. 하나님이 좋을 때는 마치 하늘로 솟구치는 경험을 합니다. 그러나 낙심하고 좌절할 때는 한없이 지옥 끝자락으로 떨어지는 듯했습니다. 그래서 그는 하나님께, "당신은 믿을 수 없는 분입니다! 당신은 나를 속였습니다!"[렘 20:7]라고 외치기도 합니다. 심지어 자기가 태어난 날을 저주하기도 했습니다.

예레미야는 그처럼 오르락내리락하는 사람이었습니다. 그는 슬픔의 사람이었고, 비탄과 탄식의 친구였습니다. 그러나 예레미야의 슬픔과 비통 속에서 장엄한 희망이 태어납니다. 자, 어떻게 그런 일이 일어났는지를 들어보십시오.

유다 왕국은 붕괴 일보 직전이었습니다. 갈대아인들이 마치 메뚜기 떼처럼 온 국토를 뒤덮기 시작했습니다. 예루살렘은 아직 괜찮았지만 포위된 상태였습니다. 그때 예레미야는 하나님으로부터 명을 하나 받습니다. 숨이 턱 막히는 어처구니없는 황당한 명령이었습니다.

"예레미야!" 하나님께서 말씀하십니다. "땅 한 필지를 사라!" 예레미야는 기가 막혔습니다. '아니, 갈대아인들이 예루살렘을 무너뜨리려는 절망적인 순간인데 한가하게 땅이나 한 필지 사라니? 하나님이 제정신이신가? 미쳤음이 틀림없어! 지금이 어느 때인데!' 예레미야의 말을 직접 들어보십시오.

이 도성을 점령하려고 쌓은 토둔들을 보십시오. 이 도성은 전쟁과 기근과 염병을 보았습니다. 바빌로니아 군대가 이 도성으로 쳐들어와서 이 도성을 점령하였습니다. 주님께서 말씀하신 일이 그대로 들이닥쳤으며, 주님께서는 이루어진 이 일을 친히 보고 계십니다. 주 하나님, 어찌하여 주님께서는 이 도성이 이미 바빌로니아 군대의 손에 들어가게 되었는데, 저더러 돈을 주고 밭을 사며, 증인들을 세우라고 말씀하셨습니까?(렘 32:24-25, 새번역)

그의 호소에 하나님께서 어떻게 대답하십니까? 주님의 대답을 직접 들어보십시오(렘 32:27).

나는 주다. 모든 사람을 지은 하나님이다. 내가 할 수 없는 일이 어디 있겠느냐? (새번역)
나는 여호와요 모든 육체의 하나님이라 내게 할 수 없는 일이 있겠느냐? (개역개정)

전쟁 때 땅 한 필지를 사는 일은 미래에 대한 희망을 품는다는 의미입니다. 들과 밭과 포도원이 다시 사고파는 때가 반드시 오리라는 희망을 품는 믿음의 행위였습니다. 철저한 절망 앞에서 하나님은 예레미야에게 희망하라고 명령하십니다.

이러한 예레미야 이야기가 성경에 있는 이유는, 예레미야 당시에 소망을 갖도록 하나님께서 격려하셨던 것처럼 우리에게도 소망을 주시려는 것입니다. 우리 안에 이런 희망을 휘저어 넣을 수 있는 사람이 또 누가 있습니까?

반복의 사이클에서 구출하시는 분

전도서 저자가 그런 일을 합니다. 자신을 가리켜 '설교자'(Preacher, 코헬렛)라고 부르는 그 사람이 우리 안에 희망을 용솟음치게 합니다. 사실상 그 설교자는 이상한 새鳥입니다. 그의 책(전도서)이 어떻게 성경 안에 들어오게 되었는지는 잘 모르겠지만, 나는 전도서가 성경이 되었다는 사실을 참 기쁘게 생각합니다. 그 이유를 말씀드리겠습니다.

설교자는 질문합니다. "내 삶은 의미가 있는가?" "도대체 삶은 어디로 가는 것일까?" '삶의 무의미성'을 논증하기 위하여 그는 '죽음'을 가리킵니다. 설교자는, 단순히 죽음만 그런 게 아니라, 세상의 모든 것은 상대적이고 따라서 무의미하고 헛되다는 것을 여러 예를 들어 이야기합니다. 부자든 가난하든, 똑똑하든 멍청하든, 도덕적이든 부도덕하든, 종교적이든 비종교적이든, 결국 아무런 상관이 없다는 것입니다. 결국, 죽으면 모든 것이 다 끝이기 때문입니다. 그렇습니다. 죽음은 모든 사람을 삼킵니다.

어딘가에서 설교자는 말합니다. "대답은 있습니다. 비록 내 눈이 분명하게 보지 못해도, 내 가슴이 아직은 분명하지 않더라도, 내 마음이 의심으로 가득 차 있더라도… 그 어딘가에 대답이 있다는 것을 압니다."

그의 호소는 계속됩니다. "주위를 둘러볼 때마다 나는 모든 것이 단조로운 반복이라는 사실에 압도됩니다. 사람들이 태어납니다. 그리고 죽습니다. 해가 뜹니다. 그리고 저뭅니다. 식사 준비를 합니다. 음식을 먹습니다. 설거지합니다. 다시 식사 준비를 합니다. 음식을 먹습니다. 설거지합니다. 아침에 일어납니다. 직장에 갑니다. 저녁에 퇴근합니다. 잠을 잡니다. 그리고 똑같은 일을 반복합니다. 그러면 우리는 생각합니다. 이 사이클이 계속될 것인가? 아니면 새로운 그 무엇이 발생할 것인가?"[전 1:2-9]

설교자의 마음을 사로잡고 있는 것은 다음과 같은 기본 질문입니다. "이러한 반복적인 사이클에서 구출받으려면 난 뭘 해야 할까? 아무런 목적도 없는 것처럼 보이는 이러한 반복적 삶에서 구출받기 위해 나는 무엇을 해야 할 것인가?"

전도서는 아마 가장 늦게 기록된 구약 성경일 것입니다. 그렇다면 구약의 시대는 다음과 같은 말을 읊조리면서 끝을 맺고 있다는 뜻입니다. "헛되고 헛되니 모든 것이 헛되다." 전적으로 새로운 무엇이 이 사이클을 부수고 틈입하지 않는 한 계속 그럴 것입니다.

그러다가 새로운 '그 무엇'이 나타납니다. 설교자의 시대가 아니라 먼 후대에 새로운 무엇이 나타납니다. 그가 예수 그리스도입니다. 하나님 말씀이 육체가 되어 우리 가운데 거하신 것입니다. 그분은 은혜와 진실로 충만한 분이었습니다.

그리스도는 하나님께로부터 오셨습니다. 덫에 걸려 수없이 똑같은 동작으로 허우적거리는 반복의 사이클을 부수기 위해 오신 것입니다. 우리를 새 출애굽을 통해 하나님 나라 안으로 인도하시기 위하여 오신 것입니다. 그 나라에서 해와 강과 바람은 더 이상 삶의 허무를 기억나게 하지 않습니다. 오히려 그분을 통해 모든 것이 창조되었다는 사실을 상기시켜줍니다.

예레미야! 설교자! 예전에 그들에 대해 기록된 것은 무엇이든지 현재를 살아가는 우리를 가르치기 위해 쓰인 것입니다. 그 이야기들이 주는 격려를 통해 우리는 희망을 품습니다.

하나의 신앙고백, 한 몸 된 교회

로마서 15:25-29; 사도행전 20:17-24

내복 한 벌로도 하나 될 수 있는데…

일본 홋카이도의 겨울은 시베
리아만큼 혹독하게 춥습니다. 이곳에 선교사로 파송된 네덜란드 계
통의 미국 선교사 한 분이 계셨습니다. 이 도시의 북쪽 지역에는 천
주교 선교부가 있었는데, 선교사들은 대부분 네덜란드 프랜시스 종
단 소속 신부들이었습니다. 신부 중 한 분이 일 년에 두 차례 정도
이 선교사를 찾곤 했습니다. 아마 같은 네덜란드 출신 선교사라는
점에서 그랬던 것 같습니다.

때는 1960년대 초기였는데 제2차 바티칸 공회가 열리기 전이
었습니다. 공회 후로는 천주교 안에 많은 변화가 있었지만, 그때까
지만 해도 신부들은 일 년 내내 신부 복장祭衣과 샌들을 착용하고 다
녀야 했습니다. 그러니 겨울이면 여간 추운 게 아니었습니다.

그 선교사에게는 마음씨 좋은 장인이 있었는데, 어느 해인가 추위를 견딜 수 있게 하는 따스한 내복 두 벌을 보내주었습니다. 선교사는 두 벌은 필요 없어 다른 한 벌을 프랜시스 종단 친구인 신부가 방문했을 때 그에게 주었습니다.

며칠 후 선교사는 친구 신부로부터 편지 한 장을 받았습니다.

사랑하는 친구 루디에게
내복을 받고 보니 정말 고맙네.
내복을 입는 아침마다 하나님께 감사를 드리고,
또한 교회가 하나 되기를 기도한다네.

따스한 내복 한 벌의 선물이, 크리스천 사이에서 일어나는 분열과 다툼과 나뉨이 얼마나 고통스러운지를 프랜시스 종단 신부 마음에 절실히 느끼게 했던 것입니다. 특별히 그리스도에게 적대적인 세계와 대치하여 공동 연합 전선을 구축해야 할 선교 현장에서 같은 크리스천끼리 나뉘어 있다는 것이 얼마나 고통스러운지를 경험한 것입니다.

크리스천 간에 일어나는 분열과 나뉨은 선교지에서 더욱 가슴 아프게 경험됩니다. 본국에서야 지역 교회들이 각자 자원을 모아 스스로 일하거나 교단들 역시 자체적으로 자기 할 일을 하면 됩니다. 그러나 선교지에서는 그렇지 못합니다. 지역 교회나 교단에서 보낸 선교사들은 독자적으로 활동하기에는 많은 제약과 어려움을 겪습니다. 타 교단 선교사들과도 공동 전선을 구축하여 하나님 나라 확장을 위해 일해야 할 때가 많습니다.

예를 들어, 일본에서 크리스천은 전체 국민의 1%도 채 안 됩니다. 그런데 그렇게 1%도 안 되는 크리스천이 서로 다른 교파로 나누어져 일한다면, 어떻게 나머지 99%의 비기독교 세력을 그리스도에게로 돌아오게 할 수 있겠습니까? 통계에 따르면 일본에는 크리스천 8만 명이 90여 개 교단에 퍼져 있다고 합니다. 90개 중에 약 20개 정도는 교인 수가 1,000에서 5,000명 정도이고, 나머지 50개 교단은 각각 1,000명도 안 됩니다. 힘과 자원을 다 합쳐 일해도 역부족인데, 그렇지 못하니 얼마나 씁쓸하고 안타까운 형편입니까?

우리라고 해서 사정이 다른 것은 아닙니다. 외형적으로는 상상을 초월할 정도로 성장했습니다. 인구의 5분의 1이 크리스천이라고 합니다(2022년 기준). 한국에는 교인 수로만 세계 최대 교회로 꼽히는 순복음교회가 있고, 세계 50대의 대형교회 중에 23개가 한국에 있습니다(1993년 기준). 사랑의교회, 명성교회, 영락교회, 온누리교회, 광림교회, 금란교회 등 몇만 명씩 모이는 대형교회입니다.

그런데 교단과 교파 수도 상상을 초월할 정도 많습니다. 예를 들어, 한국에서 제일 큰 교단은 대한예수교장로회(예장)입니다. 그런데 1950년대에 신학적 이유로 기독교장로회(기장)가 분리되었습니다. 대한예수교장로회 이름 아래 대표 교단들로는 합동, 통합, 고신, 대신, 백석, 합신 등이 있습니다.

물론 그 외에도 수를 헤아릴 수 없이 많은 교단이 존재합니다. 예를 들어, '합동'이란 이름을 사용한 교단이 수십 개가 됩니다. 합동 보수, 합동 정통, 합동 진리, 합동 연합 등 이름을 댈 수 없을 정도입니다. 사람들은 자조 섞인 목소리로 '예수'와 '그리스도'도 나누어졌느냐고 묻습니다.

이런 현실을 생각하면, 프랜시스 형제단 신부가 드린 기도가 더욱 간절하게 마음에 와닿습니다.

오, 주님, 이 내복을 주셔서 감사합니다.
그리고 기도하건대 당신의 교회가 하나가 되기를 소원합니다.

그리스도의 절단된 몸

여러분과 저를 비롯하여 우리는 그리스도의 몸입니다! 나머지 교단도 모두 함께 그리스도의 몸입니다! 그러므로 루터 교인이 감리 교인을 향해, "우리는 당신이 필요 없어!"라고 할 수 없습니다. 장로교회가 순복음교회를 향해, "우리는 당신이 필요 없어!"라고 할 수 없습니다. 합동 교단이 통합 교단을 향해, "당신은 그리스도의 몸의 지체가 아니야!"라고 말할 수 없습니다.

우리 방식대로 하면서, "우리는 그리스도의 몸이라!" 하는 것은 비극입니다. 분리된 교단들 안에서 살면서, "우리는 그리스도의 몸이라!" 하는 것은 비극입니다. 이것은, "나는 하나의 교회, 거룩한 교회, 가톨릭교회, 사도적 교회를 믿습니다!"라며 드리는 우리의 신앙고백에 뒤통수를 치는 비극입니다.[26] 오직 한 분 그리스도가 있듯, 오직 하나 된 그리스도의 몸이 있을 뿐입니다.

사도 바울이 오늘날 이렇게 많은 교단이 있다는 사실을 알았다면, 그는 무덤에서 구토했을 것입니다. 고린도교회 안에 파당과 파벌이 있다는 소식을 들었을 때, 바울은 너무 놀라 떨기까지 했습니다. 고린도교회 크리스천이 이편저편으로 나뉘면서, "나는 바울 편이다!", "나는 아볼로 편이다!", "베드로가 우리 보스다!"라고 했습니다. 어떤 사람들은 아예 그런 꼴이 보기 싫었는지, "나는 메시아 그룹 일원이다!"라고 했습니다. 그때 바울은 크게 화를 내면서 이렇게 말했습니다. "그리스도가 나뉘었는가? 이 바울이 당신을 위해 십자가에 달렸단 말인가?" 만일 바울이 오늘날 한국 교회의 상황을 목격했더라면, 고린도교회처럼 갈라지고 찢기고 싸우고 나뉘어 있는 우리 형편을 보고 심하게 질타했을 것입니다.

그러므로 교단과 교회에 대해 말할 때마다 우리는 쑤시는 듯한 아픔을 느껴야 합니다. 교단이란 용어 자체가 원래 존재해서는 안 되는 상태를 상기시켜주기 때문입니다.

바울이 예루살렘으로 가야만 했던 결정적 이유

사도행전 20장 17-24

절을 보면 바울은 예루살렘으로 가려는 참이었습니다. 이 결정은 사도 바울 임의나 자의에 따른 것이 아니라 "성령에 이끌리어"NIV. compel, "성령에 사로잡혀"NRSV. captive, "성령에 매여"(개역개정), "성령에 묶여"NASB. bound 가게 된 여행이었습니다.

그렇다면 왜 성령은 바울을 예루살렘에 가게 하셨습니까? 교회의 일치가 심각한 위기에 처했기 때문이었습니다. 기독교 역사 초기부터 이미 교회는 분열되고 깨어지고 있었습니다. 교회 내 유대인 측이 이방인 측에서 갈라지겠다고 위협하는 상태였습니다.

아시다시피 바울은 이방인 측 대부代父였습니다. 이방인 교회 대부분은 바울이 세운 교회였습니다. 그러나 이 이방인 교회들은 유대인으로 구성된 교회의 복사판이 아니었습니다. 그럴 수도 없고 그래서도 안 되었습니다. 처음부터 바울은 몇 가지를 분명히 했습니다. "이방인으로 구성된 기독교는 유대인의 기독교와는 달라야 한다. 이방인 교회들은 모세 율법에서 자유로워야 한다. 특별히 음식과 할례와 안식일 준수, 개인 위생에 관한 수많은 규례와 규정을 담고 있는 모세 율법으로부터 자유로워야 한다. 교회 일원이 되는 것은 오직 그리스도를 믿음으로써 되는 일이다. 교회 구성원이 되는 것은 오직 예수 그리스도에 대한 신앙에 근거한다."

그런데 예루살렘에 있던 유대인 기독교인들은 이것을 이단으로 단정 지으려 했습니다. 그들은 교회에 들어오려면 먼저 유대인이 되어야 하며, 모세의 율법을 하나님 말씀으로서 따라야 한다고 강조했습니다.

이런 논쟁과 다툼을 잠재우고 결론짓기 위해 예루살렘에서 종교 회의를 개최했습니다. 일명 예루살렘 총회였습니다. 그날 회의에서 바울의 주장이 통과되었습니다. 모세의 율법은 이방인 크리스천에게는 구속력이 없다고 결정 내린 것입니다. 이것이 공식 결정이었습니다.

그러나 세상에는 이런 결정에 대해 불복하고 끝까지 싸우겠다고 하는 사람들이 있습니다. 이런 일이 바로 1세기 교회에서 일어납니다. 유대인 크리스천은 개별적으로 계속해서 바울을 괴롭혔습니다. 이방인으로 기독교에 개종한 사람들, 즉 이방인 크리스천은 우선 유대인이 되어야 한다는 주장을 굽히지 않았습니다. 이방인 크리스천은, 먼저 모세 율법들을 따라야 한다고 주장했습니다. 그들이 교회 일원이 되려면, 먼저 할례부터 받아야 한다고 주장했습니다.

복음은 반드시 길을 찾는다

이 문제들이 바울 시대에 치열한 전쟁터였습니다. 초기 교회의 일치를 위협하는 뜨거운 이슈였습니다. 초기 기독교회를 나누고 위협했던 이슈였습니다. 이것 때문에 많은 사람이 싸우고 다시는 쳐다보지 않을 듯한 원수가 됩니다. 사도 바울이 예루살렘으로 가려고 마음먹은 결정적인 이유는 바로 이런 문제 때문이었습니다.

바울이 자기 목숨을 걸 만큼 중요하게 여겼던 문제

사도 바울은 말합니다. "이 문제로, 이런 이슈 때문에 교회가 갈라져서는 안 됩니다." 두 개의 교회가 있어서는 안 됩니다. 교회는 하나여야 합니다. 이방인 교회가 있고 유대인 교회가 있어서는 안 됩니다. 유럽인 교회와 아시아인 교회가 있을 수 없습니다.

교회의 일치와 통일이 그에게 얼마나 중요했던지, 바울은 이 사실을 증명이라도 하듯 이방인 교회 모두에게 예루살렘에 사는 가난하고 불쌍한 유대인 크리스천을 위해 연보를 거두라고 합니다. 이방인 크리스천이 교회 일치를 유지하기 위한 간절한 열망이 있다는 증표로서 이 연보가 드러나길 바랐습니다. 바울은 로마서 15장에서 이렇게 씁니다. 귀담아들어 보십시오.

나는 그 전에 먼저 예루살렘으로 가서, 거기서 예수를 따르는 사람들에게 구제 헌금을 전달할 것입니다. 북쪽으로는 마케도니아로부터 남쪽으로는 아가야에 이르기까지, 모든 지역의 그리스 사람들이 예루살렘의 가난한 신자들을 돕기 위해 마음을 모아 헌금했습니다. 그들은 기쁜 마음으로 이 일을 했는데, 이는 그들이 마땅히 해야 하는 일이기도 합니다. 그동안 예루살렘 공동체로부터 흘러나오는 영적 선물을 풍성히 얻어 누려온 것을 생각할 때, 그들이 그 공동체의 가난을 덜어주기 위해 힘을 다하는 것은 지극히 당연한 일입니다(15:25-27, 메시지).

바울은 예루살렘에 사는 가난한 유대인 크리스천들을 구제하기 위해 이방인들이 거둔 헌금을 가지고 예루살렘으로 가는 중입니다. 이렇게 하는 것은 상당한 모험과 위험 부담을 짊어지는 일이었습니다. 바울은 사도행전 20장 23절에서 말하기를, 자신이 예루살렘에 가면 박해와 투옥이 기다린다고 성령께서 경고하셨다고 합니다. 그렇다면 바울은 어떻게 생각하는 게 더 현명하고 지혜롭다고 여겼을까요?

그래, 예루살렘에서 감옥과 박해가 나를 기다린다면, 지금은 안 가는 게 좋을 것 같다. 나 대신 다른 사람을 보내 헌금을 전달하면 되겠지. 그러면 예루살렘에 헌금이 잘 전달될 것이야. 사실 헌금을 보낸다는 것 자체가 중요한 일 아닌가? 내게는 여기서 할 일이 더 많지 않은가? 스페인으로 가서 복음을 전하는 것 같은, 선교 활동 말이야.

그러나 이상하게도 바울은 구태여 예루살렘으로 가려고 애씁니다. 무슨 일이 있어도 예루살렘에 가겠다는 것입니다. 그곳에 간다면 개인적으로 상당한 값을 치러야 하는 데도 그러했습니다.

그가 예루살렘에 가려는 것은, 그가 이방교회들을 대표하고 있

복음은 반드시 길을 찾는다

기 때문이었습니다. 그는 한 개인으로서 그곳에 가려던 것이 아니었습니다. 이방인 교회 대표로 유대인 교회 대표인 예루살렘 교회를 만나, 우리가 한 분 주님, 한 분 그리스도의 몸 지체임을 확인하려 했던 것입니다. 우리는 그리스도 안에서 하나라는 것이었습니다. 하나님의 교회는 종족, 인종, 학벌, 성별, 신분과 같은 모든 인간적 구별과 차별과 장벽들을 깨고, 그리스도께서 화목하게 하시는 사역 안에서 하나가 되었음을 증거 하기 위해서였습니다.

이방인 기독교회를 대표하는 자로서 바울은 반드시 가야만 했습니다. 가서 이방인이 모은 사랑이 담긴 헌금을 유대인 크리스천의 발 앞에 놓기를 바랐던 것입니다. 교회의 하나 됨, 일치와 통일성이 너무나 중요했으므로 그는 이렇게 행동해야만 했습니다. 그런 행동과 결정이 어떤 희생을 요구한다고 해도 말입니다. 이 얼마나 감동적이고 확신에 찬 멋진 삶이었습니까?

하나의 신앙고백 아래 함께 모이자

이것은 또한 한국 장로교회 안에서 통합과 합동이 하나 되려고 애쓰지 않는 일이, 우리에게 끝없는 고뇌와 괴로움이 된다는 의미입니다. 양쪽 모두가 웨스트민스터 신앙고백서와 같은 신앙 고백을 공유하면서 어떻게 이렇게 갈라질 수 있는지 의문입니다. 이 말뜻은 상대방 교단 목사들에게 서로의 강단을 개방해야 한다는 것입니다. 합동 측 강단을 통합 측 목사들에게 열어야 합니다. 통합 측 강단을 합동 측 목사들에게 열어야 합니다. 심지어 같은 교단 안에서도 정치적인 이유로 영호남으로 갈린다는 것은 영광스러운 하나님의 교회에 크나큰 수치요 오점이 아닐 수 없습니다.

신학적 차이점이라는 명분으로 교회와 교단이 갈라지는 것은 있을 수 없는 신성모독입니다. 하나님을 슬프게 하는 죄악입니다. 예배 의식, 복음 찬송이나 CCM 사용, 성찬식 집행 순서, 교회 직제, 사회참여 문제, 교회 내 여성 지위와 같은 문제로 서로의 문을 닫고 있다면, 바울 당시에 결과적으로 유대인 교회가 이방인 교회에 모세 율법들로 걸림돌을 놓게 된 것과 무엇이 다르겠습니까? 바울 당시 유대인 크리스천은 무엇이라고 말했던가요?

교회 안으로 데리고 들어오는 이방인 개종자들이 음식과 위생과 안식일과 할례에 관한 모세 율법과 규정들을 지키지 않는다면, 우리는 그들과 함께 갈 수 없다! 우리는 서로 다른 길로 가야 한다.

듣고 보면, 이 말은 마치 "우리 합동 측 교회는 통합 측 교회가 우리의 신학적 입장과 맞지 않는 WCCWorld Council of Churches 국제총회를 주최하기 때문에 결코 함께할 수 없다. 우리는 다른 상床을 차리겠다!"라고 말하는 것과 별반 다르지 않습니다. 그러나 바울은 이런 논리를 뛰어넘었습니다. 우리도 그러해야 합니다.

실제적인 예를 하나 더 들겠습니다. 교회 회원이 되는 문제입니다. 교회 일원은 그리스도를 믿는 신앙에만 근거해야 합니다. 앞서 말했듯 우리는 "하나의 거룩하고 보편적이고 사도적인 교회를 믿습니다". 이런 고백은 더 넓은 함의를 지닙니다. 즉, 교회가 분리되고 교단이 분리되는 일에 결코 만족해서는 안 된다는 뜻입니다. 교단들이 같은 신앙고백 아래 하나가 되어야 한다는 의미입니다. 같은 신앙을 고백하는 교단들은 인간적, 정치적 야망과 혹시라도 있을지 모르는 교단 지도자들의 헛된 명예욕을 버리고 서로 하나 되려고 힘써야 합니다.

교회의 일치와 하나 됨을 향해 일하면서, 우리는 바울이 했던 것을 할 수 있습니다. 즉, 다른 사람의 궁핍과 필요를 채우기 위해 연보(헌금)를 하는 일입니다. 사실 이런 연보는 우리가 분리되어 있음이 크나큰 고통이라는 고백입니다. 우리가 장로교회의 특정 교단에 속해 있다는 것을 부끄러움으로 고백한다는 증표입니다. 우리는 현재 상태를 받아들이지 않겠다는 상징입니다. 우리는 교회의 하나 됨, 교회 일치를 위한 기도를 멈추지 않아야 한다는 사실을 상기시키는 기념물입니다.

미주

1 참고로, 리안더 켁 교수는 역사적 재구성을 과신하지 말아야 한다고 말하면서, 바울의 논조는 그 자체 논리가 있고, 따라서 로마에서 일어나고 있다고 생각되는 일들에 대한 직접적인 반응은 아니라고 주장한다. Leander E. Keck, *Romans*, Abingdon New Testament Commentaries (Nashville: Abingdon Press, 2005), 30.

2 폴 악트마이어, 『로마서』 현대성서주석 (서울: 한국장로교출판사, 2003), 40.

3 로마서의 저술 목적과 저술 동기는 분명히 역사적(사회적) 정황에서 찾아야 한다. 당시 로마의 가정교회들이 직면했던 실제적인 문제에 대한 대답으로 로마서가 기록되었다는 입장을 '수평적-공동체적' 관점이라고도 부른다. 달리 말해 로마서는 일차적으로 목회 서신이다. 그러나 로마서에 실제 드러난 주제는 '복음'(하나님 의의 계시)에 관한 신학적 주제다. 즉, 그리스도를 통한 하나님 의의 계시에 대한 문제를 다룬다. 그리고 이 계시는 각 사람이 반드시 듣고 응답해야 할 '수직적-개인적' 구원론의 문제이다. 달리 말해 로마서는 신학적 서신이다. 그러므로 목회적 관심에서 시작한 로마서 저술 계획이었지만 그것에 대한 해결책으로 바울은 특정 시대를 넘어 모든 사람이 들어야 할 중대한 신학('복음')을 진술하고 있다. 이 두 가지 입장을 구별하지 않으면, 로마서에 관한 두 가지 입장 중 하나만을 강조하는 불균형이 계속된다.
나는 로마서를 단순 도식적으로 '수평적-공동체적' 입장과 '수직적-개인적' 구원론 입장으로 양분해 바라보는 견해에 유보적이다. 그렇지만 최갑종,

『로마서 듣기』(서울: 대서, 2009), 25-68는 참고할 만하다.

4 이런 입장을 주장하는 대표 신약학자의 저서로 다음을 참고하라. Ernst Käsemann, *Commentary on Romans*. (Grand Rapids: Eerdmans, 1980); "The Righteousness of God in Paul," *New Testament Questions of Today* (Philadelphia: Fortress, 1969), 168-82.

5 폴 악트마이어, 『로마서』 현대성서주석 (서울: 한국장로교출판사, 2003), 109.

6 자세한 설명은 류호준, 『교회에게 하고픈 말』(두란노, 2020), 25-34 ("진리와 진실")을 참조하라.

7 로마서 개요 부분은 고든 피와 스튜어트의 글을 골격 삼아 저자가 새롭게 덧붙였다. Gordon D. Fee & Douglas Stuart, *How to Read the Bible Book by Book: A Guided Tour* (Grand Rapids: Zondervan, 2002), 320-323.

8 칼빈도 이런 두 교회에 대해 말한 것은 사실이지만, 서로 분리된 객체로 두 교회를 말한 것이 아니다. 칼빈에 따르면 성경은 이중적 방식(*bifariam*)으로 교회에 대해 말한다. 즉, 하나는 "하나님의 시각에서 본 교회"(*Coram Deo*)이고, 다른 하나는 "사람의 시각에서 본 교회"(*respectu hominum*)이다. 칼빈의 말을 직접 들어보자.
"그러므로 우리는 우리에게 보이지 않는 전자의 교회(비가시적 교회)가 하나님 눈에만 보인다는 것을 믿어야 한다. 그렇다면 우리는 후자의 교회(가시적 교회), 즉 사람의 시각에서 '교회'라고 불리는 그 교회를 존경하고 친밀한 교제를 나누라는 명령을 받은 것이다"(Institute, 4.1.7).

9 *De cath. eccl. unitate, 6*(= *Unity of the Church*, 251년).

10 파사칼리아 주제의 전반부는 루이 14세 시대에 파리에서 활동했던 프랑스 작곡가 겸 오르가니스트 앙드레 레종(Andre' Raison)의 (1688)의 주제에서 취했다고 한다. 곡 첫머리에 오르간 페달을 사용하여 고집 저음의 음형을 먼저 들려주고, 8마디의 저음이 20번 반복되는 동안 위 성부의 음악은 점차 복잡성을 더해 간다. 변주는 5개씩 네 부분 또는 세 부분으로 구분될 수 있다.

11 영어 '스캔들'(scandal)은 헬라어 '스칸달론'(σκάνδαλον)에서 유래했는데, 일차적인 의미는 '함정', '올무' 혹은 '걸림돌'로 상징적으로 사용된다. 도무지 그럴 것 같지 않은 일이 일어났을 때, 도무지 믿어지지 않는 일이 발생했을 때, 사람들은 그 사실로 마음에 상처를 입거나 적대적 감정을 갖거나 혼란스러워한다. 그 사건을 가리켜 스캔들이라고 한다.
복음이 세상의 지혜자(철학자)들에게 걸림돌과 저항의 대상(스캔들)이 되는 이유는 어떻게 하나님의 메시아가 십자가에 달려 죽을 수 있겠는가 하는, 도무지 상식적으로나 이성적으로 받아들여질 수 없는 사실에서 시작된다. '십자가에 달리신 메시아'라는 용어는 마치 '정사각형의 원'(round square)이란 용어처럼 어불성설(語不成說)이란 것이다.

12 조지 허버트에 관해서는 영어 위키피디아(wikipedia.org)에서 출발하여, 다음 웹사이트를 참조하면 좋다. http://www.luminarium.org/sevenlit/herbert

13 에드워즈는 이 기념비적 설교를 1741년 7월 8일 코네티컷 엔필드에서 했다. 조나단 에드워즈에 관한 가장 탁월한 전기는 George Marsden, *Jonathan Edwards: A Life* (New Haven, Conn.: Yale University Press, 2003)이 있으며, 한국인 저자로는 양낙흥, 『조나단 에드워즈: 생애와 사상』 (서울: 부흥과개혁사, 2003)이 있다.

14 시편 130편에 대한 문예·신학적 에세이는, 류호준, 『영혼의 거울에 부

르는 희망의 교향곡: 시편 사색 2』(서울: 이레서원, 2009), 213-230("하나님의 은혜에 모든 것을 걸고")을 보라.

15 Dietrich Bonhoeffer, *The Cost of Discipleship* (New York: Mcmillan, 1960), 30. 디트리히 본회퍼, 『나를 따르라』, 김순현 옮김(복있는사람, 2016).

16 "그리스도 안에 나타난 하나님의 의"가 어떻게 우리에게 전가되는지에 대한 고전적 변호로는, John Murray, *Redemption-Accomplished and Applied* (Grand Rapids: Eerdmans, 1955), '의의 전가'에 대한 목회적이며 변증적이며 신학적인 최근의 변호로는 John Piper, *Counted Righteous in Christ* (Wheaton, IL.: Crossway Books, 2002). 존 파이퍼, 『칭의 교리를 사수하라: 그리스도의 의의 전가 교리를 폐기해야만 하는가』, 장호익 역 (서울: 부흥과개혁사, 2007)가 있다.
한편 최근 라이트(N. T. Wright)는 '이신칭의'보다는 '하나님의 신실함'이라는 관점에서 로마서를 읽어야 한다고 주장했고(*Paul in Fresh Perspectives*, Minneapolis: Fortress, 2005), 이에 대해 파이퍼는 종교개혁 전통에 따른 칭의 교리의 중요성으로 응답했다(*The Future of Justification: A Response to N. T. Wright*, Wheaton, IL.: Crossway Books, 2007). 이에 대해 다시 라이트는 하나님의 구원 경륜을 통해 나타난 하나님의 신실함이란 입장에서 파이퍼에게 답한다(*Justification: God's Plan and Paul's Vision*, Downers Grove, IL.: IVP Academics, 2009). 톰 라이트, 『로마서』, 장용량·최현만 옮김(에클레시아북스, 2014).

17 바울 서신에 나타난 이 문구(Πίστις Ἰησου Χριστου)에 대한 문법적 해석의 역사와 진영을 나누고, 두 가지 가능한 해석 가운데 '주격설'('예수의 믿음')을 지지하는 탁월한 논의는, Richard Hays, *The Faith of Jesus: An Investigation of the Narrative Substructure of Galatians 3:1-4:11* (Chico, Calif.: Scholars Press, 1983), 170-74를 보라. 리처드 B. 헤이스, 『예수 그리스도의 믿음: 갈라디아서 3:1-4:11의 내러티브 하부 구조』, 최현

만 옮김(에클레시아북스, 2013).

18 죄는 본질에 있어 두 가지 모습으로 나타난다. 하나는 하나님을 향한 '반역'과 '공격'(attack)이며, 다른 하나는 하나님으로부터 '도주'(flight)하는 것이다. 죄에 대한 기막힌 서술은 개혁신학 전통의 저명한 기독교윤리철학자인 Henry Stob, *Sin, Salvation, Service* (Grand Rapids: CRC Institute of Ministry, 1983)에서 시작되어 그의 제자인 Cornelius Plantinga Jr. *Not the Way It's Supposed To Be: A Breviary of Sin* (Grand Rapids: Eerdmans, 1995)에 잘 농축되어 있다. 코넬리우스 플랜팅가 Jr., 『하나님의 샬롬』, 오현미 옮김(복있는사람, 2017).

19 Paul Johnson, *Modern Times: A History of the World from the 1920s to the 1980s* (Weidenfeld & Nicolson, 1983).

20 본서의 제13장("온몸으로 믿고 온몸으로 살다")을 참조하라.

21 William Barclay, *The Letter to the Romans*, 2nd ed. (Philadelphia: Westminster Press, 1957).

22 류호준, 『인간의 죄에 고뇌하시는 하나님: 예레미야서 묵상』(서울: 이레서원, 2007), 113-128 ("명품: 우리를 만들어가시는 하나님의 손길").

23 전통적으로 로마서의 저술 목적이 '칭의론'(稱義論)이라고 알려져 왔지만, 최근 들어 '교회의 일치'라는 의견이 대두되었다. 칭의론은 교회의 '하나됨'의 신학적 근거가 된다는 의미에서 로마서의 중심 주제이지만, 실제로 로마서를 저술하게 된 역사적 정황은 로마 교회 내에서 갈등하던 이방인과 유대인 사이의 통합이라는 구체적인 문제에 있다는 것이다. 이런 의미에서 로마서 9-11장을 로마서의 핵심이라고 본다.
이렇게 생각하는 대표적인 학자는 스텐달이다. 이와 관련된 그의 기념비적 논문과 저서는 다음을 참조하라. K. Stendahl, "The Apostle Paul and Introspective Conscience of the West," *Harvard Theological Review* 56 (1963), 199-215; *Paul among Jews and Gentiles and Other Essays* (Grand Rapids: Baker, 1976).

24 Herman Bavinck, *Reformed Dogmatics: Holy Spirit, Church, and New Creation*, Volume Four, ed. by John Bolt, trans. by John Vriend (Grand Rapids: Baker, 2008), 441-588; J. van Genderen & W. H. Velema, *Concise Reformed Dogmatics*, trans. by Gerrit Bilkes and Ed M. van der Maas (Pillipsburg, NJ.: P&R Publishing, 2008), 753-818.

25 Garrison Keillor, *Lake Wobegon Days* (New York: Viking Penguin, 1985).

26 사도신경 후반부에 "나는 거룩한 공회를 믿습니다"라는 조항이 나오는데, 여기서 '거룩한 공회(公會)'라고 번역된 문구는 오해의 소지가 많다. 우선 영문으로 보면 "I believe in the holy catholic church"이다. "나는 거룩하고 가톨릭적(보편적)인 교회의 존재를 믿는다"라는 뜻이다. 영어 번역문 안에 'the'는 숫자 개념이 아니라 정관사로, 이 정관사는 '하나의 교회' (The Church)에 대한 가르침이다. 전통적으로 개혁신학은 니케아-콘스탄티노플 신조의 전통에 따라 교회에 대해 일치성(one), 거룩성(holy), 보편성(catholic), 사도성(apostolic)이라는 네 가지 속성을 가르쳐왔다. J. van Genderen & W. H. Velema, *Concise Reformed Dogmatics*, 707-725.

복음은 반드시 길을 찾는다

초판 1쇄 발행 ㅣ 2023년 4월 17일

지은이 ㅣ 류호준

펴낸이 ㅣ 김윤정
펴낸곳 ㅣ 하온
출판등록 ㅣ 2021년 1월 26일(제2021-000050호)
주소 ㅣ 서울시 종로구 삼봉로 81, 442호
전화 ㅣ 02-739-8950
팩스 ㅣ 02-739-8951
메일 ㅣ ondopubl@naver.com
인스타그램 ㅣ @ondopubl

© 2023, 류호준
ISBN 979-11-92005-23-2 (03230)

■ 이 책 내용의 일부 또는 전부를 재사용하려면 반드시 저작권자와 하온의 동의를 얻어야 합니다.
■ 잘못된 책은 구입하신 서점에서 교환해드립니다.